미술치료의 이론과 실제

미술치료의 이론과 실제

발행일	2020년 12월 18일			
지은이	백원대, 안은주, 홍현주, 이지수, 서성옥, 박득남			
펴낸이	손형국			
펴낸곳	(주)북랩			
편집인	선일영	편집	정두철, 윤성아, 최승헌, 배진용, 이예지	
디자인	이현수, 한수희, 김민하, 김윤주, 허지혜	제작	박기성, 황동현, 구성우, 권태련	
마케팅	김회란, 박진관			
출판등록	2004. 12. 1(제2012-000051호)			
주소	서울특별시 금천구 가산디지털 1로 168, 우림라이온스밸리 B동 B113~114호, C동 B101호			
홈페이지	www.book.co.kr			
전화번호	(02)2026-5777	팩스	(02)2026-5747	

ISBN 979-11-6539-447-9 03180 (종이책) 979-11-6539-448-6 05180 (전자책)

이 도서의 국립중앙도서관 출판예정도서목록(CIP)은 서지정보유통지원시스템 홈페이지(http://seoji.nl.go.kr)와
국가자료공동목록시스템(http://www.nl.go.kr/kolisnet)에서 이용하실 수 있습니다.
(CIP제어번호: 2020053345)

(주)북랩 성공출판의 파트너
북랩 홈페이지와 패밀리 사이트에서 다양한 출판 솔루션을 만나 보세요!
홈페이지 book.co.kr • **블로그** blog.naver.com/essaybook • **출판문의** book@book.co.kr

HTP검사 해석의 실제 사례

미술치료의
이론과 실제

백원대
안은주
홍현주
이지수
서성옥
박득남

상처받은 마음을 회복시키는 미술치료
가장 궁금하고, 어려워하는
HTP검사의 해석 툴을 처음으로 공개하다!

북랩 book Lab

삶을 살아가면서 우리는 매 순간 선택의 기로에 서게 된다. 그때 우리는 우리가 알고 있는 최선의 방법을 선택하고 결정하고 행동한다. 그럼에도 불구하고 많은 자책과 후회와 좌절을 맛보기도 한다. 매번 최선을 다해도 후회라는 굴레를 벗어나기가 쉽지 않은 것이 우리의 현실이다. 특히 아이들을 키우는 부모의 삶은 더욱 그런 것 같다. 매 순간 아쉽고 안타깝고….

나는 아이들을 위해서 그리고 부모들에게 도움이 되기 위해서 끊임없이 노력을 한다. 시간의 흐름과 노력의 결과는 아이들에게 좋은 양분이 되었고, 내가 더욱더 노력할 수 있는 명분을 주었다. 나는 "미술심리치료의 이론과 실제"를 교육하며 부모의 양육과 아이의 삶에 대해 이야기한다. 강산이 변하고 또 변해가고 흰머리가 아름답게 느껴질 만큼의 시간 동안 많은 부모들과 아이들을 이야기한다. 모든 것은 "나"로부터 시작된다고 강조하면서 부모들과 함께 아이들을 이야기한다. 시간의 노고만큼이나 많은 부모들이 자녀의 손을 잡고 감사의 인사를 전한다. 웃는 얼굴과 함께 내 작은 숨결도 잠시나마 휴식을 갖는다. 고맙고 감사한 일이다.

현대 사회에서 아이로 살아가는 것은 어른들의 삶만큼이나 쉽지가 않다. 이런 상황 속에서 상처 받고 병들어 가는 아이들이 치유 받고 안식할 수 있는 공간이 많았으면 좋겠다. 그리고 아이들을 치유할 수 있는 전문가 선생님도, 사용 가능한 프로그램도 많았으면 좋겠다. 그리고 많은 부모들이 열심히 공부하면 좋겠다. 나를 알아가고 아이들을 이해하는 공부를 열심히 하면 정말 좋겠다. 그래서 상처 받은 사람들을 위로하고 심리적 위안을 줄 수 있는 심리 전문가들이 많이 있었으면 좋겠다.

미술치료는 서양에서 시작된 학문이다. 지난 시간의 노력과 경험들을 정리하여 우리

정서에 부합하고 이해하기 쉬운 이론으로 정리했다. 현장의 임상 경험을 통해 우리나라의 사회, 문화 그리고 교육과 양육의 현실을 반영하여 좋은 프로그램을 만들려고 노력했다. 해석기준과 치료기준을 정리하고 현장에서 일어나는 모든 일들을 참고하여 효과적으로 사용되는 이론들과 기법들을 정리했다. 아이를 양육하는 부모들과 아이를 지도하는 교사들이 쉽게 이해할 수 있도록 미술치료의 전반적인 이론을 다루었고, 개론서로써 이론적 정의와 현실적 치료기법에 차이점을 구분하여 정리했다. 이 책이 그리고 우리의 경험과 노력이 많은 부모들에게 작은 길잡이가 되었으면 한다.

이 책이 나올 수 있도록 그동안 수고해주신 지피지기연구소 선생님들과 나종미, 조영미, 장선화 선생님의 성실한 도움에 깊은 감사를 드립니다.

2020년 10월
지피지기심리상담연구소에서
저자 대표 백 원 대

Contents

미술치료의 이해

1 _____미술치료의 개념

미술치료는 그림 그리기를 비롯하여 일반적인 회화 또는 묘화(描畵)의 다양한 기법을 활용하여 사용되고 있지만, 일반적으로 아트테라피(Arttherapy)라고 부른다. 아트테라피는 미술, 회화, 예술치료 등으로 번역되고 있다. 특히 아트테라피는 두 가지 영역으로 대변할 수 있다. 하나는 예술치료이고, 다른 하나는 미술치료이다. 레크리에이션(Recreation)을 비롯한 놀이 및 춤, 음악, 미술, 시, 소설, 연극들을 포함하는 예술치료와 그림(회화)과 디자인, 조소, 공예 등 미술적 영역을 바탕으로 하는 미술치료이다. 인간의 역사와 더불어 미술은 인간의 사회발달과 문화발달에 큰 기여를 하였다. 미술은 인간이 태어나서 성장하는 과정 중에 가장 많이 접하는 예술적 행위 중의 하나이며 우리는 이를 통해 유아기 시절부터 낙서와 같은 그림을 그리고 손에 잡히는 물건마다 주무르고 찢고 만들고 하는 예술적 행위들을 자연스럽게 함으로써 삶의 지혜를 배우게 된다.

치료의 어원은 그리스어 "Therapeia"이다. 이는 시중을 들어주며, 간호하고, 돌보고, 양육하며 의학적으로 "치유"라는 의미를 지니고 있다. 치료(Therapy)는 환자의 병을 호전시키거나 치료하는 것을 목적으로 진단과 더불어 환자의 적응상태를 기초로 치유를 위한 목표를 임상작업의 관점에서 적용하고 있다.

미술치료에서의 "Therapeia"의 의미는 치료적 의미보다는 치유적 의미에 가깝다고 볼 수 있다. 미술치료는 학자들의 관점에 따라 "예술치료", "미술매체에 의한 치료", "창작치료", "그림치료" 혹은 "미술심리치료" 등으로 다양하게 사용되어 왔다.

미술치료의 창시자인 나움버그(Naumburg)와 그 뒤를 이어받은 크레이머(Kramer)의 이론이 양대 범주로서 Art in therapy(치료에서의 미술) 그리고 Art as therapy(치료로써의 미술)로 나누어 볼 수 있다. 그리고 두 가지 범주를 모두 포함한 울만(Ulman)의 통합적 관점에서의 미술치료가 있다. 미술치료라는 명칭은 〈Bulletin of Art Therapy〉 창간호에서 1961년에 울만이 처음으로 사용하였다.

나움버그의 Art in therapy의 치료기법 중 가장 중요한 핵심은 심리치료에 그림을 매개체로 이용하는 방법으로 자유연상을 통한 내담자와의 치료적 관계형성과 내담자의 자발적 그림의 표현, 해석 그리고 그림상에 나타나는 상징물에 의미를 두고 치료를 하는 것이다. 나움버그는 미술 교육자로서 정신분석과정을 이수하고 Walden 특수 미술교육기관을 1914년에 설립했다. 그녀는 프로이트의 이드(id) 심리학에 매료되었으며, 그림을 통한 무의식의 의식화에 많은 노력을 기울였다. 나움버그는 "역동적인 미술치료"를 주장하였고, 이는 프로이트 학파의 심리적 역동에 기초함을 의미하며, 무의식의 의사소통에 심상적기법의 자유연상을 통한 정신분석학적인 통찰에 미술치료를 통합한다는 것이다. 그녀는 예술치료사로서 정신분석학에 머물지 않고 융의 집단무의식과 상징성 그리고 설리반의 대상관계에 관한 연구에도 관심을 가졌다.

크레이머는 치료로서의 미술 즉, Art as therapy를 주장했으며, 이것은 미술 자체를 중요하게 생각하고 작품을 만드는 예술적 창조행위 그 자체가 치료라고 생각하는 것이다. 그림은 사람의 생각이 그대로 표현된 것으로서 정해진 법칙이나 원리에 따라서 분석하기는 어려운 점이 있다. 그림의 분석을 다원적 방법인 프로이트의 꿈의 분석에 비유하는 것도 그런 이유이다. 미술치료는 그림에 대한 내담자의 자유연상을 통하여 자기표현과 현실적 자아가 성숙하는 데 효과가 있다고 보는 것으로 미술작업을 통하여 반사회적인 부정적 에너지를 분출함으로써 그것을 감소시키거나 전환시킨다고 주장했다. 상담사는 내담자가 그린 작품을 분석하는 것이 아니라 승화와 통합을 도와주는 것이라고 생각했다. 그녀는 알버트 아인슈타인 의과대학의 예술치료 자문위원, 조지워싱턴대학의 강의 교수를 역임하였고 뉴욕대학교의 예술치료 대학원 부교수로 재직했다. 어린 시절 그녀는 유태인으로서 독일 나치들에게 가족들을 잃는 고통스럽고 감당하기 힘든 삶을 살았다. 그녀는 뉴욕에 정착하여 살아가면서 어린이들에게 미술교육을 하던 중 특별히 아동의 미술표현을 보고 그들이 가지는 심리적인 측면에 관심을 갖게 되었다. 그녀는 미술작품의 창조성과 그 행위에 치료적인 가치를 둠으로 나움버그의 상징성과는 차별된 주장을 하였다. 그녀는 창작활동 과정에서 내담자의 내적인 욕구나 감정이 사실적으로 표현되고 이때에 부정적, 반사회적 에너지를 배출함으로써 그것을 감소 또는 전환시킨다고 주장했다. 따라서 미술치료사의 역할은 그림의 해석이 아니고 내면의 통합과정을 도와 삶을 승화시키는 것이라고 주장하였다.

울만은 크레이머와 같은 시기에 미술치료사로 활동했다. 1950년대 초부터 울만은 미술치료사가 아닌 미술교사의 입장으로 정신병원에서 일했다. 울만은 창작활동 자체가 가치를 가지고 있다고 생각했다. 왜냐하면 정신분석학을 이용하여 내담자들을 치료할 때 내담자들은 그림에 숨어 있는 상징적 의미를 말로 표현하지 않으려는 무의식의 역동이 있다고 보았기 때문이다. 울만은 치료에서의 미술(Art in therapy)과 치료로써의 미술(Art as therapy)의 정의를 내리기 위해 노력해 왔다. 그림을 치료의 매체로 이용하는 것과 창작활동 그 자체가 치료란 것에 울만은 두 가지 방향에서 미술치료의 정당성을 인정했다. 울만은 "Art in therapy"와 "Art as therapy"를 적절히 사용해서 두 이론의 장점을 활용하였다.

미술치료의 이론과 실제

2 _____미술치료의 목적

　미술치료의 목적을 직접적으로 표현한다면 미술 프로그램을 통한 인간의 자아성찰 혹은 통찰, 다시 말해서 내면의 외현화를 뜻하며 안과 밖의 균형의 조화라고 말할 수 있다. 상처받은 내담자들은 미술 프로그램을 통해서 내면을 치유하고 치유된 마음은 다시 밖으로 표현되고 이런 순환구조가 자연스럽게 흐르면서 관계의 자연스러움을 만드는 것이라 할 수 있다. 미술은 고대 사회부터 치료적인 기능으로 사용되어 왔다. 미술치료는 아동, 청소년, 성인, 노인에 이르기까지 심리적인 갈등을 겪는 모든 사람을 대상으로 한다. 그림을 포함한 전 영역에서 예술 활동을 하며, 일반적인 심리치료와 다르게 자신을 더 잘 알 수 있고, 바람직한 자아를 형성하도록 도와준다. 미술치료는 비언어적인 작품을 매개로 이루어진다. 구체적인 대상들의 미술작품을 통해 내담자의 행동패턴과 경험적 표현을 분석한다. 그리고 다양한 환경에서 많은 목적을 위해 미술적 표현을 활용한다. 미술 활동의 과정을 통하여 내담자가 스스로 통찰할 수 있도록 도와주는 것이 미술치료의 목적이다.

　미술치료에서 나타나는 방식은 특정 내담자가 참여하는 환경과 미술치료사의 이론적 접근방법과 기법에 대한 활용능력, 그리고 성격유형이 상호 작용에 영향을 받기 때문에 이런 요소들은 매우 중요하고 의미 또한 크다. 따라서 치료의 대상이나 목적에 따라 전체적인 환경과 치료의 구성방법은 달라야 한다. 그림은 자신도 모르는 무의식의 내면을 표현하는 효과적인 방법이다.

　미술치료를 하는 과정에 있어서 외적인 부분은 일반적인 미술활동과 같다고 생각할 수 있지만, 미술치료와 미술활동은 그 목표와 목적이 분명하게 다르다. 미술활동과정을 통해서 카타르시스를 통한 승화의 과정이 이루어질 때 이것을 진정한 미술치료의 의미라 할 수 있다. 미술치료는 대부분 두 가지 범주에 속한다. 첫 번째는 미술의 창의성이다. 창의적인 관점에서 작품 제작과정의 치료적인 요소를 강조하고 있다. 두 번째는 미술의 상징성이다. 정신분석적 미술치료를 통해서 자신의 문제점과 단점을 표현하고, 그 그림에서 각기 특정한 의미의 상징이 있다고 본다. 미술치료는 현재 심리상태를 진단하기 위한 도구로써 사용되기도 한다. 미술치료는 순수미술의 기법을 사용하기도 하지만 궁극적인 목적은 외부 세계보다는 내면세계의 이미지를 표현하고 발달시키고자 하는 것에 있다.

미술치료는 정신질환자(조현병, 우울증), 심신장애인(시각, 청각, 신체장애, 지적장애, 정서장애, 자폐, 학습장애, 언어장애) 비행청소년(폭력, 절도), 이혼부부, 근친상간, 성폭행, 가족관계 개선, 노인치매, 노인상담, 신체질병 등으로 점차 대상이나 영역이 특수치료에서 심리적 치료 영역으로 확대되었다. 그림을 그린다거나, 조형물을 만드는 행위에서 끝나는 것이 아니라 그림을 그린 후에나 조형 활동 후에 반드시 질문이 있어야 한다. 상담사와 내담자는 서로 이야기를 나누는 과정을 통하여 내담자의 심리와 환경을 이해할 수 있으며, 좀 더 정확한 치료적 접근을 용이하게 할 수 있다는 점에 유의해야 한다.

미술치료의 이론과 실제

3 _____ 미술치료의 장점

1) 미술은 마음의 표현이다

우리는 생각을 심상으로 올려서 미술로 표현한다고 볼 수 있다. 성격형성의 초기 단계에서 심상은 중요한 역할을 한다. 미술치료에서 표현되는 모든 상징물은 말로 해석하는 언어적 치료법보다는 마음의 언어, 즉 심상으로 그려지고 표현된다. 그림을 포함한 예술매체는 심상의 표출을 자극하여, 무의식을 의식화하기 위해 상징을 통한 창조적 과정으로 나아가게 한다.

2) 비언어적 수단으로 통제가 적어서 내담자의 방어를 감소시킨다

마음의 표상 즉, 심상과 깊은 관련이 있는 심리기제가 방어이다. 우리는 의사소통의 방식으로 언어적 표현을 많이 쓴다. 그만큼 방어적인 표현을 언어로 많이 한다는 것이다. 예술 활동 중 통제를 적게 받는 미술은 비언어적 수단이므로 언어가 배제된 창작 활동 중 예상치 않았던 작품이 창작자의 의도와는 다르게 해석되기도 한다. 이것은 미술치료의 잠재성 중의 하나이며, 가장 흥미 있는 부분이기도 하다. 예상치 않았던 내담자의 통찰, 학습, 성장이 새로운 인식으로 유도되기도 한다.

3) 현실적이고 구체적 정보를 얻을 수 있다

시각 및 촉각으로 얻을 수 있는 자료가 내담자로부터 표현되는 것이다. 이것은 미술의 많은 의미 중 하나이다. 내담자의 창작물이 상담사와 내담자 사이에 하나의 연결고리로 형성된다. 저항하는 내담자들의 경우는 언어적 치료보다 그림을 통한 치유적 접근이 더 효과적이라고 할 수 있다. 왜냐하면 내담자의 감정이나 사고 등이 표상이나 형상물로 구체화되기 때문이다. 단 한번의 표상으로도 자신의 감정을 느끼기도 하며, 수없이 반복되는 표상활동에도 방어가 강한 사람은 감정을 알아차리는 데 오랜 시간이 걸리기도 한다.

4) 작품의 영구성을 들 수 있다

보관이 가능한 미술작품은 내담자가 치료적 상황일 때 재검토하여 치료의 효과를 높일 수 있다. 과거의 창작물을 보면서 자신의 감정을 이해하기도 하며, 때로는 새로운 통찰이 일어나기도 한다. 과거의 작품을 재탐색할 때 내담자 자신도 주관적 기억의 왜곡을 예방할 수 있다는 것이다. 그리고 다양한 작품을 통해서 내담자의 변화를 볼 수 있고 한눈으로 치료과정을 이해하며, 상담사들도 내담자의 다양한 작품의 변화를 통해 그 내담자의 현실적인 정보를 파악할 수 있다.

5) 미술은 공간성을 지닌다

일차원적 의사소통 방식인 언어는 언어규칙상 대체로 한 가지씩 나간다. 그러나 미술표현은 문법과 같은 언어규칙을 따를 필요가 없다. 본질적으로 공간적인 것이다. 미술에서는 공간 속에서의 연관성들이 발생된다. 가족을 소개할 때도 먼저 윗사람부터 순서대로 소개한다. 예로 아버지, 어머니를 소개하고, 그림 속에서 두 분의 관계를 표현하고, 형제와 자매를 표현하고 나와의 관계를 표현할 수 있다. 미술에서는 이 모든 것이 동시에 표현되고 경험한다는 것이다. 미술의 공간성은 바로 경험의 저장소이고 우리는 결합과 분리, 감정과 속성, 유사점과 차이점, 가족의 생활환경 등을 표현하게 되며 그것은 개인과 구성원 간의 성격을 이해하는 데 도움이 된다.

6) 미술은 신체적 에너지와 창조성을 유발시킨다

사람마다 신체적 에너지는 다르다. 그러나 미술활동을 시작하면 대체로 활기찬 모습을 띤다. 활동과정에서 일어나는 진행과 토론, 감상, 그리고 정리를 하는 시간을 거치면서 온몸으로 에너지의 변화를 느끼기도 한다. 그것은 단순히 신체적 운동이라기보다는 창조적 과정을 통한 에너지의 발산이라고 해석된다. 영화나 연극에서 역할을 맡은 배우처럼 미술활동은 레크리에이션과 놀이음악 같은 에너지를 발산하는 창조적인 것이라 할 수 있다.

7) 미술활동은 삶의 에너지를 느끼게 한다

미술활동 그 자체가 흥미와 즐거움을 주어 내적이완을 통한 심리 정서적 안정감을 제공한다. 여러 미술작업은 내담자에게 경험의 즐거움을 선사하고, 자신이 할 수 있다는 긍정적 경험은 삶의 중요한 에너지원이 된다.

4 _____미술치료의 역사

1) 미술치료의 초기

　미술치료의 근원은 선사시대로 거슬러 올라간다. 우리 조상들은 동굴벽화 등의 미술활동으로 자신의 삶과 소망 그리고 미래에 대한 막연한 두려움을 이겨내기 위하여 주술적인 목적으로 미술적 표현활동을 했다. 오래전부터 널리 알려져 왔듯이 미술의 치료적 힘은 다양한 문화를 통하여 인식하게 되었고 미술치료의 기원은 나라마다 다르지만 19세기 초반에 작업치료라는 관점에서 독일의 정신병원 의사들이 미술활동을 치료적인 목적으로 사용하고 효과를 인정함으로써 시작되었다. 그러나 개념적으로 미술치료라는 말은 사용되지 않았다. 19세기 후반 제2차 산업혁명이 일어나고 경제와 문화가 발전하면서 인간의 본질과 이상행동에 관심을 갖게 되었다. 이러한 사회적 분위기는 상담과 의료분야에 영향을 미쳤다. 또한 미술치료의 필요성을 일반적으로 인식하게 되고 많은 학자들이 관심을 가지고 발전시켰다. 개인의 존재가 점차 소외되고 수단화되어가는 가운데 인간의 정신병리 현상도 기술의 발달만큼이나 증가하게 되었다.

2) 심리학적 토대

　20세기 초의 정신의학은 인간의 감정과 형상 그리고 무의식과 의식의 관련성에 관심을 두었다. 현대 미술치료의 이론적 토대가 된 프로이트와 융의 정신분석학에서 프로이트는 꿈이 무의식의 상징으로 나타난다고 보았고 융은 공통된 상징이 다른 문화권들에서도 나타난다는 것을 알고 인류의 보편적 무의식을 개념화했다. 1912년 에밀 크래펠린(Emil Kraepelin)과 칼 야스퍼스(Karl Jaspers)는 환자들의 그림을 분석하여 정신병리를 연구하고 이해하는 보조수단으로 사용하였다.

Emil Kraepelin (1856~1926)
독일의 정신의학자

Karl Jaspers(1883~1969)
독일의 실존주의 철학자.

3) 작업치료로써의 미술치료

가) 유럽

(1) 오귀스트 암브로스 타르디유(Auguste Ambroise Tardieu, 1818~1879)

프랑스 의사이며 저명한 법의학 과학자이다. 그는 정신병자들의 그림에 대한 글을 기고했다. 그의 가장 유명한 과학 작품은 법의학 독극물에 관한 책이다. 이 책은 19세기 이 분야에서 참고 문헌이 되었고, 외설적인 폭력과 강간, 동성애를 다루는 법적인 용어인 "예의범절에 대한 폭력"과 관련된 법의학 시험서이다. 아동학대에 대한 선구적인 연구보고서를 쓴 그는 광산과 공장에서 끔찍한 작업을 하는 어린 소년의 조건과 소녀의 현실을 폭로했다. 이후 구리 광산 노동자(어린 아이와 어른 모두)의 연구는 노동 조건의 근본적인 향상을 가져왔다.

(2) 한스 프린즈혼(Hans Prinzhorn, 1886~1933)

독일 정신과 의사이며 예술사학자이다. 비엔나 대학에서 예술, 역사와 철학을 공부했다. 제1차 세계 대전 중 육군 외과 의사로 봉사하면서 의학 및 정신의학 교육을 받았다. 그는 1919년부터 1921년까지 모은 5,000여장의 정신질환자들이 그린 미술작품(그림, 콜라주, 소묘, 조소 등)을 분석한 『정신병자들의 그림』을 1922년에 출판했다. 이 책은 심리학

미술치료의 이론과 실제

과 정신병리학 그리고 조형예술에 대한 연구를 통해 미술의 치료적 활동이 환자들의 심리를 이해하는 데 중요한 단서를 제공했으며 에른스트, 클레, 브르통 뒤뷔제 등의 화가들에게 영향을 끼쳤다. 이 시기에는 심리학과 문학 그리고 미술 분야에서 인간의 무의식에 관심이 높아 인간의 내적 세계를 이해하고 분석하는 데 예술적 표현을 통한 시도가 활발해졌다. 의사들을 비롯한 많은 심리학자들과 정신분석가인 안나 프로이트(Anna Freud), 로샤(Rorschach)도 환자들의 그림을 연구하였고, 분석심리학자인 융(Jung)도 환자들의 그림을 분석하여 치료에 적용했다.

나) 미국 - 마이라 레빅(Myra Levick)

레빅 박사는 심리학자이자 미술치료사이며, 예술심리치료사이다. 미국 "미술치료협회"의 설립자이자 초대 회장으로 역임했다. 그는 안나 프로이트와 영국에서 5주간 함께 일하고 교육을 강화할 특별한 기회를 가졌다. 1907년 정신과 병동에서 미술가들의 지도로 환자들에게 미술활동을 시도한 것을 미술치료의 출발로 보고 있다(Rubin, 1999). 심리치료적 관점에서 미술을 인식하게 된 것은 1940년대 초반이며 유럽의 정신과 의사들을 중심으로 정신병리학적 측면에서 미술표현에 대한 작업이 활발하게 소개되었다. 1960년대에 들어서는 정신분석학적 미술치료가 전문성을 보이기 시작하여 미술치료전문지가 창간되고 1962년에는 〈미술치료보고서〉가 출간되었다. 그리고 미국미술치료학회가 창립되는 성과를 통해 본격적으로 전문인 양성교육이 시작되었다. 정신분석이론에 근거한 나움버그와 크레이머에 의해 미술치료가 새로운 영역으로 자리 매김하게 되었다. 로빈슨과 레빅은 대학과정에 미술치료를 도입하였고, 레비, 웨디슨, 랜드가르텐 등이 1950년~1960년대를 지나며 미술의 치료적 발전에 기여했다.

다) 독일 - 루돌프 슈타이너(Rudolf Steiner, 1861~1925)

독일 크라레베르크에서 출생한 사상가이며, 인지학(人智學)의 창시자이다. 히틀러의 만행과 전쟁의 피해로 정신과 치료가 주춤하다가 1960년대에 들어오면서 체계적인 심리치료가 정착과정을 거치게 되었다. 인지학의 창시자인 슈타이너(Steiner)의 영향을 받은 퓌츠(Putz)가 1964년 예술을 치료적 도구로 사용하여 인간의 교육에 기여한다는, 즉 예술의 새로운 기능으로서 "미술치료(Kunsttherapie)"라는 개념을 처음으로 사용하였다(Dunkel & Rech, 1991). 독일은 1980년대 이래로 미술치료사가 직업으로 인정받게 되었다.

라) 영국 - 아드리안 키스 그레이엄 힐(Adrian Keith Graham Hill, 1895~1977)

영국의 예술가이자 작가, 미술치료사, 교육자 및 방송인이다. 그는 회화와 드로잉에 대한 많은 책을 썼다. 미술가 힐(Hill)은 창의적 활동의 치유적 힘을 직접 체험하고, 미술의 치료적 역할을 알리는 데 공헌하여 1946년 초 미술치료사로 인정받았다. 영국은 1970년이 되어서야 미술교육과 미술치료가 분리되었다. 그러나 영국의 보건복지부는 1980년까지 미술치료를 작업치료에 포함시켰다가 17년이 지난 후 1997년에야 미술치료사를 독립된 직업으로 인정했다.

마) 일본

1984년 일본가족화연구회가 창립되어 〈임상묘화연구〉라는 전문지를 출간하고 1991년 교토에서 창립된 묘화요법학회는 학술대회를 통하여 미술치료에 관한 다양한 연구와 임상적 활동이 진행되고 있다.

바) 한국

1990년대에 미술치료가 본격적으로 소개되었다. 생소한 미술치료는 학문적 접근의 허술함과 관계기관의 정보부족, 미완성된 체계의 문제들이 미술치료사 양성에 걸림돌이 되었고 무엇보다 체계적 연구가 절실한 실정이었다. 그러나 미술치료의 학문적 연구뿐만 아니라, 실제 임상에서 슈퍼비전을 받을 기회가 적은 어려운 현실에서도 미술치료가 적극적이며 활발하게 이루어지고 있는 것은 미술치료의 필요성과 효과를 반증하고 있는 것이다. 미술치료사의 역사는 전반적으로 3차 산업을 거쳐 4차 산업을 맞이하는 시대적 상황에서 인간에 대한 철학적, 교육적, 심리적, 정서의 변화와 함께 예술분야의 역할에 대한 새로운 탐구의 국면을 맞이하면

미술치료의 이론과 실제

서 활발해지기 시작하였다. 미술을 비롯한 예술분야에서는 "인간을 위한 예술"로써 치료적인 역할을 충분히 할 수 있다는 확신과 관점을 갖게 되면서 미술치료라는 새로운 독립적인 영역이 만들어진 것이다. 이러한 시도로 시작된 미술치료는 오늘날 상담뿐만 아니라, 재활, 병원, 노인시설, 특수교육, 자기성장 및 사회교육 프로그램 등으로 널리 적용되어 발전되고 있다.

4) 현대 미술치료의 발전

가) 1940년대부터 심리치료 양식으로 시작

대표적으로 정신분석이론에 근거한 나움버그와 크레이머에 의해서 미술치료가 새로운 영역으로 발전하게 되었다. 나움버그는 무의식에서 표현된 상징성과 그림을 그리는 과정, 그리고 그림과의 대화를 중요시했다. 화가이며 교육자인 크레이머는 미술치료에서 미술의 입장과 교육적 관점을 중시하였고, 프로이트의 승화이론에 입각하여 미술이 방어기제를 분출하여 승화로 이끄는 지름길이라고 생각했다.

나) 1940년대의 치료에서의 미술(Art in Therapy)

마가렛 나움버그(Margaret Naumburg, 1890~1983)
1890년 뉴욕 출생으로 교육자의 길을 걷다가 후에 정신분석학과 심리학을 공부했다. 이후에는 프로이트의 정신분석이론을 기반으로 정신분석 미술치료 모델을 확립했다. 현대미술치료 개척자 중 한 사람으로 정신분석과 자신의 경험에 입각하여 환자들에게 자발적인 자유연상을 유도한 후 그림을 그리도록 격려했으며, 환자가 그리고 싶은 대로 그리게 하는 자발적인 그림을 중요시하고 환자의 무의식적 사고와 감정이 그림에 재현된다고 보았다(주리애, 2010). 미술치료를 처음으로 심리치료의 독특한 형태로 기술한 사람들 중 하나이다.

정신분석적 시각에 동조하여 무의식의 이미지를 드러내기 위한 방법으로 미술

표현을 인식하게 하여, 내담자들에게 자신의 꿈과 이미지를 그리게 함으로써 프로이트의 개념을 한 걸음 더 발전시켰다(박인순, 2014). 나움버그의 시각에서 미술치료의 최우선 가치는 의사소통과 진솔한 표현에 있다(박인순, 2014). 프로이트와 융, 설리반의 영향을 받아 상담사와 내담자 사이의 치료적 관계형성과 자유연상, 전이와 역전이의 해결, 그림의 상징성, 그림표현의 자발적 해석 등을 중시하여, 심리 치료 과정에서 그림을 매개체로 이용했다(주리애, 2010).

나움버그는 정신분석적 미술치료의 장점을 다음과 같이 주장하고 있다. 그림의 표상은 언어적 표현보다는 그림의 표상으로써 자신의 내적 욕구와 꿈, 그리고 환상을 직접 표현할 수 있다. 그리고 그림으로 표현된 무의식은 언어적 표현보다 투사적 측면에서 방어가 적기 때문에 치료과정이 촉진된다. 또한 그림으로 표현된 표상은 내용 자체가 오래 계속되는 성질 즉, 영속성이 있어서 망각에 의해 쉽게 지워지지 않고 그 내용을 왜곡하거나 부정하기가 힘들다. 마지막으로 환자가 자신의 그림을 해석하는 능력에 따라 타인으로부터 격려를 받아 힘이 나기도 한다. 이런 자율성으로 인해 전이문제가 쉽게 해결된다.

다) 1950년대의 치료로써의 미술(Art as Therapy)

에디스 크레이머(Edith Kramer, 1916~2014)

크레이머는 승화를 중요하게 생각했다. 그녀의 미술치료 대상은 주로 아동이었으며, 아동이 미술활동 과정을 통해 자신의 갈등을 표출하고 파괴적 행위를 창조적 행위로 바꿀 수 있는가에 관심을 가졌다. 미술작품의 치유적 가능성은 특별한 심리적 과정을 거치고 이에 따른 창조적 작업에서 발생하며, 미술활동 과정이 치료적이라는 생각이 내포되어 있다. 창조성을 미술치료 과정의 단서로써 강조하고 상담사의 역할은 승화와 통합과정을 도와주는 것이라고 생각했다. 즉, 미술작업을 통하여 내담자 자신의 부정적 에너지를 분출함으로써 그것을 감소, 전환시킨다고 했다. 또한 내담자는 미술작업 과정에서 자신의 본능적 충동이나 환상에 접근하면서 갈등을 이해하고 인내를 배우는 과정 속에서 자기훈련을 통해 문제를 해결하고 통합한다고 보았다.

미술치료의 이론과 실제

라) 1960년대 통합적 관점

에레나 울만(Elinor Ulman, 1910~1991)

울만은 미술작가로서 활동했으며 그 경험을 계기로 미술치료를 하게 되었다. 그녀는 1950년대에 미술교사의 입장에서 "미술치료사와 미술교사는 깊은 연관성이 있다."라고 주장했다. 1961년에는 미술심리치료를 치료로써의 미술로 정의를 내리기 위해 노력하였고 이를 위해 울만은 임상가로서 나움버그와 크레이머의 견해를 적절히 절충함으로써 둘 간의 융통성을 부여하였으며, 미술치료를 독립된 분야로 발달시켰다. 앞의 이론들이 각각 심리치료 혹은 미술 중의 어느 한쪽에 치중하고 있다고 지적하면서 이 둘을 통합하고자 했다(주리애 2010). 미술활동은 치유의 과정이 될 수 있고 미술작품은 치료에 직접 관련이 있는 정보를 전달한다고 하는 두 가지 개념 모두 중요하게 생각했다. 미술과정은 무한한 인간능력을 필요로 한다. 일반적으로 그것은 공격과 사랑, 충동과 통제, 무의식과 의식, 환상과 실제 사이에서 필연적으로 갈등하는 요소들의 통합을 요구한다. 미술의 통합적인 특징은 많은 관점을 통합하고 따르는 일반적인 위협을 인정하는 것이다.

마) 주디스 아론 루빈(Judith Aron Rubin, 1936~현재)

루빈은 1959년 웰즐리(Wellesley College[1])에서 미술을 전공했으며 하버드 대학교에서 교육학 석사 학위(1959)를 받았다. 피츠버그 대학 카운셀링(1976), 피츠버그 정신 분석 연구소에서 성인(1980) 및 아동(1983) 분석 교육을 마쳤다. 미술 교사로 시작하여 44년 동안 미술치료사로 일했으며 다양한 연령대의 사람들과 다양한 조건을 가지고 일해 왔다. 그녀는 1970년에 등록된 미술치료사, 1979년 면허받은 심리학자, 1994년에 공인 된 미술치료사가 되었다. 그녀는 정신의학과, 피츠버그대학교 및 피츠버그 정신 분석 학회 및 연구소의 교수이다.

---

1) Wellesley College(미국 동부의 7대 명문 여자대학, 여성 최초로 미국 국무장관에 오른 매들린 올브라이트(Madeleine Albright), 오바마 행정부에서 국무장관을 역임한 힐러리 클린턴(Hillary Clinton), 미국항공우주국(NASA) 소속으로 미국 최초의 여성 우주 선장을 맡았던 파멜라 멜로이(Pamela Melroy), 한국인 동문으로는 주 핀란드 대사를 지낸 이인호 서울대 명예교수, 국립현대미술관 관장을 맡고 있는 정형민 서울대 교수 등이 있습니다)

바) 힐라리온 페촐트(Hilarion Gottfried Petzold, 1944~현재)

독일 심리학자 페촐트는 인간을 육체적-영적-정신적 존재로 보았다. 인간은 삶을 의식과 무의식을 넘나들며 본질적 삶과 사회적 삶 그리고 생태적 삶을 살기 위해 노력하고 전체적 존재로서 예술매체와 창의적 방법을 적절히 적용하여 인간의 행동에 영향을 주고 그 결과로 병을 완화하고, 치유하며 인간성을 개발하고 행복하게 하는 것을 목적으로 한다. 여기에서 예술치료의 정의를 미술치료의 정의로 대체할 수 있다.

사) 해리엇 웨디슨(Harriet Wadeson, 1931~2016)

미술은 심상의 표현이다. 웨디슨은 1980년 10대 아동들을 돌보는 동안 프로이트 이론으로부터 그녀의 이론을 정립하기 시작했다. 그녀는 정신분석, 행동주의, 인본주의, 심리학 등의 이론을 임상에서 상담사가 치료과정을 이해하고 다양한 이론들을 상황에 맞게 조절하며 절충하는 접근법을 강조했다.

인간은 마음 즉, 심상(image)으로 생각한다. 말을 하기 전에 심상으로 사고한다. 미술치료는 꿈, 경험, 환상을 언어적으로 해석하기보다는 심상으로 해석한다. 예술은 종종 예상치 않았던 인식으로 환자의 통찰, 학습, 성장을 유도하기도 한다. 예를 들면 내담자가 만든 어느 유형의 대상화를 통해서 상담사와 내담자 사이에 하나의 연결 고리가 놓여진다. 저항이 강한 내담자들은 직접 다루는 것보다 그림을 통해 그들에게 다가 가는 것이 더 좋은 방법이라고 할 수 있다. 어떤 내담자는 단 한번의 작품 활동으로 자신의 감정을 느끼며, 저항이 강한 내담자는 오랜 시간이 걸리기도 한다. 언어 즉, 말은 일차원적이며 기본적인 의사소통 방식이다. 한 가지씩 정해진 순서대로 나간다. 미술표현은 통사론, 논법, 문법 등의 언어적 규칙을 따르지 않아도 된다. 미술에서는 공간의 연속적인 연관성이 발생한다. 결합과 분리, 가깝고 먼 곳, 유사점과 차이점, 특정한 속성, 감정, 가족의 생활환경 등을 표현하고 집단과 개인의 성격을 이해하는 데 용이하다. 또한 미술은 에너지

미술치료의 이론과 실제

를 유발시키며 창조성이 있다. 미술작업의 과정에서 시작하기 전의 신체적 에너지는 개인적으로 다소 떨어져 있지만, 미술 작업을 토론하며, 진행하고, 감상하며 정리하는 시간에는 활기찬 모습을 보인다. 몸속의 에너지가 변화한다는 느낌을 많은 사람들은 경험한다. 그것은 단순한 신체활동보다는 창조적인 에너지의 발산이라고 할 수 있다.

정신분석이론에 기초한 미술치료

1 _____ 정신분석학의 이해

○ **프로이트**(Sigmund Freud, 1856~1939)**의 정신분석**

 프로이트의 아버지인 야코프 프로이트는 유대인으로 아말리 나
단슨과 재혼하고 프로이트를 40세에 낳았다. 1859년 라이프치히
로 이사한 프로이트는 이듬해에 다시 빈으로 옮겨와, 독일 나치당
이 오스트리아를 침략하고 병합할 때까지 빈에서 살았다. 프로이
트는 빈 대학 정신과에서 공부하고 이후 신경병리학 교수로 임명
되어 뇌 연구에 몰두했다. 이후 히스테리환자들을 연구하는 샤
르코를 보면서 프로이트는 심리적 질환의 원인은 뇌가 아니라 마음이라고 생각을 하게
되었다. 샤르코는 다리와 팔의 마비증상을 히스테리와 최면으로 연결하여 설명했다.
이는 이 병의 원인이 신경보다는 정신에 있음을 증명하는 것이었다. 프로이트는 1890
년대 초 자유연상법을 개발했다. 프로이트는 정신의 한 영역인 "무의식"에서 나오는 내
용들을 밝히려고 했다. 환자들이 자유연상 도중 갑자기 말을 더듬거나, 멈추는 모습을
보이는 경우 프로이트는 이것을 방어와 갈등을 암시한다고 생각했으며, 그는 이를 "저
항"이라고 했다. 꿈의 해석은 꿈의 방향과 서로 다른 것이며, 의식과 무의식의 중간 지
점이며 이 지점을 거쳐서 무의식으로 가는 과정이라 했다. 프로이트는 1905년 『성 이
론에 대한 3가지 기고』를 출간했는데, 그는 성욕의 개념적 정의를 유아기의 성애적인
충동들을 포함하는 포괄적인 것으로 확장했다. 프로이트는 성적 욕구의 부위가 순차
적으로 다른 부위로 옮겨간다는 점에 초점을 두고 심리성적 발달과정을 설명했다.

미술치료의 이론과 실제

2 _____주요개념

1) 인간관

프로이트는 인간은 쾌락을 추구하는 생물학적인 존재이며, 삶의 본능적인 에너지인 리비도를 가지고 태어난다고 보았다. 또한 죽음의 본능인 공격성을 나타내는 타나토스를 가지고 태어났으며, 쾌락을 추구하는 에너지인 리비도는 성적인 욕구를 나타내는 것이라고 하였다. 쾌락적 욕구인 리비도는 인간이 성장하면서 사회적 현실과 많은 부분에서 마찰을 겪게 되고 그때마다 인간 내적인 욕구인 쾌락과 외적인 현실적 요구 사이에서 끊임없이 갈등을 하게 된다고 보았다. 프로이트는 이것을 통하여 인간을 갈등하는 존재로 보았으며, 본능적인 욕구인 쾌락과 사회적 요구인 현실적 갈등과 이성적 자아와 외부세계와의 갈등과 적극성과 수동성의 갈등이 인간을 지배한다고 하였다. 따라서 인간은 삶을 살아가는 평생 동안 갈등을 겪는 존재라고 보았다.

프로이트는 인간을 현실에서 적자생존과 갈등과 타협의 결과물로 보았으며, 비이성적인 본능적 추동이나 무의식적인 동기가 인간의 행동을 결정한다고 보았다. 인간의 정신에너지 체계인 세 가지의 자아가 늘 갈등을 하면서 비이성적이고 비사회적인 본능에 의해서 인간의 행동이 통제되고 지배되는 결정론적 존재로 보았다.

또한 모든 인간은 심리성적 발달단계에 따라 성격발달이 이루어지며, 인간이 성장하면서 어느 부위에 성적인 에너지가 집중되었는가에 따라서 성격의 발달에 지대한 영향을 받는다고 하였다. 그 시기에 적절하게 본능적인 욕구가 채워지지 못하면 억압과 좌절의 경험이 무의식에 내려앉아 부정적인 고착의 증상이 성인이 되어서 나타난다고 하였다.

정신결정론은 인간의 정신에서 발현되는 모든 생각과 행동은 어떤 경우라도 우연한 것은 없다고 보는 것이며, 이것은 6살까지의 경험에 의해 결정된다고 보는 것이다. 인간이 느끼는 모든 느낌과 행동은 의미와 목적이 있으며, 우연처럼 보이는 일들도 의식하지 못하는 무의식 안에서 일어나는 원인 때문이라는 것이다. 이러한 이유로 초기의 양육 경험이 중요하며 특히 부모와의 갈등이 정신결정론에 영향을 미친다고 보았다.

2) 의식구조

가) 무의식

인간 정신을 이루고 있는 요소 가운데 가장 깊은 곳에 잠재되어 있으며, 정신의 영역에서 가장 큰 비중을 차지하는 영역이다. 개인이 자신의 힘으로는 아무리 노력하여도 의식으로 떠올릴 수 없는 생각이나 감정들을 포함하여, 감각기관으로 인식할 수 없는 마음 깊은 곳에 감추어져 있는 정신세계로 본능과 열정과 억압된 관념과 감정 등이 잠재되어 있다. 원시적이고 본능적인 소망이나 위협적이거나 고통스러운 경험들의 창고라고 할 수 있으며, 한때는 생생히 알고 있었지만, 망각해 버린 감정의 찌꺼기들이 남아 있는 곳이다. 그러나 인간의 행동에 있어 가장 큰 영향력을 미치는 정신의 영역이기도 하다.

나) 전의식

현실을 지각하는 의식의 영역에서 벗어나 있으나 "이용 가능한 지식"이라고도 한다. 의식의 부분은 아니지만 주의를 집중하면 의식으로 떠올릴 수 있는 생각이나 감정을 말한다. 잊으려고 애썼던 과거의 부정적 경험이나 잊은 줄 알았는데 현재의 경험에 의해서 다시 소환되어 올 수 있는 부정적 기억이 여기에 해당한다.

다) 의식

한 개인이 감각기관을 통해서 인식하는 모든 행위와 감정들이 해당되는 영역이다. 개인이 각성하고 있는 순간의 기억이며, 현실을 조절할 수 있는 영역이다.

3) 전이(transference)

전이는 과거에 중요한 대상에게 느꼈던 감정을 현재 상담자에게 느끼는 것이다. 전이의 분석과 해석을 통해 무의식적 갈등과 문제의 의미를 통찰하는 과정을 거치면서 내담자는 자신을 자각하고, 현실에서 자신이 선택하게 될 행동을 결정하게 된다. 전이는 생애 초기에 정서적으로 자신에게 의미 있는 대상에게 밀접하게 관련된 감정이 현재의 치료자에게 이동되어 나타나는 것이다. 내담자가 어린 시절의 부모에 관련된 그의 환상적인 소망의 반복을 치료자에게 나타내는 고도의 정서적 태도라고 할 수 있다. 내담

미술치료의 이론과 실제

자는 치료자에게 감정을 전이함으로써 현재의 어려움을 유발시키는 초기 인생의 갈등을 안전한 공간에서 정서적으로 다시 경험할 수 있게 된다. 내담자는 상담이 진행될수록 어린 시절의 경험과 갈등들이 의식으로 떠오르며 정서적 퇴행을 재경험하는 시간을 가질 수 있게 된다. 예를 들어 어렸을 때에 무척 엄격했고 권위적이었던 아버지와 차갑고 냉랭했던 어머니에 대해서 느꼈던 감정이 상담자에게 옮겨져서 다양한 부정적 감정들을 발산하게 되고 저항하게 된다. 현재의 인물을 과거 인물과 혼동하는 것은 그만큼 미해결된 갈등이 있다는 증거이기 때문에 상담자는 내담자의 전이의 감정을 잘 수용하고 해석할 수 있는 힘이 있어야 한다. 부모로부터 사랑받지 못하고 좌절되고 억압되었던 경험이 무의식에 자리 잡은 내담자는 상담의 현장에서도 상담자의 눈치를 보며 방어할 수 있다. 상담자에게 자신의 욕구대로 말하고 행동하다가는 상담자로부터 사랑과 관심을 받지 못할 수도 있다는 두려움을 느끼기 때문이다.

4) 저항(resistance)

상담이 진행되면서 내담자는 자신의 무의식을 분석하고, 해석하는 상담자로부터 자신을 지키기 위한 방어체제를 일으켜 저항이 일어난다. 상담의 진행을 방해하고 현재 상태를 유지하려는 내담자의 의식, 무의식적 생각이나 태도 및 감정, 행동 등을 의미한다. 내담자가 저항을 하는 이유는 자신에게 일어나게 될 변화에 대한 두려움과 무의식적 소원과 자신의 본능적 욕구의 충족을 계속 유지하고 싶은 마음과 무의식적 갈등을 현실에서 직면하는 것이 두려워서이다. 상담자는 이러한 내담자의 저항을 분석하고 해석하여 무의식적 동기를 파악하며, 내담자의 자기 통찰을 도와주어야 한다.

5) 불안

원인에 대한 명확한 대상이 없이 두려움을 느끼는 것을 프로이트는 불안으로 보았다. 이런 모든 불안의 원형은 출생 시에 경험한 외상이라고 생각하였으며, 불안은 어떤 것을 하게 하려고 우리를 동기화시키는 긴장상태를 말한다. 개인의 억압된 무의식적 욕구가 의식 속으로 올라오는 것을 조절하지 못하게 될 때 발생하는 것으로, 이렇게 올라온 무의식적 불안은 임박한 위험에 대해 자아에게 보내는 경고이다. 불안은 다음의 세 가지 차원으로 나누어 볼 수 있다.

가) 현실적 불안

실제 외부세계에서 받는 위험이나 위협에 대한 인식기능으로 실제적인 불안이다. 이 불안의 정도는 실제적인 위험에 대해 느끼는 두려움의 정도와 비례한다. 예를 들어 탑승한 자동차가 과속할 때 느껴지는 불안으로 공포와 같다고 할 수 있으며, 실제적 위험을 피하고자 무엇인가를 하도록 경고한다.

나) 신경증적 불안

본능적 충동을 통제하지 못해 불상사가 생길 것 같은 위협에서 오는 불안이다. 실제로 불안을 느낄 이유가 없는데도 자아가 본능의 충동을 통제하지 못해 불상사가 생길 것 같은 위협을 느낄 때 절로 올라오게 된다. 본능적인 쾌락의 욕구가 현실에서 처벌될 것에 대한 불안이며, 자아가 본능적 위협을 감지하면 사람은 누구나 이런 불안을 느낀다.

다) 도덕적 불안

초자아와 자아 간의 갈등에서 비롯된 불안으로, 본질적 자기 양심에 대한 두려움으로 도덕적 원칙을 위반한 것에 대한 죄의식이다. 자신의 행동이 도덕적 기준에서 위배된 생각이나 행동을 했을 때 생기는 불안으로 개인 내부의 힘의 균형에 대한 위협으로부터 오는 불안이다.

6) 자기방어기제

프로이트는 인간의 모든 행동이 본능에 의해서 동기화되는 것처럼 불안을 누구나 피하려고 한다는 점에서 방어적이라고 보았다. 인간은 모든 갈등에서 비롯된 불안으로부터 자신을 보호하기 위해 다양한 방어기제를 사용한다. 이것은 현실을 부정하거나 왜곡시키며, 무의식 수준에서 일어나는 것으로 정상적인 행동이며 누구나 적응적 가치로 1~2가지 이상의 방어기제를 사용한다. 그러나 지나치게 무분별하게 충동적으로 사용될 경우 병리적인 증상을 유발할 수 있다.

가) 미성숙한 방어기제

억압(Repression) 의식하기에 너무 고통스럽거나 인정하고 싶지 않은 기억을 떠오르지 못하도록 스트레스 상황을 의식에서 무의식 속으로 밀어 넣는 것이다. 다른 자아방어나 신경증의 기초가 되는 방어기제이다. 의식적으로 자신의 생각과 느낌을 눌러 버리는 경우를 억제(Suppression)라고 한다.

반동형성(Reaction-Formation) 실제 느끼는 정서와 정반대의 정서로 반응함으로써 불안을 해소하려는 경우이다. 용납하기 어려운 충동이 의식적으로 억압되어 완전히 반대의 것으로 나타나는 것이다. 특히 반대되는 감정은 과장하여 표현한다.

치환(displacement) 감정을 원래 대상보다 약한 곳에 옮겨서 표출하는 것이다. 예를 들어 아빠가 직장에서 받은 스트레스를 집에 와서 아내와 자녀들에게 푼다거나 아이가 집에서 받은 스트레스를 학교에서 친구를 괴롭히는 것으로 푸는 것이다.

합리화(Rationalization) 갈등의 근원을 다룰 때 논리적, 윤리적, 사회적으로 용납되는 이유를 들어서 대응하는 것이다. 실망이나 충격을 완화해 주고 자아에 큰 손상을 주지 않고 경험을 다루도록 해준다. 그럴듯한 이유를 제시하여 자신의 행동결과를 타당하고 합리적으로 주장한다. 예를 들어 이솝우화에 나오는 여우의 신포도 이야기가 있다. 너무 높이 달린 포도를 먹지 못하는데서 오는 서운함을 달래기 위해 그 포도는 따서 먹는다 하더라도 시어서 못 먹을 것이라고 생각하는 것이다.

부인(Denial) 감당하지 못할 생각, 욕구, 충동, 현실적 존재를 부정한다.

투사(Projection) 자신의 단점 때문에 타인을 비난하거나 자신의 바람직하지 못한 욕구나 충동을 타인의 탓으로 돌리는 경우이다. 자신의 내적 상황을 피할 수 없다면 외부로 돌린다. 예를 들어 어떤 여성이 어떤 남성에게 관심이 있으면서도 마치 그 남성이 자신에게 관심이 있는 것처럼 덮어씌울 수 있다.

동일시(Identification) 다른 사람의 바람직한 속성이나 태도나 행동을 들여와서 자신 성격의 일부로 삼는다.

신체화(Somatization) 심리적인 갈등이 감각계와 수의근계를 제외한 기타 신체 부위의 증상으로는 표출된다.

퇴행(Regression) 현재의 발달단계 이전 단계로 후퇴하는 행동을 함으로써 불안을 피하거나 욕구를 충족하려는 행동이다. 과거의 행동수준으로 후퇴하여 의존적 역할을 한다. 예를 들어 남자친구에게 선물을 받고 싶어서 어린아이처럼 응석을 부리는 것이다.

나) 성숙한 방어기제

이타주의 반동형성의 하나로, 자기 본능의 만족을 포기하고 다른 사람을 건설적으로 도와줌으로써 내재화에 의한 대리만족이다.

승화(Sublimation) 의식적으로 허용하기 힘들거나 사회적으로 용인되지 않는 충동이나 행위를 개인적이나 사회적으로 수용 가능한 활동으로 방향을 바꾼다. 예를 들어 공격적 충동이나 성적 충동을 사회적으로 용납되는 활동으로 바꾸어 축구를 하거나, 정육점을 운영하거나, 외과 의사가 되는 것이다.

유머(Humor) 자신과 타인에게 불쾌한 감정을 느끼지 않게 하면서 자기 느낌이나 생각을 공개적으로 우스꽝스럽게 표현한다.

7) 성격 구조

가) 원초아(Identity : Id)

성격의 접근할 수 없는 깊은 부분을 대표하는 것으로 본능적으로 쾌락을 추구하고 불쾌함을 회피하는 부분이다. 태어날 때부터 존재하는 가장 기본적인 생물적인 충동이 있는 쾌락의 원리에 의해서 작동되는 영역이다. 여기에 해당되는 것으로는 음식과 물을 먹고 싶은 욕구나 배설 등의 욕구, 성적인 욕구 및 공격적인 욕구 등이 있다. 이들 욕구는 맹목적이고 끈덕지며 강력하고 단 하나만의 원리에 의해 움직이는데, 그것은 쾌락의 원리(pleasure principle)에 따라 욕구를 만족시키는 것이다. 사람은 내적 자극이나 외적 자극 때문에 흥분에너지가 쌓여 긴장하면 원초아의 명령에 따라 그것들을 곧장 외부로 방출하여 결과가 어떻게 되든지 간에 일단 즉각적으로 긴장을 해소해 쾌락을 추구하는 원리를 프로이드는 쾌락의 원리라고 불렀다. 성숙하지 않은 인격의 망나니 같은 면으로, 대부분은 인식되지 않으며 무의식의 영역에 해당된다. 외부 현실세계보다는 자신의 신체나 신체의 작용과 더 밀접한 관련을 맺고 있다.

나) 자아(ego)

현실의 영역으로 외부세계와 접촉하여 성격을 지배하고 통제한다. 원초아만 가지고 있던 어린이가 성장발달 하면서 외부현실의 벽에 부딪히면서 가지게 된다. 어

미술치료의 이론과 실제

린이는 즉각적으로 욕구들을 충족시키고자 하지만 그것이 현실적으로 불가능하다는 것을 경험하게 된다. 배가 고프지만 즉각 우유병이 입에 물려지지 않으며, 배설은 변기에 해야 하며, 성기를 만지작거리거나 다른 사람을 때리면 벌을 받기도 한다. 따라서 어린이는 성장하면서 원초아의 욕구들을 억제하며, 또한 자신의 욕구들을 어떤 방식으로 충족시킬 것인가를 현실의 원리에 맞추어서 결정하고 집행한다. 즉 쾌락을 추구하지만 현실을 고려하면서 추구한다고 볼 수 있다. 이성적 사고를 동원하여 현실적이고 논리적인 방식으로 계획하여 집행하는 것으로 우리의 정신영역 가운데 의식의 대부분을 차지하고 있다.

다) 초자아(super ego)

성격의 판사와 같은 부분이라고 할 수 있다. 인간의 어떤 행위가 나쁜가 좋은가 하는 선악을 구분하는 기준은 개인의 양심이라고 할 수 있겠다. 이것은 사회의 가치와 도덕의 내면화된 표상이므로, 그 사회의 전통적인 가치관이 성장함에 따라 어린이들은 부모의 표준을 자신의 초자아에 통합시킴으로써 스스로의 행동을 통제하게 되는 것이다. 그들의 초자아가 아동에게 말해 주기 때문에 더 이상 어린이에게 남의 물건을 훔치는 일이 나쁘다고 말할 필요가 없게 되는 것이다. 초자아는 심리적인 보상과 처벌과 관계가 깊은데, 초자아의 기준에 따라 행동하게 되면 심리적인 보상으로는 자부심과 자기애를 얻을 수 있는 반면, 이에 반했을 경우에는 죄책감과 열등감을 가지게 된다. 어린이의 경우에는 도덕적 기준을 위반하려고 할 때 부모의 사랑을 잃게 되는 불안을 유발시킨다. 만일 부모의 도덕적이고 이상적 기준들이 너무 엄격하면 어린이는 죄의식에 사로잡히고 모든 공격적이거나 성적인 충동들을 억제하게 된다. 의존적 어린 시절에 부모나 의미 있는 다른 사람에 의해 영향을 받아서 형성된 도덕적이고 사회적이며, 이상적 원리에 의해서 작용되는 곳이다.

8) 성격의 발달단계

가) 구강기(출생~18개월)

성 에너지인 리비도(Libido)가 입에 집중되고 깨물기, 빨기 등의 주요 활동이 이루어지는 시기이며, 최초의 양가감정이 나타난다. 이 시기에 충분히 빨기나 깨물기의 활동이 일어나지 못하거나 좌절되거나 거부되는 경험이 많을수록 고착의 증상이 나타난다. 성인이 되어서도 심리적 갈등에 처할 때 음식에 집착하여 과도하게 폭식을 하거나 흡연과 음주에 몰두하는 모습이 나타난다.

나) 항문기(18개월~3세)

성 에너지인 리비도가 항문에 집중되어 있어서 배변활동으로 쾌감을 경험하게 되는 시기이다. 충분한 보살핌과 양육으로 긍정적 배변활동을 하지 못하게 되면 역시 고착의 증상이 나타난다. 과도할 정도로 결백하게 배변훈련을 시키거나 방임적으로 양육하는 경우에 나타나는데, 지나치게 완고하거나 인색한 성격이 되거나 폭발적이고 강박적 성격을 지니는 사람으로 성장하게 될 수 있다.

다) 남근기(3세~6세)

성 에너지인 리비도가 성기에 집중되고 자신과 남을 비교하는 시기로 여아들이 남아들을 선망하는 시기라고도 했다. 이 시기에 두드러진 특징은 오이디푸스 콤플렉스로 설명할 수 있는데 이성의 부모에게는 애정의 감정을 느끼며, 동성의 부모에게는 질투의 감정을 가지는 근친상간의 욕구를 설명하고 있다. 이것은 남아가 자신의 아버지로부터 거세공포를 느끼나 자신의 신체적 미성숙을 자각하고 동성의 부모와 동일시함으로써 자신을 방어하는 것이다. 이 시기에 부모들이 긍정적 양육으로 성공적 발달이 이루어지면 성적 주체성이 확립되며, 건전한 호기심과 지식욕을 습득한다. 이 시기에 과잉충족이나 결핍이 되었을 때 역시 고착의 증상이 나타나게 되는데, 이것은 권위에 복종하고 두려움과 자기자랑 그리고 경쟁적 성격으로 나타날 수 있다.

라) 잠복기(6세~사춘기)

이 시기에는 성 에너지의 신체 집중이 잠시 멈춰지고 또래에 대한 관심이 확장되고 집중되는 시기로 잠재된 시기라고 한다. 이 시기는 성적 정체성의 확립과 동성간의 동일화가 진행되는 시기이다. 이 시기에 또래관계에 대해서 긍정적 관계형성이 되지 못하면, 성인이 되어도 이성에 대한 관심이 없거나 동성의 우정에 과도하게 집착하게 되는 고착의 증상이 나타날 수 있다.

마) 성기기(사춘기 이후)

심한 생리적 변화가 주된 특징이며, 격동적 단계로 성적에너지를 직접 표현하는 시기이다. 가장 이상적인 성격유형으로 발달하게 되면 책임감이 잘 발달하고 이성과의 사랑이 만족스럽게 된다.

3 _____ 정신분석적 접근에 의한 미술치료

정신분석적 미술치료는 프로이트를 중심으로 정신분석학자들의 꿈의 해석, 자유연상법, 저항과 전이 그리고 분석과 해석의 기법 등을 사용한다. 특히, 자유연상의 경우 꿈의 내용 전달은 그림이나 창조적 매체를 통해서 표현하는 경우가 많다.

○ **안나 프로이트**(Anna Freud, 1895~1982)

아동은 자유연상의 준비성이 성인에 비해 부족하므로 언어의 사용보다는 그림의 사용이 의사소통을 원활하게 해준다(A. Freud, 1927). 그리고 어떤 내담자의 경우에는 무의식의 의식화 방법에서 미술작품의 분석이 꿈보다는 더 효과적이라는 학자들의 연구도 있다. 아동의 그림은 강한 정서의 구체화이며 꾸밈없는 언어라는 관점으로 본다. 이 이론의 근거는 잠재의식에 대한 프로이트의 학설을 기반으로 하며, 잠재의식 상태에서 미술표현을 시각적으로 재현한다는 것이다. 학자들은 아동들의 표현을 구체화시켜가는 과정을 비언어적이라고 했다. 이것은 진실한 정서로 표현하는 개성적인 것이므로 함부로 평가하거나 판단해선 안 된다고 했다.

프로이트는 예술표현을 "작가의 심층의식 속에 있는 본능적 충동의 표출"이라고 하면서 진정한 미적 가치는 에로스(Eros)라고 했다. 플라톤은 최초로 에로스를 철학적으로 언급한 인물이다. 생식본능의 지평으로부터 철학, 과학, 예술의 위대한 경지에 오르게 하는 에너지의 원천을 플라톤은 에로스라 하였고 프로이트는 이런 개념을 인간의 생물학적 본능이 사회문화적으로 승화된 것이라고 주장하고 있다. 성욕(性慾)에서 에로스는 생명을 이어가고 삶을 활기차게 이끌어가는 모든 것을 지칭한다. 그러므로 승화(sublimatiton)는 그 본래의 성적(性的)인 목표로부터 다양하게 변환된 것이다. 따라서

미술치료의 이론과 실제

인간의 미술적 표현은 성본능의 해소, 즉 카타르시스(catharsis)라고 한다. 카타르시스를 느낀다는 것은 성욕의 승화가 이루어졌다는 것으로 모든 예술적 영감과 행위, 그리고 결과물인 작품은 성욕의 승화이며, 아동들의 미술작품과 표현도 성 에너지의 해소로 보는 것이다. 프로이트는 예술 작품을 오이디푸스 콤플렉스(Oedipus complex)로 알려진 유아성욕의 다양한 형태로 보았으며, 성적욕구가 만족되면 상상력이 빈곤하고, 불만족이면 상상력이 왕성해져 예술의 원천이 된다고 하였다(권석만, 이한주, 이순희 2007). 이러한 프로이트의 생각은 아동미술에 영향을 미쳐 아동의 미술적 표현을 정서와 감정, 무의식의 표출로 보았다. 이런 이유로 수많은 아동학자와 미술 교육학자들이 프로이트의 이론을 중심으로 형태와 아동심리, 색과 아동의 심리, 표현위치와 아동의 심리 등을 연구하고 밝혀내려는 수많은 시도가 있었다. 정신분석학(psychoanalysis)을 배경으로 아동의 미술적 표현과 아동의 성격, 정서, 문제행동 등을 연구하고 아동미술의 이해를 돕기 위해 중요한 역할과 업적을 남긴 대표적인 인물로 나움버그(M. Naumburg, 1947), 맥코버(K. Machover, 1949) 등을 들 수 있다.

1) 상담의 목표

정신분석을 통한 상담의 목표는 내담자로 하여금 불안을 유발하고 있는 억압된 내적 충동을 자각하게 하여 현실에서 건강하게 해소할 수 있는 건강한 성격을 가지도록 하는 데 있다. 건강한 성격은 원초아, 자아, 초자아의 심적 에너지가 서로 균형을 이루고 있는 상태이며, 그 균형이 깨어질 때 내담자는 불안이나 죄의식을 가지게 된다. 인간의 본능적 욕구인 성적 에너지를 중요하게 다루었던 프로이트는 왜곡되고 억압된 성적 쾌락이 내담자의 주요한 심리적 문제로 나타난다고 보았다. 인간 행동의 대부분은 욕망을 사회의 요구에 맞추어서 표현한 자기방어라고 보았으며 이런 무분별한 욕망 추구와 과도한 사회적 억압에 대하여 자아가 성숙하게 자신을 방어하여 내면적 갈등을 최소화하는 것이 필요하다고 보았다. 정신분석 치료자는 그 억압된 무의식의 비밀을 찾아내는 것이 중요하며, 그것을 현실에서 수용 가능한 방어기제를 통하여 해소할 수 있도록 돕는 것이다.

프로이트가 주장한 정신분석의 목적을 살펴보면 다음과 같다. 첫째, 신경증적 고통을 인생살이에서 흔히 만나는 현실적 고통으로 변하게 하는 것이다. 둘째, 원초아가 있던 자리에 자아로 대체함으로써 자각과 함께 갈등의 해결이 이루어지는 것을 말한다.

현실원리를 따르는 자아가 무의식에 억압된 충동을 이해하고 원초아와의 갈등을 해결하여 본능적 충동에 의해 지배되지 않고 현실적이고 합리적으로 적응하게 하는 것을 의미한다. 셋째, 정신건강을 회복시켜 사랑과 일을 할 수 있는 능력을 갖게 하는 것이다.(이무석, 1995)

정신분석적 치료의 목표는 자아의 기능을 강화하고 무의식의 의식화를 이루어 현재 생활에서 발생하는 어려움과 과거의 문제를 통합하여 건강한 자신의 삶을 찾아가는 것이다. 이러한 목표를 이루기 위해서는 라포를 통한 치료관계를 형성하고 현재와 과거를 통찰하여 무의식의 탐색을 위한 의식의 이완 그리고 자유연상을 통한 이미지의 시각화를 통해 나타나는 미술적 표현을 이해하는 것이다.

2) 미술치료기법

가) 자유화

상담사의 지시 없이 내담자가 편안한 상태에서 자유로운 생각이나 감정, 욕구를 그림으로 표현하는 것이다. 주제를 주지 않아서 내담자의 무의식적 감정과 정서를 표현하는 것에 대해서 억압이 적다. 무의식과 의식이 자연스럽게 표출될 수 있으며, 내담자는 자신의 그림을 보면서 자각하지 못하였던 자신의 내면적 무의식을 볼 수 있게 된다. 또한 상담사는 내담자가 언어로 표현하지 못하는 영역까지 볼 수 있게 되는 장점이 있다.

나) 핑거페인팅

물감에 풀을 섞어서 만든 걸쭉한 재료를 손가락과 손바닥으로 직접 문지르면서 촉각을 자극시키는 활동이다. 이러한 신체 감각을 활용함으로써 내면의 어지러운 마음을 편안하게 해소하는 것과 집중할 수 있는 과정을 통하여 자신의 내면을 바라볼 수 있도록 도와줄 수 있는 활동이다. 일상적으로 사용하는 도구가 신체 부분이 되는 특징이 있다.

다) 스퀴글 놀이(squiggle game)

일명 난화게임이라고 할 수 있는 것으로 위니캇이 개발했으며 치료적 효과가 좋은 아동상담의 초기에 적용할 수 있는 직접적인 접촉 놀이이다. 상담사는 단순하고 가벼운 선을 그리고 아동은 상담사가 그린 선을 이어가며 주제가 있는 그림으로 만들어 간다. 이 놀이는 자유로운 놀이와 연상의 측면을 결합하고 있어서 아동이 자유롭게 상담사와의 관계를 확립하는 데 효과적이다. 이 놀이는 심리치료에서 이미지를 분석하고 해석하는 용도로 활용할 수 있으며, 이것은 정신분석적 과정의 구조적(constructivist)이고 발달적인 견해를 간직하고 있다.

라) 난화 이야기 만들기

도널드 위니캇(Donald Winnicott, 1896~1971)이 정신분석적 어린이 심리치료에 사용한 기법이다. 아이들은 무질서한 낙서 같은 그림을 통해 세상을 이해하며, 의미 없이 휘갈겨 그린 선이나 곡선에도 아이들의 마음이 담겨 있다. 난화는 반드시 이야기가 있는데, 의미가 없이 그냥 말로 쏟아내는 이야기나 혹은 사건이나 줄거리가 있는 이야기도 아이들은 난화를 통해서 표현한다. 그러므로 아이들이 그림을 그린 후에는 아이들의 설명을 듣는 것은 필수사항이다. 아이는 자신의 이야기를 매번 다르게 전달할 수 있기 때문이다. 이것은 아이들이 변덕이 심해서가 아니라 난화를 그리는 시기의 아이들은 상상력이 풍부하고 논리력이 부족하여 그때그때마다 상황에 대한 표현이 다르게 나타날 수 있기 때문이다. 이것은 아동의 발달과정에서 겪는 자연스러운 현상이며, 난화 그리기에서 가장 중요한 것은 그림을 자유롭게 그린 후 아이들과 상상력을 동원해서 이야기를 나누는 것이라고 할 수 있다. 성인들에게도 난화는 즐거운 낙서의 개념으로 이해되며, 어린 시절에 누구나 경험했으며, 현재에도 의미 없는 낙서들은 집중할 때나 상황에 따라서 쉽게 나타나는 행동들이다. 여기에 상상력을 발휘하여 이야기를 구성하는 과정을 통하여 내적인 창의력과 경험이 그대로 노출될 수 있게 되며, 이것은 성인 내담자의 경험에 따른 무의식적 표현이라고 볼 수 있다.

  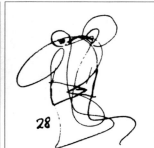

3강

분석심리이론에
기초한 미술치료

1 _____분석심리학의 이해

○ **융의 생애** (칼 구스타프 융 Carl Gustav Jung, 1875~1961)

융은 1875년 스위스의 개혁파 목사의 장남으로 태어났다. 융의 부모는 사이가 좋지 않았고 어머니는 정서장애로 오랫동안 요양 생활을 하여 융은 어머니의 돌봄을 받지 못했다. 어린 시절부터 기질적으로 많이 예민하였고, 초자연적인 현상과 주술과 심령현상에 관심이 많았다. 융은 열한 살 때 바젤시의 큰 학교로 전학을 갔으나 자신이 원하던 주제에 대한 책을 읽을 수 없어 학교가 싫어졌다. 그러던 어느 날 정신발작으로 쓰러지고 부터는 수업을 받지 않았다. 이후 발작이 걱정되어 몇몇 의사에게 진찰을 받았으나 특별한 병적 진단은 내려지지 않았고 의사가 처방해준 약을 먹어도 별 효과가 없었다. 하지만 정작 융 자신은 태평스러운 모습을 보였다. 어느 날 융은 자신의 병에 대해서 고민하였고 자신의 마음을 살피게 되었다. 융은 열심히 공부했으며, 이 경험을 토대로 신경증에 대해서 많은 지식을 얻게 되었다고 한다.

융은 프로이트의 영향을 많이 받았지만 리비도를 성적 에너지에만 국한시킨 프로이트의 견해와 달리 리비도를 정신에너지 측면으로 해석하여 성욕뿐만 아니라 권력, 배고픔, 증오, 종교 등으로 옮겨갈 수 있는 에너지로 보았다. 또한 신경증에서 억압의 원인을 성적 외상으로만 보려는 프로이트의 생각에 동의할 수 없어서 만난 지 6년 만에 결별하게 되었다. 융은 정신질환자들을 연구하기 위해 연구소를 마련했다. 생리적 현상이 감정에 미치는 영향과 감정이 생리적 현상에 미치는 연관성을 연구했다. 내담자에게 한 번에 하나씩 단어를 보여주며 내담자 스스로 머릿속에 연상되는 단어를 대답하게 하고 그 단어를 대답하는 과정에서 심리적 동요의 유무를 관찰하여 콤플렉스와 연관된 의미를 찾아내는 검사였다. 이 검사가 융의 단어연상검사이다.

미술치료의 이론과 실제

2 _____ 주요개념

1) 정신구조

가) 자아

자아는 우리가 언제 어느 때나 알 수 있고 인지하는 지각, 사고, 기억 및 감정 등을 포함한 의식적인 마음이다. 우리는 살아가면서 다양한 일상생활을 통하여 환경으로부터 광범위한 자극을 지속적으로 받고 있다. 이럴 때 우리에게 긍정적인 자극이나 부정적인 자극에 대해 반응하고 기억하며, 걸러내는 작업들을 하게 되는데 이것에 중추적 역할을 하는 것이 자아의 기능이라고 할 수 있다. 우리 의식의 상당 부분은 외향성의 태도와 내향성의 태도에 의해서 결정되며, 이 두 가지 태도는 세상을 보는 방법이 서로 정반대이며, 외향적 태도를 가진 사람은 객관적 현실의 외부 세계를 지향하고, 내향적 태도를 가진 사람은 내적, 주관적 삶에 방향을 두게 되는데, 융은 모든 인간은 어느 한쪽의 부류에 속할 수 있다고 했다(박종수, 2013).

나) 개인 무의식

의식 속에 속하지 않는 부분으로 망각된 기억이나 자아에 의해 억압되거나 억제된 기억들과 외상들로 이루어져 있는 영역이다. 프로이트가 주장한 생의 초기에 본능적인 역동을 올렸을 때 좌절되거나 거부의 경험에 의한 부정적 감정의 찌꺼기가 머물러 있는 곳이라고 볼 수 있다. 행동을 결정하는 데 많은 영향을 끼칠 수 있는 부분이라고 할 수 있다.

다) 집단무의식

한 개인의 경험 세계를 뛰어넘어 인류 전체의 경험 세계에서 나오는 무의식의 층이다. 개인적 무의식과 달리 태어날 때 누구에게나 이미 선천적으로 갖추어져 있는 원초적이고 보편적인 무의식의 심층적인 곳에 있는 것이다(박종수, 2013). 유전된 여러 행동 유형으로 이루어지며, 정신에 있어 가장 지대한 힘을 발휘하는 영역이다. 신화적 체험의 토대이며 의식 생활의 뿌리인 동시에 원천이다(박종수, 2013).

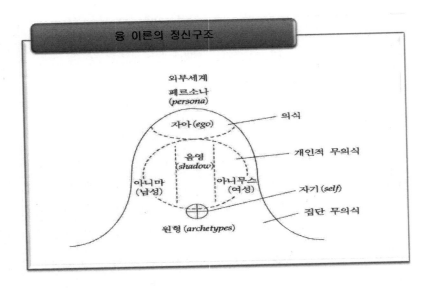

2) 원형

인간 내부에 있는 경험들이 심상으로 나타나거나 표현되는 것을 말한다. 예를 들어 꿈이나 환상, 예술 및 신화에서 반복적으로 나타나는 우리 선조들의 경험을 대표하는 근본적이고 원시적인 정신적 패턴 혹은 이미지라고 할 수 있으며, 이것은 상징을 통해서만 표현이 된다. 이 원형에는 그림자, 페르소나, 아니마와 아니무스, 자기가 포함되어 있다.

가) 그림자(shadow)

사람의 정신을 이루고 있지만 자아에 포함되지 못한 내용들을 그림자(shadow)라고 한다. 그림자는 긍정적인 자아상의 부분과 반대되기 때문에 부정적인 측면을 나타낸다고 볼 수 있다. 우리는 건강한 사람으로 살아가기 위해서는 우리에게 존재하고 있는 부정적인 측면인 그림자의 존재를 인정하고 받아들여서 우리가 가지고 있는 긍정적인 힘과 부정적인 힘이 조화를 이루어서 인격의 폭이 넓어질 수 있도록 해야 한다.

미술치료의 이론과 실제

나) 페르조나(persona)

개인의 공적 자아 혹은 사회적 자아라고도 불리며, 그리스어인 "가면"이라는 단어에서 유래되었다. 실제가 아닌 가상이라는 뜻이 포함된 것이다. 융은 개인이 집단사회에 적응하면서 살아가는 데 필요한 여러 가지 행동양식을 익히면서 알게 되는 외적 인격을 페르조나(persona)라고 하였으며, 인간은 상황에 맞는 대처 능력이 필요하기 때문에 살아가면서 꼭 필요한 것이라고 하였다. 그러나 이것은 부정적인 요인으로 작용할 수도 있는데 그것은 자신 본연의 모습을 보여 주는 것이 아닌데도 불구하고 그렇다고 믿게 되면 온전한 자신을 잃어버려 더 성장하거나 발전하는 데 방해가 된다. 따라서 건강한 성격이 목표로 하는 것은 페르조나를 축소시키고 나머지 성격을 개발시키는 것이며, 자신의 역할과 자기 내면의 차이를 아는 것이다.

다) 아니마(Anima)와 아니무스(Animus)

오랜 세대를 지나며 남성과 여성이 함께 생활해 온 경험으로부터 발달된 원형으로, 아니마(Anima)는 남성에게 존재하는 여성적 요소로 감성적이고 부드러움, 예민함을 가지고 있는 특성을 나타내고, 아니무스(Animus)는 여성에게 존재하는 남성적 요소로써 단호함이나 공격성, 날카로운 논리 등의 특성을 나타내는 것으로 아니마와 아니무스는 연관된 한 쌍의 원형이며 무의식에 존재한다. 건강한 정신을 유지하기 위해서는 이러한 두 가지 원형들이 우리 모두에게서 적절하게 표출되어야 한다.

라) 자기(self)

융은 오랜 집중과 수련으로 의식과 무의식으로 분리된 정신을 통합하면 초월적인 정신요소를 찾을 수 있다고 하였다. 이것은 인간이 가지는 궁극의 목표라 하였으며, 가장 완벽하고 중요한 원형으로 자기(self)라고 불렀다. 반면 완벽하게 자기를 이해하고 인식하거나 자기실현은 거의 불가능하다고 말했다. 그러나 인간의 자기는 목표를 향해 지속적으로 자기 발전의 가능성을 향해 행동하도록 하는 동기 유발의 힘으로 작용한다. 그러한 자기 인식을 위해서는 합리적이고 객관적인 지식을 얻는 것이 필요하며, 그 지식을 얻기 위해서는 지속적인 인내와 훈련 등의 고통스럽고 힘든 시간을 견뎌야 한다.

3) 개성화

페르조나와 그림자를 통합하여 아니마와 아니무스의 부정적 감정요소를 없애고, 태어나는 순간부터 우리에게 주어져 있는 고유한 개성, 즉 자아를 발견하여 원형인 자기(self)와 가까워지는 것이 개성화이다.

융은 개성화된 인간을 건강한 인격의 소유자로 보았으며, 이러한 인간의 특성을 다음과 같이 제시했다.

① 자각 : 의식과 무의식 수준에서 자기 자신을 잘 이해하고 있다.

② 자기수용 : 자기탐색의 시기에 자기에게 드러나는 것을 받아들인다. 자신이 다양한 역할을 수행하고 있다는 것을 알고 있지만 그러한 역할과 진정한 자기를 혼동하지 않는다.

③ 자기통합 : 성격의 모든 측면들이 통합되고 조화를 이루어 모든 것이 표출될 수 있다. 생애 처음으로 어떤 측면이나 태도 혹은 기능도 어느 한 가지가 지배를 하던 것에서 벗어나게 된다.

④ 자기표현 : 자기 자신을 있는 그대로 나타내고, 솔직한 생각과 기분을 표출한다.

⑤ 인간본성의 수용과 관용 : 모든 인류 경험의 저장소인 집단무의식에 대해 대단히 개방적이고, 인간 상황을 보다 잘 인식하고 관대함을 가지고 있다

⑥ 미지와 신비의 수용 : 의식 속에서 무의식적, 비이성적 요소들을 끌어들일 수 있다.

⑦ 보편적 성격 : 성격의 어느 한 측면, 즉 태도나 기능 혹은 원형의 어떤 측면에 지배를 받지 않는다. 따라서 특정한 심리적 유형으로 분류하기가 어렵다.

4) 성격의 발달

성격은 자아, 개인무의식, 집단무의식의 세 가지로 구성되어 있으며 서로 교류하는 체계로 이루어져있다. 성격의 발달이 일생에 걸친 연속적 과정이라고 보면서도 두드러진 변화가 일어나는 네 단계로 성격의 발달을 설명하였다.

가) 아동기 : 출생~사춘기

유아기는 본능에 의해 지배되며, 아동은 전적으로 부모에게 의존하며 성장한다. 의식적 자아가 충분히 발달하기 전이므로 지각된 것을 조직화하지 못하며 의식적 기억도 크게 영향력을 끼치지 못한다. 생활 속 질서의 대부분은 부모가 결정하며

아동은 수동적 태도를 보이는 시기이다. 학교에 들어가면서 아동은 부모로부터 점차 분리되기 시작하여 부모에 대한 의존도가 줄어든다.

나) 청소년기와 성인기 : 사춘기~약 35세 전후

융은 이 시기를 생의 전반기로 보았으며, 이 시기에는 외적, 신체적으로 팽창하며, 성숙함에 따라 자아가 발달하고 외부세계에 대처하는 능력을 발휘하게 된다.

또한 대부분 가정을 이루며 사회적 경력을 쌓고, 성공을 얻기 위해 노력한다. 또한 남자는 남성적 측면을, 여자는 여성적 측면을 발달시킨다. 이 시기의 과업은 외적 환경요구에 확고하고 완고하게 대처하는 것이다. 따라서 내향적인 사람보다는 외향적인 사람이 더 순조롭게 이 시기를 보낸다.

다) 중년기

35세~40세를 전후해 정신적 변화가 오게 되며, 외향적 목표와 야망은 중년이 되면 그 의미를 잃기 쉽다. 중년의 위기(mid-life crisis)를 겪으면서 내면으로 시선을 돌려 생의 의미를 음미하며 외부 세계를 정복하는 데 쏟았던 에너지를 자신의 내부에 초점을 맞추도록 자극을 받으며 자신의 잠재력에 깊은 관심을 갖게 된다. 즉, 의식에만 집중하던 경향이 무의식의 세계를 깨달음으로써 바뀌게 된다.

라) 노년기

노인들은 자신의 삶이 더는 상승할 수 없으며 인생의 마감을 앞두고 있다는 것을 알아야 한다. 그래서 노년기에는 자신에 대해 진지한 관심을 가지는 것이 의무이고 필수이다. 그런데 많은 노인들은 지나치게 건강을 염려하고, 인색하며, 공리공론과 과거에 대한 찬양만 하면서 인생의 후반부도 전반부의 원리로 살고자 하는 환상을 가진다.

융의 관점에서 죽은 사람의 영혼은 새로 죽은 사람에게서 생의 의미에 대한 진리를 깨닫기 위해 넋을 잃고 귀 기울이는 청중과 같다. 즉 사후의 삶도 인생의 연속인 것이다.

3 _____분석심리학적 접근에 의한 미술치료

1) 상담의 목표

융(Jung)학파를 따르는 상담사들은 환상과 꿈을 내담자들에게 시각적 이미지로 표현하도록 했다. 특히 융은 개인적인 자신의 위기를 그림 또는 조소활동을 통해 역동적이고 생동감 있는 성찰과 통찰을 얻었으며, 나움버그도 초기에는 융의 사상에 많이 공감했었다. 심상을 강조한 융은 "능동적 심상"을 창안했다. 융은 능동적 심상을 내성법이라고 정의하면서 내적인 흐름을 관찰하는 무의식적 심상은 인간에게 거대하고 위대한 책임을 지우게 한다고 했다. 그는 능동적 심상과 꿈을 구분해서 설명하였으며, 능동적 심상은 깨어 있는 상태에서 심상이 일어나는 시간에 무엇이 어떻게 진행되고 있는가를 선명하고 충분하게 볼 수 있다고 했다. 또한 미술과 능동적 심상을 구분하고 있는데, 심상 즉, 마음의 표상을 그린 후에 그것을 미술이라고 가정한다면 그것은 융이 목표하는 마음의 의미를 이해하며 그 결과를 받아들이고 인정하는 것과는 상반되는 것이다. 융은 무의식으로부터 시작되어 나온 능동적심상화(active imagination)의 기법에 대해서 논하였고 그것은 심상을 그려내고 채색하는 과정에서 중요한 역할을 했다. 종합적인 해석이 필요한 내담자의 그림은 감정을 담아서 지적으로 이해해야 한다고 하였다.

융(1964)의 분석적 미술치료는, 프로이트와는 달리 원형적 요소를 종합하는 방식으로 심상을 임상적인 자료로써 인정하고 사용하기보다는 내담자와 상담사 간의 상호소통과 이해의 자료로써 활용했다. 때문에 프로이트의 정신분석학적 미술치료 이론보다는 접근의 어려운 점이 있다. 그런 이유로 활용의 정도가 저조했다고 할 수 있는데, 융학파는 통찰을 불러일으키는 내적 및 외적 실체에 대한 상징으로서 심상을 다루고 있기 때문이다. 능동적 심상에서 강조되어야 하는 것은 문답인데 직면을 의미하는 문답은 성장과정을 통해서 발전하여 화해라는 신비로운 결과를 이루기도 한다. 또한 이것

미술치료의 이론과 실제

은 미술활동을 통해서 나타나며 그것의 의미를 알게 되면 의식보다는 무의식적 형태의 감각과 심상이 더욱 명료하고 밝아진다고 보는 것이다.

2) 미술치료기법

가) 만다라

만다라는 우주의 근원이라는 의미를 상징하는 원의 형태로 이루어져 있다. 만다라 그림을 채색하는 과정을 통하여 자신의 내면에 있는 에너지를 하나로 모으며, 내적 안정감과 통일성을 이룰 수 있는 작업이다. 만다라 도안을 선택하는 것도 내담자 자신의 현재 심리적 역동이 작용을 한 것이며, 채색의 과정을 통하여 이런저런 경험과 생각들이 떠오르는 것은 자신의 내적인 무의식을 의식적으로 표현해 내는 과정이라고 할 수 있다. 만다라 작업 과정이 점점 익숙해지면, 자신만의 만다라를 구성하여 그려낼 수 있으며, 집단이 함께 진행하여 집단이 하나의 만다라를 완성해 나갈 수도 있다. 내적인 무의식을 능동적으로 의식화해 나가는 과정을 통하여 자신의 내적 심상이 더 명료화되는 것을 경험할 수 있게 된다.

나) 가면꾸미기

사람은 사회관계 속에서 성장하고 발전하는 과정을 거치게 되는 삶을 살아가게 된다. 이런 시기마다 필요한 페르소나를 쓰게 되는데, 진정한 자신의 내적인 자아를 지각하여 완전한 자기에 도달하기 위하여 평생을 노력하며 살아가게 된다. 이런 사회적 자아인 페르소나가 얼마나 내적인 자기에 가까우냐에 따라서 자신의 삶에 대한 만족도가 달라질 수 있다. 남이 보는 나와 자신이 지각하는 나를 가면이라는 매체를 활용하여 표현해 봄으로써 자신의 모습을 이해할 수 있게 된다. 타인이 보는 자신의 모습과 자신이 보는 모습이 같을수록 자신의 삶에 대해서 만족하는 사람이며, 그 간격이 넓을수록 자신의 잠재력보다는 후천적으로 만들어진 환경적 강화에 따라서 자아가 형성되어 있을 가능성이 높다. 이런 심리적 자아는 자신의 잠재력을 발휘하기보다는 억압하고, 사회적 자아에만 충실하게 되었을 때 진실된 자기를 찾기가 어려워질 수밖에 없다. 이런 과정들은 자신에게 심리적인 문제를 유발하게 될 수밖에 없다는 것을 이해하고, 페르소나 앞뒤의 모습이 유사해질 수 있는 방법적인 부분을 찾아가는 과정을 통하여 자기에 좀 더 가까워질 수 있다.

4강

인간중심이론에
기초한 미술치료

1 _____ 인간중심 상담의 이해

○ **칼 로저스**(Carl Rogers, 1902~1987)

 칼 로저스는 미국 일리노이주 오크 파크에서 6명의 자녀 중 넷째로 태어났으며, 그의 부모는 기독교적 견해를 가졌으며 도덕적 행동을 강조했다. 로저스는 수줍음이 있었지만 총명한 소년으로 과학을 좋아했고, 13세경에 생물과 농업에 대한 지역 전문가로 평판이 좋았다. 로저스는 신학교에 입학하였으나 사람의 마음에 관심을 느껴 심리학을 공부했다. 1963년에 로저스는 캘리포니아의 라졸라에서 "인간 연구센터"를 설립하였으며, 남은 생의 15년을 사회갈등의 문제 및 세계 평화를 위해 공헌했다. 그는 인간의 내면에 자기실현의 동기와 능력을 지니고 있으며, 심리치료 과정에서 문제의 해결기법보다는 내담자에 대하는 상담사의 마음가짐과 태도를 더 중시한다고 주장했다. 치료의 목적은 불안, 두려움, 불행 등을 없애는 것이 아니라 창조적 활동과정을 통해 새로운 감정들을 진정성 있는 표현으로 전환시켜 보람과 기쁨 그리고 환희를 경험하게 하는 데 있다. 심리적 문제는 사람들이 자신의 타고난 가능성과 잠재력을 모른 채 외적으로 부여된 가치 조건들에 따라 자기개념을 형성하여 여기와 지금에서의 경험을 부정하고 왜곡할 때 발생한다고 했다.

2 _____주요개념

1) 인간관

인간은 선천적으로 성장 가능성을 가지고 태어난다고 보았다. 또한 인간은 자신의 인생목표, 행동 방향을 스스로 결정하고 책임을 수용하는 자유로운 존재이기도 하며, 스스로 자기를 조절하고 통제하는 능력을 지니고 있다고 보았다. 따라서 사람이 무엇인가를 하면서 살아간다는 것은 결국 자기 안에 있는 성장가능성을 실현하고 있는 것이라고 할 수 있겠다. 자신의 삶에 대해서 책임질 수 있으며, 자신을 수용할 수 있는 자유로운 존재이며, 반면에 자신의 행동과 삶을 통제하는 능력이 있다고 보았다.

2) 실현경향성

인간은 본능적으로 자신의 꿈을 실현하려는 잠재력이 있다. 현재 어떤 사람이 좌절을 겪고 있어도 그것은 그 사람의 잠재력이나 가능성의 부족을 뜻하는 것이 아니라, 그가 자신의 능력을 발견하지 못하여 제대로 활용하지 못했기 때문이다. 실현경향성은 인간이 성장과정에서 경험하는 독립적이고 유연하며 융통성을 발휘하여 단순과 복잡의 어지러운 사회관계성을 자유롭게 풀어가는 것이다. 이러한 실현 경향성을 생의 추진력 혹은 생의 집착이라고 표현했다.

3) 여기와 지금

존재한다는 것은 "여기와 지금(here and now)"을 의미한다. 현재의 자기 안에서 참된 의미와 가치를 발견하는 것이 핵심이며, 이것이 원래부터 가지고 있는 실현 경향성과 부합하는 것일 때에 성장과 발전이 가능하다.

4) 가치형성

연약한 존재로서의 아동은 부모의 양육 태도에 영향을 받아서 가치의 조건화를 형성하게 된다. 아동들의 사고와 행동양식은 자기의 욕구를 억제하고 어른들의 사랑과 칭찬을 받으려는 쪽으로 노력하고 발전한다. 부모는 자신의 가치판단을 신뢰함으로써 지시적으로 할 일과 하면 안 되는 일을 정한다. 아동은 부모의 뜻에 따르는 것이 잘한 행동이라고 인식하여 긍정적 자기 존중을 받게 되고, 따르지 않을 때는 나쁜 아이가 된다. 나쁜 아이는 자기존중을 궁극적으로 얻지 못하기 때문에 아동은 자기가 경험하는 사실을 왜곡하고 부정하는 것을 선택한다. 이러한 부정적이고 폐쇄적인 경험은 실현화 경향성에 부정적인 방해가 된다. 사람들은 자기와 경험 사이에 일관성을 유지하려는 성향을 가지고 있다. 자기 개념과 일치하는 생각이나 행동은 수용하며, 자기 개념과 일치하지 않는 생각이나 행동은 자기에게 위협을 주기 때문에 부정하거나 왜곡하려고 하며, 자기에게 일어나는 일들을 있는 그대로 경험하지 못하게 방해하여 현실대처를 못하도록 하는데, 이러할 때 심리적인 문제가 발생하게 된다(오제은, 2007).

5) 성격의 구조

로저스는 인간성격의 핵심요소를 유기체(organism), 현상적장(phenomenal field), 자기 (self)라고 하였다. 유기체란 전체 인간의 신체, 정서, 지식을 말한다.

현상적 장이란 끊임없이 변화하는 경험의 세계를 말한다. 여기서 중요한 것은 개인이 어떻게 지각하는가 하는 주관적 경험의 장이다. 프로이드는 과거 경험이 인간의 행동을 결정하는 요인이라고 보았으나, 로저스는 현재 행동을 결정하는 것은 과거 자체가 아니라 과거에 대한 개인의 현재 해석이라고 생각하였다. 즉 로저스는 동일한 현상이라도 개인에 따라 다르게 지각하고 경험하기 때문에 이 세상에는 개인적 현실, 즉 현상적인 장만이 존재한다고 보고 있다. 따라서 동일한 사건을 경험한 두 사람은 각기 다르게 행동할 수 있다. 자기란 자신에 대해서 가지고 있는 조직적이고 지속적인 인식으로 지금 자신의 모습이 어떤 존재로 인식되는가에 대한 자신의 개념을 말한다. 성장과정에서 자기에 대한 개념과 신념을 만들어 나가는 것이다. 자기 개념은 두 가지로, 현실적 자기는 현재 자신의 모습에 대한 인식이고, 이상적 자기는 어떤 존재가 되기를 원하는가에 대한 인식으로 구성된다(오제은, 2007).

미술치료의 이론과 실제

6) 성격의 발달

가) 자기개념

자기는 성격구조에서 가장 중요한 요소로써 전체적인 현상적 장과 또는 지각적 장에서 분화된 부분으로 나에 대한 일련의 의식과 가치를 말한다. 자기는 성격구조의 중심이자 성격발전의 핵심이다.

자신과 세계를 분리하는 과정에서 자기라는 개념이 발생한다. 자신에 대한 외부의 평가를 내면화하면서 발달하게 되기도 한다. 자기는 유기체 행동의 일관성을 유지하려고 한다.

나) 조건적 가치부여

성인이 아동에게 보이는 조건적 관심. 아동은 긍정적 관심을 받으려고 한다. 부모는 자녀가 자신의 의도에 맞도록 행동하였을 때 긍정적 반응을 올리며 그렇지 못했을 때 부정적 반응을 보인다. 이런 조직적인 가치부여는 아동의 성격형성이 많은 영향을 끼친다.

아동의 자아발달은 환경과 상호작용을 하면서 형성되며, 점차 분화되고 복잡해진다. 자기 개념의 발달에 결정적인 역할을 하는 것은 긍정적 관심을 받고자 하는 욕구이다. 자아에 대한 의식이 생기면 모든 사람은 타인에게 온화함, 존경, 숭배, 수용, 사랑을 받고 싶어 하는 기본적 욕구가 생긴다. 이와 같이 긍정적 관심을 받고자 하는 욕구는 타인에 의해서 충족되기 때문에 아동은 성장하면서 점점 더 많은 사람에게 긍정적 관심을 받고자 한다.

여기서 "조건적인 긍정적 관심"과 "조건적 가치부여"라는 중요한 개념이 나온다. 조건적 가치부여와 조건적인 긍정적 관심은 아동의 자아발달에 매우 큰 영향을 미친다. 그것은 현재의 자기모습이나 앞으로의 자기가 되고자 하는 것을 성취하기 위하여 노력하기보다는 타인이 설정한 기준에 맞추려고 노력하기 때문이다. 즉, 아동은 타인(부모)이 설정한 기준에 맞도록 행동하고 생각하고 느낌으로써 타인에게 긍정적인 관심을 받으려고 한다.

따라서 타인의 조건적인 긍정적 관심은 아동에게 내면화되어 행동의 기준과 규범이 된다. 만약 아동이 조건적인 긍정적 관심을 얻기 위해 다른 측면을 무시한다면 자신의 잠재력과의 접촉은 단절되고 자기소외를 경험하게 되며, 건전한 성장과 발달을 방해받게 된다. 어떤 사람도 조건적인 긍정적 관심을 피할 수는 없다. 로저스는 무조건적 긍정적 관심을 주고받는 것이 가능하다고 하였다.

다) 무조건적인 긍정적 관심 받을 때 완전히 기능하는 사람으로 발달한다.

조건 없이 있는 그대로를 수용 받을 때 충분히 기능하는 사람으로 발달한다. 완전히 기능하는 사람은 가치의 조건에 아무런 제재를 받지 않는 상태로 자신의 감정과 태도를 자유로이 경험할 수 있는 것에 개방적이며, 실존적이다(오제은, 2007). 자유의식과 자신의 삶에서 창의적인 자세와 스스로를 표현할 수 있는 사람이다.

미술치료의 이론과 실제

3 _____인간중심적 접근에 의한 미술치료

자아실현의 목표를 창조성을 통해 찾고, 대인관계는 신뢰감과 친밀감을 가지도록 강조한다. 자연스런 흐름을 조성하여 유동적으로 조화된 인격을 발달시킬 수 있다는 기본 개념 위에서 내적 이미지, 꿈, 환상, 원형을 탐구하는 것이다(임내하, 2009). 미술치료의 목적은 두려움, 불안, 불행 등을 없애는 것이 아니고 이러한 감정과 느낌들을 창조적이고 개성적인 활동을 통해 진실한 표현으로 전환함으로써 환희와 기쁨을 경험하게 하기 위함이다. 인간중심 미술치료 모형의 철학적 신념은 처음부터 미술치료 모형 안에 있었다. 인간 존재의 기본목표는 한 개인은 본질을 중심으로 총체적으로 연구되고, 편안함과 적응보다는 주체성과 의미를 제공하는 성취와 자기실현에 있다.

인간중심 미술치료에서는, 상담사가 내담자를 정신병리적인 문제를 가지고 있는 것으로 인식하지 않고 삶의 적응과 대처과정에서 특정적인 문제에 당면한 것으로 본다. 따라서 삶의 형태와 삶의 의지를 창출하는 가운데서 주체적 자아를 갖게 하는 능력을 향상시키고 강화하는 것이 치료의 하나이다. 또한 여러 가지 주체성의 위기를 표현적 혹은 창조적 생활양식으로 조절하고 통합하도록 하며 그것이 한층 더 변화하고 발전하는 경험으로 준비 되도록 돕는다. 인간중심의 미술치료 과정은 정신의 깊은 곳까지 탐색하고 상반되는 양극성(선과 악)과 인간이 사랑과 미움을 공유하는 존재라는 신념을 확신케 하는 의지와 힘을 길러준다. 인간중심의 미술치료에서 특히 강조하는 전인격적인 통합은 몸과 마음 그리고 영의 조화로운 협력을 말한다.

인간중심 미술치료사들은 꿈의 해석을 응용한다. 이들은 융의 이론에서 보듯이 꿈은 깊은 무의식의 상징적 메시지라고 간주하는 경향이 있다. 이것은 창조적 욕구와 열망 그리고 의식적인 주체성, 자율성의 관점에서도 볼 수 있다. 미술치료는 심상의 표현이며 그것의 중요성을 인식하고 자율적이며 통합적인 치료에 집중한다. 꿈의 기억과 대인관계의 개선 그리고 통증의 치료 등과 같은 작업에서 연필이나 크레용 등으로 그림이나 소조활동을 하는 기법을 사용하기도 한다. 통증을 그림으로 그리면서 그것을 상상하고 몸에서 떨어지는 느낌도 상상하여 다시 그림으로 표현하는 방법을 활용하고 있다. 자신의 전체성을 경험한 사람은 타인의 통합성, 주체성, 개성, 이상주의를 인정한다. 이러한 통합 철학은 동정, 관심, 돌봄의 삶의 방식을 만들어낸다. 통합과 전체성은 자아실현, 자율성, 진실성의 통합으로부터 아주 천천히 유기적으로 흘러나온다고 할 수 있다.

1) 상담의 목표

내담자의 방어적 행동을 해제하도록 도와서 자신의 경험에 대한 개방성을 증대시킬 수 있게 하여 자기개념과 경험 간의 일치 정도를 높일 수 있도록 돕는 것이다. 자아실현 경향성을 성취할 수 있도록 하고 완전히 기능하는 인간이 되도록 조건을 조성하려는 것이 중요하며, 치료방법이나 기법보다는 내담자가 상담사의 신뢰 속에 자기개념을 변화시켜 현실경험들을 불안감 없이 받아들일 수 있게 된다(오제은, 2007).

2) 상담사의 태도

상담사는 내담자와의 관계에서 항상 진실하고 일관적이어야 한다. 내담자가 가지는 느낌이나 생각을 진솔하게 경험하고, 이를 있는 그대로 표현하는 것이다. 상담사는 자신의 내적 경험을 읽고 그 내적 경험에 솔직하게 따르며, 내담자와의 관계 속에서 허위나 방어적인 태도가 없는 참된 존재가 되어야 한다(오제은, 2007). 또한, 무조건적 긍정적 존중을 담아서 긍정적 관심을 가지며 상황에 따른 조건을 달지 않고 내담자를 충분히 수용하며 내담자에 대한 순수한 관심을 전달해야 한다(오제은, 2007). 그리고 공감적으로 내담자를 이해해야 한다. 내담자가 표출하는 지금-여기의 감정을 진심으로 이해하고 한 인간으로서 내담자를 존중해야 한다.

가) 진실성(일치성)

상담사가 내담자와의 관계에서 순간순간 경험하는 자신의 감정이나 태도를 있는 그대로 솔직하게 인정하고 경우에 따라서는 솔직하게 표현하는 태도를 말한다. 상담사가 자신의 부정적 감정을 표현하는 것뿐만 아니라 내담자가 표현하는 부정적 감정 역시 받아들일 수 있을 때, 내담자와 진실한 의사 및 감정의 교류가 가능할 수 있다.

나) 무조건적 긍정적 관심

상담관계에서 상담자가 내담자를 구별하거나 비교하거나 평가, 판단하지 않고 내담자가 나타내는 감정과 행동 특성들을 아는 그대로 수용하여 소중히 여기고 존중하는 태도를 말한다. 상담자가 이러한 태도를 마음과 행동으로 보여줄 때, 내담자는 자유롭게 자신의 감정을 경험하고 표현할 수 있게 된다.

다) 공감적 이해

상담과정에서 상담사와 내담자가 상호작용하는 공간에 발생하는 내담자의 경험과 감정들의 의미를 상담사가 민감하고 정확하게 이해하려는 노력을 말한다. 내담자가 있는 그대로의 자신에게 더욱 가깝게 접근해 갈 수 있도록 격려하고 보다 깊이 있고 강한 경험을 할 수 있도록 도와주어 내담자의 자아와 유기체적 경험 간의 불일치성을 인지하고 해결할 수 있도록 하는 것이다.

3) 미술치료의 기법 - 이어 그리기

인간중심에서는 내담자의 입장을 얼마나 이해하고, 수용할 준비가 되어있느냐를 보는 상담사의 태도를 무척 중요시하고 있다. 이어그리기는 집단 미술치료에서 주로 사용되는 기법으로 초기 집단원이 자신에 대해서 생각하고 상징할 수 있는 것을 기본선으로 표현하고, 그것을 옆에 함께하는 집단구성원들이 그 대상을 생각하면서 채워나가서 완성하는 기법이다. 서로에 대해서 충분히 라포가 형성되었을 때 진행할 수 있는 기법으로 타인에 대해서 얼마나 공감하고, 수용할 수 있는 능력이 있느냐를 보는 것이다. 또한 집단 구성원들이 각자의 그림에 자신의 생각을 모두 표현하여 그림이 완성된 후 모든 구성원들이 각 구성원의 그림에 자신이 그린 부분을 설명하는 시간을 가지는 것이 무척 중요하다. 이 과정을 통하여 결과만 보았을 때와 그려준 직접 대상자의 설명을 들었을 때 받아들이는 사람의 마음이 달라지는 것을 알게 된다. 완성된 그림의 표상은 재능이 있는 사람과 그렇지 못한 사람의 특성이 그대로 드러나지만, 이것이 그려준 사람의 마음을 그대로 다 나타낸 것이라고 볼 수는 없다. 따라서 각자가 각 구성원들에 대해서 얼마나 이해하고, 공감하고 있는지, 또한 자신이 보고 느낀 것이 모두를 다 아는 것이 아니라는 것을 경험하는 시간으로 타인에 대한 이해와 자신의 견해의 한계를 경험할 수 있는 시간이 된다.

미술치료의 이론과 실제

5강

발달심리

1 _____발달의 정의

　인간의 발달은 환경과 유전적 영향을 받는다. 인간의 발달을 이해하기 위해서는 태아기의 발달부터 영아기, 유아기, 아동기, 청소년기, 성인기와 노년기에 걸친 전 생애 발달과정과 정서, 인지, 신체, 사회, 성격발달의 여러 측면을 고려하여 연구해야 한다. 인간은 출생에서부터 사망에 이르기까지 전 생애에 걸쳐 심리적, 신체적 성장과 쇠퇴를 겪으면서 변화를 거듭한다. 발달과정에 따라서 일련의 체계적 변화를 경험하는데, 노화 과정과 함께 나타나는 여러 영역(인지, 신체, 성격 및 사회성)에서의 상승과 하강을 반복하기도 하고 질적 혹은 양적 변화를 보이기도 한다.

　최근의 발달심리학은 임신부터 시작해서 사망에 이르기까지 발달과정을 강조하여 연구한다. 인간이 늙어가는 것은 퇴행이 아니라 심리적, 신체적, 행동적 변화들이 통합(integrate)되어가는 과정이라고 정의할 수 있으며, 이것을 전 생애 발달심리(life-span development)라고 한다. 인간이 세상에 태어날 때 가장 먼저 본능적으로 하는 행동이 우는 것이라 말하듯이 웃거나 우는 정서적 반응은 본능적 행동이라고 여긴다. 정서적 표현은 대상과의 소통에 중요한 역할을 하는데 이런 표현기술은 어린 아이 즉, 영유아 시절에 만들어진다. 이런 정서표현은 인간사회에서 중요한 소통의 영역이 된다.

2 _____주요이론

1) 인간의 발달 단계

인간의 발달 단계는 주로 태내기, 영아기, 유아기, 아동기, 청소년기, 성년기, 중년기, 노년기로 나누며, 연령과 주요발달은 다음과 같다.

가) 태내기(수정~출산)

수정의 순간부터 출산까지의 시기로 태아가 모체의 뱃속에 있는 약 9개월간을 의미한다.

수정되는 순간 생성된 세포는 빠른 속도로 하나의 생명체로 성장하기 때문에 태내기는 짧은 기간이지만 인간발달의 초석이 되는 중요한 시기이다. 이 시기에 기본적인 신체구조와 기관이 형성되며, 태내 환경으로부터 크게 영향을 받는다.

이 시기에 발달을 저해하는 사건이 발생하면 태아는 신체적으로 영구적인 손상을 입게 되어 기형이 나타날 확률이 높다. 따라서 부모는 태아의 태내 환경에 영향을 끼칠 수 있는 외적인 다양한 요인들에 대해서 특별히 조심하여야 한다.

나) 영아기(출생 후~24개월)

초기 출생 후 1개월을 신생아기라고 한다. 이 기간 동안 영아는 하나의 독립된 개체로 성장할 준비를 하게 되며, 특히 태내 환경과 다른 새로운 외부 환경에 적응해야 한다는 점에서 중요한 의미를 갖는다. 신생아는 자신의 생존을 위해서 능동적인 역할을 할 수는 없으나 다양한 기능들을 가지고 있다. 이 시기는 발달의 여러 영역에서 급속한 성장이 이루어진다. 신체적 발달에서도 출생 시 몸무게의 4배에 이르기까지 증가하며, 신장은 성인의 절반가량까지 자란다.

타인과 의사소통이 가능할 정도로 언어적인 능력이 발달하며, 인지적 발달을 촉진시키기 위하여 여러 감각에 대한 자극들이 필요한 시기이다. 또한 부모는 사회성 발달을 위해 자녀와 애착관계를 형성하는 것이 중요한 과제이다.

다) 유아기(2세부터~초등학교 입학 전 시기)

유아기에는 주변 환경에 대한 탐색에 주도적으로 활발해지고, 많은 어휘를 습득하여 다른 사람과의 의사소통이 활발해진다. 이 시기에는 또래에 대한 중요성이 증가하기도 하지만, 여전히 가족이 유아의 생활의 중심이 된다. 유아기의 신체적 발달은 꾸준한 성장을 보이며, 6세 정도가 되면 성인이 되었을 때 어느 정도까지 키가 자라게 될지를 예측할 수 있는 지표가 된다. 그러나 성장속도가 일정 수준이 되면 둔화되어져 유아들은 음식을 섭취하는 부분에서 조절을 하게 된다. 이 시기에 부모들은 유아들이 잘 먹지 않는 것 때문에 많이 고민을 하기도 한다. 유아의 성장에 발달에 따른 현상이기 때문에 자연스럽게 유아가 먹고 싶어 할 때 필요한 열량을 섭취할 수 있도록 해주는 것이 효과적이다. 또한 유아기에는 인지발달 능력이 발달하고 상상과 환상이 풍부해지는 시기이다. 상징사고를 통하여 가상놀이가 풍부해지며, 자기중심적인 사고가 발달하게 된다. 이 시기에는 부모의 양육행동에 따라서 유아의 사회적 행동특성이 나타나게 된다. 권위 있는 부모에게서 성장한 유아는 책임감과 자신감, 사회성이 높으며, 무관심한 부모에게서 성장한 유아는 독립심이 없고, 자기통제력이 부족하여 문제행동이 많이 나타나는 유아의 모습을 볼 수 있게 된다.

라) 아동기(6세에서~11세까지)

초등학교 학령기 시기이다. 생활의 중심이 가정에서 학교로 옮겨져 가는 시기로 이 시기는 학교생활이 중요한 역할을 한다. 학교에서 또래관계가 형성되고, 선생님과의 관계가 형성되는 등 많은 사회적 관계를 형성하게 되는 시기로 점점 또래가 끼치는 영향력을 많이 받게 된다.

또래와의 관계를 통하여 그 집단의 고유한 가치를 공유하게 된다. 또래집단으로부터 인정받기 위해서 아동들은 집단의 기준이나 가치에 동조하려는 경향을 보이며, 이런 동조현상은 그들 나름대로의 태도나 가치관을 형성하게 된다. 여기에 부모나 가족이 제시하는 태도나 가치관이 상이하게 되면 부모의 권위에 도전하게 되면서 갈등이 유발되기도 한다. 신체적 발달은 유아기에 비해 둔감화 되는 시기이나 꾸준히 성장은 진행된다. 인지적인 부분에서는 수렴적 사고와 확산적 사고가 가능해지는 시기로 논리적인 학습이 가능하다. 탈중심화, 가역적 사고가 가능해지며, 단편적인 측면만을 보는 시각에서 다양한 측면을 고려하여 보는 관점으로 발달하게 된다. 정서적 발달이 유아기에 이어서 지속적으로 이루어지며, 자긍심이나 죄책감 같은 정서가 자연스럽게 표출되는 시기로 이 시기의 도덕성은 벌과 복종 지향의 도덕성과 목적과 상호교환 지향의 도덕성이 발달하게 된다. 자기에 대한 개념이 형성되며, 유아기에 높이 평가되었던 자존감이 현실적인 수준으로 조정된다. 이것은 아동이 자기판단을 타인의 견해나 객관적인 수행 능력에 맞추어 조정하려는 것이다.

마) 청년기(중학교 시기부터~20대 초반까지)

이 시기는 범위가 넓어 청년 초기와 후기로 구분하기도 한다. 이 시기는 유아기 이후로 가장 큰 신체적 변화와 발달을 경험하는 시기이며, 정서적으로도 기복이 심한 시기이다. 청년 초기는 청소년기라고 부르기도 하는데 이 시기는 사춘기의 변화가 가장 특징적인 변화이다.

이 시기에는 급격한 신체적 변화와 성적 성숙으로 인하여 신체내부에서 여러 가지 충돌들이 일어난다. 성적 충동은 이 시기의 청소년들이 대처해야 할 가장 중요한 문제기이고 하다. 이 시기에 자아는 초자아와 원초아 간의 균형을 유지하기 위해서 자아확장을 이루어야 한다. 청년 후기는 10대 후반에서 20대 초기 시기로 이성교제와 자아정체감 문제와 진로에 대한 관심이 주로 나타난다. 이 시기에는 부모는 자녀들이 여전히 자신들에게 의존해주기를 원하는 입장을 취하고, 청년들은 독립하기를 원하는 시기로 충돌이 일어나기 쉽다. 초기 청년기의 피상적이고 활동중심적인 우정관계는 후기로 갈수록 보다 정서적인 상호관계로 전개되어 간다. 또한 이성교제를 통하여 전인격적인 발달이 이루어질 수 있는 시기이다. 왜곡된 이성교제는 심각한 사회적인 문제를 일으킬 수 있으며, 청년 본인들의 신체적 건강과 정서적인 부분의 불안과 혼란을 유발할 수 있는 요인이 될 수 있다.

바) 성년기(20세 초반부터~40세까지)

신체적 성장과 성숙이 완성되어 최고조에 달했다가 서서히 감퇴하기 시작하는 시기로 대부분은 직업을 가지게 되고 결혼을 해서 독립된 가정을 형성하게 되는 시기이다. 대체로 이 시기의 성년들은 건강하며, 질병에도 덜 걸리는 시기이다. 질병이 발생하게 되는 주 요인은 스트레스로 개인이 가지고 있는 기질적인 요인이 영향을 많이 끼친다. 가정을 형성하게 되는 시기로 사랑은 가정을 이루는 가장 중요한 요인이다. 자신의 배우자를 선택하고 결혼을 통하여 자녀를 출산하는 과정이 이루어지는 시기로 새로운 환경에 적응하는 시기이기도 하다. 최근에는 결혼에 대한 인식과 자녀의 출산에 대한 인식들이 문화적으로 많은 변화를 가져오면서 성년기의 특징에 변화들이 생기고 있다.

사) 중년기(40세부터~60세까지)

중년기에는 신체적으로는 노화가 이루어지는 시기로 여성들은 폐경을 경험하게 되며, 남성들은 중년의 갱년기 증상이 나타나기도 하고 심리적으로는 "중년기 위기"를 경험하게 되는 시기이다. 결혼을 통하여 자녀들을 양육하는 시기를 지나 이제 독립하는 자녀들이 생기고, 온전히 자녀들의 양육에 에너지를 쏟았던 부모들은 "빈둥지 증후군"을 겪게 되기도 한다. 또한 이 시기는 우리나라의 문화적 특성상 윗세대인 부모님들을 봉양하며, 자신들의 자녀들을 돌보아야 하는 이중적인 책임감으로 인하여 스트레스가 많이 발생한다. 자신에게 일어나는 신체적 정서적 변화들에 대해서도 적응을 해야 하는데, 자신이 책임져야 하는 가족을 둘러싸고 있는 환경적인 부분에서 역할을 수행해야 하는 가장 힘든 시기라고 할 수 있다. 이러 여러 요인이 스트레스로 다가와 질병에 노출되기 쉽다.

아) 노년기(60세 이후~)

이 시기는 신체적으로 노쇠하여 질병으로부터 자유롭지 못한 시기이며, 사회에서 생산의 현장에서 은퇴를 하게 되며, 그 후의 생활에 대한 적응이 필요한 시기이다. 자신이 사회와 가정에서 주도적인 역할을 하였다면 이제는 다른 사람들의 의견을 받아들여야 하는 입장의 변화가 이루어진다. 또한 실존에서 중요한 죽음에 대해서 준비하고, 자신의 삶을 마무리하는 데 집중하여야 한다. 자신의 전 생애를 돌아보면서 자기 삶에 대해서 내적인 통합이 필요하며, 배우자와의 사별이나 이별을 경험하기 때문에 정서적으로 안정을 취할 수 있는 대안들이 필요한 시기이다. 또한 성인 자녀들과의 관계와 소통을 위하여 노력하여야 하며, 변화하는 시대에 대해서 자기 것만을 주장하는 입장이 아니라 받아들이고 수용하는 입장의 변화가 필요하다.

미술치료의 이론과 실제

2) 프로이트의 심리성적 발달이론

가) 구강기(생후 1년까지의 시기)

이 단계에 있는 아이의 주된 관심사는 구강을 만족시키는 것이다. 또한 자아가 발달되지 않은 채 원초아가 주요 역할을 하는 시기이기도 하다. 원초아는 현실에 대한 관심이나 다가올 수 있는 위험을 거의 인식하지 못한 채 쾌락만을 추구한다. 유아가 이 시기에 겪는 환경적인 접촉에서 오는 경험은 언어가 발달하지 못해 외부로 표현하지 못하고, 유아의 무의식에 남아서 이후의 성격형성에 영향을 끼친다.

나) 항문기(1세~3세)

성적인 쾌감을 유아는 항문적 배변 활동을 통해서 얻는 시기이다. 이 시기에는 보다 강렬한 쾌감을 얻기 위해 배설을 미루는 보유와 배설을 통해 안도와 쾌감을 경험하는 방출을 통해 만족을 얻는다. 아동은 건강한 양육의 환경에서 적절한 때와 장소가 허용될 때까지 배설기능을 지연시키는 법을 배워야 한다.

다) 남근기(3세~5세)

이 시기에 남아들은 어머니를 성적으로 소유하려는 욕망이 있다고 하였다. 아버지로부터 경쟁을 하며, 힘의 역동에서 열등감을 느낀 아동은 "거세불안"을 느끼게 된다. 이 불안을 해소하기 위하여 어머니에 대한 성적 욕망을 포기하고 대신 아버지에게 느꼈던 적대감을 자신의 내면에 억압하고 자신과 아버지를 동일시하는 것으로 대처한다. 프로이트는 여아에 대해서도 아버지를 대상으로 근친상간의 욕구를 설명하면서 남근선망사상을 가지게 된다고 하였다.

라) 잠복기(6세~12세)

초자아가 발달되는 시기로 초등학교 학령기이다. 이 시기에는 또래집단에서 사회적 유대를 확립하는데 집중하게 되므로 자신의 내적인 곳을 통한 쾌감을 잠시 미루어둔다. 이 시기에는 학교교육이 시작되어 기본적인 사회 기술의 습득을 촉진하며, 새로운 역할과 기술을 통하여 운동능력의 발달도 촉진된다.

사춘기를 보내게 되면서 남아의 경우 첫사랑의 대상이 자신의 어머니와 비슷한 인물이 되기 쉽다고 했으며, 소녀들도 역시 선생님이나 영화배우, 연예계 스타에게 열중하는 모습을 보게 된다고 했다. 이것은 유아시기에 가졌던 근친상간의 욕구가 다시 올라오는 것이라고 주장하였다. 따라서 청소년기의 첫 이성 대상은 자신의 아버지나 어머니 같은 사람이라고 했다. 또한 이 시기에는 자신의 본능적인 성적욕구와 현실적이고 도덕적인 현실속에서 균형을 이루기 위해서 자기 통제력을 발달시키는 것이 중요하다.

프로이트의 발달 단계 이론은 심리성적 요소가 중요한 의미를 가지며 사람은 태어나는 순간부터 성적인 존재라고 이야기했다. 그로 인해 프로이트는 사람들로부터 정신병자라는 비난과 비판을 받았다. 이유는 바로 심리성적 발달단계 때문이다.

3) 에릭슨의 심리사회적 발달단계

에릭슨은 심리적인 발달 과정은 전 생애를 통하여 이루어진다고 주장했다. 아동의 대인관계 범위를 가족 단위뿐 아니라 사회, 문화적인 맥락으로까지 넓혔으며 발달 단계마다 직면하게 되는 심리사회적인 위기를 어떻게 극복하는가에 따라 인성 발달이 이루어진다고 보고 있다.

가) 신뢰감 대 불신감(출생~생후 18개월)

이 시기에 영아는 양육자와의 심리적, 사회적 상호작용을 통해 기본적 신뢰감 (basic trust)이나 기본적 불신감(basic mistrust)을 획득하게 된다. 에릭슨에 의하면 영아기는 생애주기 중 가장 중요한 시기로 영아가 세상에 대한 신뢰감이나 불신감이 발달하는 것은 양육자와 상호작용의 질적 측면에 의해서라고 강조했다. 즉, 이 시기에 양육자인 어머니의 내적 신뢰성을 획득하지 못한 영아는 청소년기에 들어와 정체성을 형성할 수 없게 되며, 불신감을 학습할 경우에는 이 세상을 예측불허하고 일관성이 없다고 받아들여 후에 세상에 대한 공포심을 형성하게 된다고 설명했다. 이 시기에 발달해야 할 가치는 희망이다.

나) 자율성 대 수치심(18개월~3세)

18개월부터 배변 훈련이 완료되는 3세까지로 이 시기의 발달 과제는 자율성과 부끄러움이다. 이 시기는 독립심이 발달하기 시작하므로 부모는 기본적인 발달 과제를 영아 스스로 할 수 있도록 자율성을 촉진시켜주어야 한다. 자율성이 성공적으로 획득되지 못했을 경우 영아는 자신의 효능감에 대해 심한 의심을 품게 된다. 따라서 이 시기에 정상적으로 발달해야 할 사회적 덕목은 의지력이다.

다) 주도성 대 죄책감(3세~6세)

이 시기의 유아는 자기 스스로 옷을 골라 입으려 하거나 자기 주변의 활동을 선택하는 데 대한 주도권을 가지려는 경향을 보이는데, 이러한 주도권에 자주 제동이 걸리면 죄책감을 가지게 된다. 그러나 에릭슨은 인간이란 태어날 때부터 심리사회적 위험을 극복해 낼 수 있는 능력을 가지고 태어난다고 하였고 모든 개인적, 사회적 위기도 성장으로 이끄는 요소로 작용할 수 있다고 지적하면서 이 시기에 대해서도 매우 긍정적인 전망을 내놓았다. 만약에 유아가 죄책감을 경험하더라도 부모가 아동에게 새로운 과제에 대한 선택권과 주도권을 제공하여 자신의 선택에 의한 결과가 성공적으로 성취되었다는 느낌을 제공해 준다면 죄책감에 대한 보상이 이루어져 올바른 성격으로 거듭날 수 있다고 강조했다. 즉, 위기를 경험하더라도 부모가 재조정을 해준다면 어린이는 위기를 새로운 경험의 기회로 삼을 수 있게 된다는 것이다. 이 시기에 아동의 주도성이 정상적으로 형성되면 유아는 목적성이라는 사회적 덕목을 배우게 된다.

라) 근면성 대 열등감(6세~11세)

6세에서 11세까지의 학동기로 근면성과 열등감이라는 성격적 특성이 발달하게 되는 시기이다. 이 시기의 어린이는 특히 학급 내에서의 자신의 가치를 다른 학생들과 비교하게 되고 자신의 능력이 동급생들과 많은 격차가 난다는 사실을 인식함으로써 열등감이 발달하게 된다. 에릭슨은 이 시기에 교사는 학생들의 성격 발달에 중요한 역할을 하게 되는 사람으로, 학생들이 열등감을 느끼지 않도록 세심한 주의를 기울여야 한다고 강조했다. 이 시기에 발달시켜야 하는 가치는 능력이다.

마) 정체감 대 정체감 혼돈(11세~18세)

11세에서 18세까지의 청소년기로 이 시기에는 정체감과 정체감 혼돈의 발달 과제가 이루어진다. 즉, 나는 누구인가? 나는 어떻게 사회 집단 내에서 적응해야 하는가? 혹은 나의 인생 방향은 어디인가? 등에 대한 답을 찾으려는 질풍노도의 불안정한 시기를 말한다. 에릭슨은 만약 이 시기에 부모가 청소년에게 자신의 삶에 대해 탐구를 허용하면 청소년은 올바른 정체감을 형성하게 되지만, 부모의 가치나 관점을 지속적으로 강요할 경우에는 자기 자신의 정체감 혼돈은 물론 사회생활에서의 역할 혼돈을 경험하게 된다고 강조했다. 이 시기에 발달하는 사회적 가치는 성실이다.

바) 친밀성 대 고립감(18세~35세)

성인으로서의 첫 번째 발달 단계이기도 한데, 일반적으로 18세에서 35세까지의 성인 초기 과정을 말한다. 이 시기에 발달해야 하는 과제는 친밀성과 고립감이다. 이 시기에 젊은 성인들은 데이트, 결혼, 가족형성 등 새로운 사회적 관계를 시작하게 된다. 자신이 사랑하는 사람과 성공적인 애정 관계를 형성한 사람들은 사랑과 친밀감에 대한 느낌을 발달시키게 되지만, 그렇지 못할 경우에는 사회에서의 고립감과 소외감을 경험하게 된다. 따라서 이 시기에 발달해야 하는 사회적 가치는 사랑이 된다.

사) 생산성 대 침체감(35세~64세)

성년 중기로 이 시기의 발달해야 하는 사회적 가치는 생산성과 자기침체이다. 성년 중기 동안 사람들은 안정적인 생활기반을 이루게 되고 그들의 삶에서 중요한 부분을 차지하는 가치가 무엇인지를 알게 되며, 직업상으로도 경력을 쌓기 위해 정진하게 된다. 또한 이 시기는 자녀를 기르는 즐거움과 많은 사회활동에도 참여하는 시기로 자신의 삶에 대한 목적의식을 갖게 된다. 그러나 이러한 삶의 진행 과정에 만족을 하지 못할 경우에는 과거에 자신이 선택했던 판단에 대한 후회와 더불어 자신은 아무런 이용가치가 없는 쓸모없는 사람이라는 느낌을 발달시키게 된다. 이 시기에 획득해야 하는 사회적 가치는 돌보기이다.

아) 자아통합 대 절망감(65세 이후~)

이 시기는 직장에서 은퇴를 앞두거나 이미 정년퇴임을 한 사람들이 해당되며 평생을 헌신했던 직장을 떠나게 되면서 사람들은 자신이 인생의 마지막 페이지를 넘기고 있다는 외로움을 느끼게 된다. 자아통합이란 인생을 충만함 그 자체로 받아들이는 것을 의미한다. 즉, 성취감에 따른 승리감과 성취하지 못한 것에 대한 패배감 모두를 그 자체로 받아들이는 것을 말한다. 지혜(wisdom)란 이러한 마지막 생의 발달 과제를 성공적으로 달성했을 때 오는 결과를 말하며, 죽음을 직면하게 되는 상황에서 인생 그 자체에 대해서 좀 더 알고 싶다는 느낌과 이제는 인생을 벗어나고 싶다는 느낌이 공존하는 시기로 지혜라는 사회적 덕목을 이해하게 된다.

4) 피아제(piaget)의 인지 발달 단계

피아제의 인지 발달의 개념은 개인능력이나 환경의 영향에 따라 각 단계에 도달하는 개인 간 연령의 차이는 있을 수 있으나, 그 단계들은 점진적이고 일정불변한 순서로 일어난다. 각 단계는 전 단계의 심리적 구조가 통합된 것이며, 다음 단계의 심리적 구조로 통합될 준비 과정이기도 하다(김정민, 2006).

가) 감각운동기(출생~2세)

감각과 운동 활동을 통해 외부의 사물을 인식하고 새로운 환경에 적응한다. 유아는 빨고, 잡고, 두드리는 등의 신체 활동을 통해 환경과 관련된 활동을 체제화한다. 이 시기의 가장 중요한 특징으로는 대상영속성을 보유한다는 것이다. 대상영속성은 눈에 보이지 않더라도 존재한다는 것을 인식하는 것이다.

나) 전조작기(2~7세)

표상적 사고가 가능해지고 외부 자극과 직결된 인과관계의 인식이 가능해지나 애니미즘(animism: 무생물에 생물적인 성질을 부여) 경향 및 자기중심성(타인도 자신처럼 사물을 여기고 있다고 생각한다. 자신이 보는 모습을 타인들도 같은 모습으로 보고 있다고 생각한다.), 물활론적 사고가 나타난다.

다) 구체적 조작기(7~11세)

지각적인 특징에 좌우되지 않고 사물의 본질적인 특징을 판단할 수 있는 보존 개념을 획득하고, 계열화와 계층 구조에 근거한 분류 등이 가능해진다. 하지만 이러한 활동들은 구체적인 대상과 활동에 한정된다.

라) 형식적 조작기(12세 이후~)

구체적 사실과 상관없이 추상적인 개념을 바탕으로 사고할 수 있게 된다. 논리적 추론과 추상적 추론이 가능해진다. 이 시기 이후부터 성인과 같은 사고 형식을 갖춘다.

도식과 적응의 개념은 피아제가 만든 것이다. 이것은 타고난 지적능력이 환경에 적응하는 인지발달의 중요한 요인이 된다는 것을 설명하는 것이다. 도식이란 사건이나 사물 대한 전체적인 형태를 말한다. 쉽게 말해서 사고의 기본적인 틀이라고 생각할 수 있다. 이는 비슷한 환경 안에서 반복학습에 의해 일반화되고 변화되는 행동의 조직 또는 구조화를 의미한다. 예를 들어 3세 유아가 날아다니는 물체는 비행기라고 배웠다고 생각해 보자. 이를 통해 아이는 "날아다니는 물체는 비행기와 같다."는 도식을 갖게 된다. 도식의 변화는 환경에 적응하며 직접적인 상호작용을 통해 일어난다. 동화와 조절 이 두 가지의 상호보완적인 과정을 통해 도식이 생긴다. 주어진 환경에 적응한다는 것은 신호등의 파란불에 길을 건너고 학교에서 친구들과 구구단을 외우는 것 등을 말한다.

게슈탈트(Gestalt) 치료에 기초한 미술치료

1 _____ 주요학자의 생애와 업적

1) 창시자 프린즈 펄즈 (Fritz Perls, 1893~1970)

1893년 독일의 베를린에서 태어나서 오스트리아 빈에서 신경정신과 의사 쉴더에게 배우고 박사학위를 취득했다. 그 후 1926년에 프랑크푸르트 암 마인에 뇌손상 군인들을 연구하는「골드슈타인 연구소」에 골드슈타인의 조교로 일하기 위해 갔고 여기에서 1927년에 그의 아내인 로라를 만났다. 로라는 게슈탈트 치료의 공동 창시자이다.

게슈탈트 미술치료 체험은 펄즈가 캘리포니아 에설런 연구소에서 활동하던 1960년대에 싹트기 시작하여 아주 자연스럽게 성장했다. 다양한 이론들의 영향을 받은 펄즈는 정신분석의 자유연상과 해석 그리고 통찰이라는 치료과정에 필적하는 것이 게슈탈트 기법으로 자기를 아는 정점에 도달하는 것이라고 했다. 또한 융 심리학을 바탕으로 빈 의자 기법을 생각해 냈다. 펄즈는 정신분석학에 머무르지 않고 다양한 이론들의 조합 속에서 생기 있고 통찰력 있으며 때로는 거칠게 직면시키는 그런 게슈탈트치료 방법을 확장시킨 치료사이다.

2) 루돌프 아른하임(Rudolf Arnheim 1904~2007)

독일 베를린 출생으로 1923년 베를린 대학에서 철학과 심리학을 공부했다. 여기서 막스 베르트하이머(Max Wertheimer), 쿠르트 레빈(Kurt Lewin), 볼프강 쾰러(Wolfgang Kohler) 등의 형태 심리학자들에게 수학했다.

지도교수인 베르트하이머에게 수학하고 1928년 "인간 얼굴과 손 글씨에서의 표현에 관한 연구"로 박사 학위를 받았다. 그는 1969년에 내담자의 행동 패턴과 내담자가 만든 심상은 동일 구조라고 가정하였고 그

미술치료의 이론과 실제

림을 통해 인지된 구조적인 역동성은 행동패턴의 인지로 변화되고 바뀔 수 있다고 보았다. 또한 공포, 분노, 놀람, 슬픔 등의 단어와 추상적인 그림을 그리고 동시에 관찰하는 구조화된 미술치료를 게슈탈트 미술치료라 했다. 이것은 선과 형태의 방향성에 중점을 두고 형태를 확인하고 내담자의 실제 생활에서 시각적 도형이 현재의 관심과 어떤 연관성이 있는지를 질문하고 이것을 내담자가 설명하는 치료기법이다.

3) 로레타 벤더(Lauretta Bender, 1897~1987)

어린이의 시각운동 성숙도를 평가하기 위해 고안된 심리적 테스트인 벤더-게슈탈트검사(Bender Gestalt Test)를 개발한 것으로 알려진 미국 아동 신경의학자이다. 초기 개발 당시에는 "시각동작 게슈탈트 검사(Visual Motor Gestalt Test)"라는 이름으로 불리었다. 벤더는 자신이 그림들을 직접 고안한 것이 아니라 20세기 초 인기를 끌었던 게슈탈트 심리학회의 거장 막스 베르트하이머의 도안들에서 가져왔다. 1938년 벤더(Bender)가 처음 개발한 이 테스트는 발달 장애에 대한 어린이의 신경 기능 평가 및 선별검사(스크리닝)에 널리 사용되었으며, 그녀는 아동의 자폐증과 아동기 정신 분열증 그리고 자살 및 폭력에 관한 연구를 수행하였다. 어린이의 심리적 장애가 정신적 장애를 일으킬 수 있다고 제안한 최초의 연구자 중 한 사람이였으며, 그녀는 심리학자로서 훈련받은 것이 아니라 정신과 의사로서 훈련 받았기 때문에 대부분의 연구는 어린이의 정신장애 진단에 중점을 두었다.

● BGT 검사의 이론적 배경

형태심리학에서는 자극표상이 지각적 원리에 따라 조직화되며, 사람은 이런 자극을 하나로 통합해서 지각하게 된다. 이러한 경향 안에는 단순한 형태뿐 아니라, 개인의 욕구와 가치관, 성격 등이 포함되어 이루어지는 것이다.

인간은 단순히 지각 자체의 '형태성'에만 입각한 선택작용만이 개입하는 것이 아니라 인간의 지각에는 지각하는 개인의 경험과 욕구, 가치관,

성격 특성과 같은 심리적인 요인이 큰 영향을 미친다. 따라서 인간은 전체로, 좋은 형태인 Good gestalt로 그리고 가장 간결하고 규칙적인 방향으로 통합하려는 경향이 있다. 이러한 배경에서 BGT검사가 탄생하게 되었다.

시각적 단기 기억력 검사인 BGT검사에서 두고 있는 중점은 첫째, 시공간의 구성능력이며, 둘째는 시각능력, 셋째는 시지각의 협응 능력이다.

형태심리학적 이론에서 자극 표상은 접근성 proximity, 유사성 similarity, 방향성 direction, 등과 같은 지각적 원리에 따라 조직화되는데, 이러한 원리는 자극들을 형태화하려는 경향에 의해 나타난다고 하였다.

베르트 하이머(1923)는 다음과 같은 지각의 원리를 설명하였다.

1) 접근성의 원리

시공간 차원에서 서로 근접한 자극 요소들은 함께 묶어 지각된다.

2) 유사성의 원리

자극의 속성이 유사한 것끼리는 뭉쳐서 지각된다.

서로 모양이나 특성이 비슷한 것끼리 모아서 이해하려는 인간의 심리적 경향이다. 같은 모양이나 특성, 색 등을 묶어서 형태화시키는 것으로 음악에서는 음색이나 음형의 속성이 같은 무리들을 그룹화하여 인지하는 원리이다.

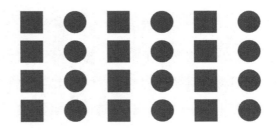

미술치료의 이론과 실제

3) 폐쇄성의 원리

자극 대상에 틈이 있는 경우 그 빈틈을 채워서 완전한 전체적 대상으로 지각한다.

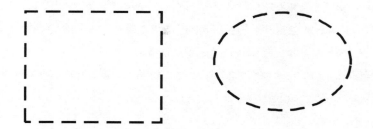

4) 공통 운명의 원리

함께 변하고 함께 움직이는 것끼리 뭉쳐서 지각된다.

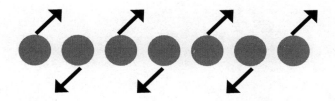

5) 연속성의 원리

가능한 한 연속적인 형태로 묶어서 지각된다.

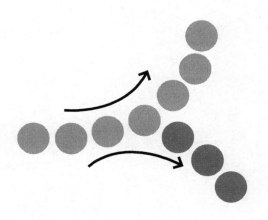

■ BGT 검사도구

BGT 자극카드는 도형A, 도형1~8까지 총 9장(11×10cm 크기 카드에 각각 1개씩

그려짐)으로 구성되어 있으며, 이 검사는 만 5세에서 성인까지 모두 실시할 수 있다.

허트(Hutt)는 BGT 검사의 가장 효과적인 대상의 적용 범주를 다섯 가지 제안했다.

① 언어로 의사소통을 할 능력이 충분히 있더라도 언어 행동이 인성의 강점과 약점에 대한 적절
  한 표본을 제공할 수 없는 환자들에게 적용할 수 있다.

② 진단의 목적에 비추어 볼 때 언어행동의 적절한 표본을 드러낼 능력이 없거나 능력이 있어도
  표현할 의사가 없는 사람에게 적용할 수 있다.

③ 뇌 장애가 있는 사람에게 적용할 수 있다.

④ 지적 장애아에게 적용할 수 있다.

⑤ 문맹자나 교육을 받지 못한 사람, 글을 모르는 외국인으로 모든 언어 소통에 지장이 있는 사
  람들에게 적용할 수 있다.

검사도구	내 용	검사도구	내 용
도형 A	•원과 장방형의 결합	도형 5	•19개의 점으로 된 곡선에 7개의 점으로 된 선이 달려 있는 모형
도형 1	•12개의 점	도형 6	•곡선으로 구성
도형 2	•11개의 원이 3열로 구성	도형 7	•2개의 육각형 모양
도형 3	•장방형에 종 모양의 곡선		
도형 4	•직선과 곡선으로 구성	도형 8	•긴 육각형 안에 작은 마른모꼴

2 _____주요개념

게슈탈트 심리학에서 인간은 현재 중심적으로 지금-여기를 살아가는 전체적인 의미의 존재로서 부분들이 모여 이루어지는 집합, 그 이상이라고 했다. 또한 인간은 개인마다 유기체적인 자율적 규제성의 경향이 있기 때문에 책임적 존재가 될 수 있으며, 인간은 어떻게 해야 갈등하고 있는 것을 내적, 외적으로 균형을 얻을 수 있는지도 스스로 아는 존재이며, 성숙한 인간은 자신에게 일어난 일에 대해서 책임을 질 수 있는 존재라고 보았다.

패슨스(Passons, 1975)는 게슈탈트 인간관을 다음과 같이 설명하고 있다.

첫째, 인간의 각 부분들인 신체나, 정서, 사고, 감각, 지각 등은 전체로서 인간이라는 맥락을 벗어나서는 이해될 수 없는 하나의 전체로서 통합된 존재이다. 둘째, 인간은 환경의 한 부분이기 때문에 환경과 분리하여서는 이해할 수 없는 존재이다. 셋째, 인간은 내외적 자극에 대해 반응할 방법을 스스로 택하기에 세상에 대한 행위자이지 반응자가 아니다. 넷째, 인간은 자신의 모든 사고, 감각, 지각, 감정을 인식하는 충분한 잠재력을 가지고 있다. 다섯째, 인간은 인식하는 인지능력이 있기에 선택하고 내외적 행동에 대해 당연히 책임을 질 수 있다. 여섯째, 인간은 스스로의 삶을 효과적이며 보람되게 영위할 수 있는 충분한 능력을 가지고 있다. 일곱째, 인간은 현재의 자기 자신만을 느끼고 경험할 수 있으며 과거나 미래의 자신은 경험할 수 없다. 여덟째, 인간은 본성은 본질적으로 선과 악 그 어디에도 속하지 않는다.

1) 게슈탈트(Gestalt)

게슈탈트(gestalt)란 독일어로 '전체적 또는 모든 형태'를 뜻한다. 전체적인 형태란 부분적인 요소를 통합하고 의미를 담아 조직해 만드는 것이다. 간혹 게슈탈트 심리학을 형태주의(gestaltism)라고도 한다. 그러나 '형태(form)'라는 단어를 사용하기보다는 게슈탈트라는 독일어를 있는 그대로 사용한다.

2) 전경과 배경

상황이 발생하면 어느 순간 상황을 해결하고픈 욕구가 떠오른다. 이때 제일먼저 드는 감정이나 생각, 혹은 욕구가 전경에 떠오른다. 이것이 게슈탈트이다. 이후 게슈탈트는 시간의 흐름과 감정의 정리 과정을 거치며 해소되고 차츰 배경으로 옮겨진다. 이러한 순환 과정을 "전경과 배경의 교체 혹은 게슈탈트의 형성과 해소"라 한다.

3) 미해결 과제

미형성 되었거나 미해결된 게슈탈트는 계속 전경에 머물러 중간층에 남아있게 되는데 이것을 미해결 과제라고 한다. 이것은 하고 싶어도 할 수 없었던 것이나 말하고 싶어도 말할 수 없었던 것이 언제까지나 마음에 걸리는 경우이다. 미해결 과제가 많아지면 자신의 유기체 욕구를 해소하는 데 실패하게 되고, 그것이 심리적, 신체적 장애를 일으키게 된다(Perls, 1976). 또한 미해결 과제는 의심과 두려움 같은 감정을 포함하기도 한다. 미해결 과제의 해결은 지금-여기를 인식하고 알아차리는 것이며 펄스는 지금-여기의 중요성을 주장하였다.

4) 알아차림(awareness)

배경에서 어떤 존재의 감정이나 욕구가 신체감각으로 나타나고 이를 알아차린 개체는 게슈탈트를 형성하고 전경으로 떠올린다. 떠오른 전경을 해소하기 위하여 행동으로 실행하고 마침내 환경과의 소통을 통해 게슈탈트를 해소하는 것이 알아차림의 과정이다. 알아차림은 보다 나은 긍정적 성장과 개인적이며 합리적인 통합을 위한 핵심개념이고, 보통 사람들이 일반적으로 느끼고 사용하는 것보다 더 많고 깊은 뜻으로 사용한다. "자신의 존재에 닿을 수 있고, 자기 주변이나 내부에서 무엇이 일어나고 있는지를 알고, 환경과 타인 및 자신과 연결할 수 있는 능력, 자신이 느끼고 있는 것과 감각적인 것 혹은 생각하는 것을 아는 것 바로 이 순간에 어떻게 반응하고 있는지를 아는 것이다."

5) 접촉

게슈탈트를 해결하기 위하여 환경과 상호작용하는 것이다. 지금-여기에서 무슨 일들이 일어나는지를 인식하는 것이며 순간적으로 흘러가는 것을 알아차리는 것이다.

예를 들어 두 사람이 함께 대화를 나누는데 상대방이 딴 생각을 하면서 상대의 말을 잘 듣고 있지 않을 때 "지금 내가 하는 말을 좀 들어 봐."라는 말로 접촉을 시도하는 것이다.

6) 시각전환

내담자가 호소하는 문제는 다양한 시각으로 바라보는 것이 중요하다. 이것을 시각의 전환이라 한다. 게슈탈트 치료가 시변적[2]이고 추상적인 사고보다는 감각적이고 직관적인 전통 위에 서 있기 때문이다. 이러한 개념을 바탕으로 내면의 극단적인 두 가지 마음을 이해하고 갈등을 해소하는 기법으로 빈 의자 기법, 혹은 두 의자 기법이 있다. 이 기법들은 서로의 갈등과 오해를 풀고 이해하는 데 큰 효과가 있다. 이러한 긍정적 효과는 적극적인 미래를 설계하고 창조해 나가는 데 도움이 된다.

---

2)   시변적 : 관측대상의 운동이나 상태의 시간적 변화에 관한 정보를 기록, 적당한 시간간격을 두고 변화된 모습

3 _____게슈탈트적 접근에 의한 미술치료

1) 상담의 목표

게슈탈트 상담사는 개인의 능동적인 참여와 실현을 권장하게 된다. 감각운동의 촉진을 통해서 문제를 인식하고 명료화시키게 된다고 믿기 때문에 지금-여기서 자신의 감정을 이해하는 것과 자신에 대한 알아차림이 일어나도록 돕는 것이 게슈탈트 치료의 중요한 시각이다. 게슈탈트 치료의 목표는 성숙한 인간에 두며 이것은 실존적인 삶을 통해서 이루어지게 되는 것으로, 인간의 분석이 아니라 자아의 통합에 목표를 둔 것이라고 할 수 있다. 특히 지금-여기를 강조하고, 미해결된 과제를 해결하며 순수한 자아의 표출과 의식을 강화하는 훈련기법을 사용하여 다양한 연습과 훈련에 의해 내담자가 전경과 배경을 스스로 변화시킬 수 있도록 돕는다. 따라서 상담사와 내담자의 만남과 소통이 중요시되며 주로 집단프로그램을 통한 치료법을 사용하고 이때 상담사는 모든 상황을 인지하며 연출가의 임무를 하게 된다. 게슈탈트치료는 책임을 강조한다.

2) 미술치료 기법

가) 꿈 작업 기법

게슈탈트 치료기법 가운데 꿈을 다루는 작업(dream work)기법은 미술치료에서 무의식을 다루는 기법과 유사하다. 시각적으로 올라오는 심상에서 자발적으로 표현된 것에 대한 의미는 내담자의 의식을 불러일으킨다. 이것은 그들 자신이 꿈의 형태를 만들어 냈다는 것을 인식하게 하는데 꿈을 현실적으로 재연하고 지금-여기에서 재생시키는 것이 목적이다. 이것은 미술치료에서 사용되는 재료를 통해 사실적으로 끌어낼 수 있다. 또한 느낌에 대한 그림그리기, 선 게임(Line game), 점토작업게임 등도 게슈탈트 미술치료방법으로 사용이 될 수 있다. 이것은 때로 역할놀이나 다양한 연주기법 등과 함께 사용해도 좋다.

나) 추상화 그리기 기법

미술치료를 활용한 구조화된 게슈탈트치료는 정서적으로 힘들고 스트레스를 받는 단어에 대한 추상적 느낌을 그림으로 나타내게 하고 나타낸 그림을 동시에 볼 수 있게 정리하여 이야기를 나눈다. 이때 상담사는 선과 형태에 포함된 방향성에 유의하여 두드러지는 특정한 형태를 확인한다. 또한 이것이 내담자의 생활에서 가지고 있는 관심과 의미에 어떻게 연관성이 있는가에 대한 질문을 통하여 내담자가 스스로 설명하게 한다. 게슈탈트 미술치료에서는 내담자와 상담사 사이에 서로가 직접적인 의사소통을 정직하고 책임감 있게 하고자 한다. 시각적으로 묘사된 내담자의 진술은 그들의 자원과 욕구를 알아차리기 위한 활성화 방향으로 노력해 나가야 한다.

다) 현상학적 입장의 다양한 미술치료기법

현상학적 미술치료에서는 내담자가 자신이 원하는 미술 재료를 선택하게 한다. 이는 내담자 스스로 선택한 재료는 자신의 감정과 느낌을 고려하여 선택한 것이므로 그 자체에 의미가 있다고 판단하는 것이다. 그리고 미술작업을 통해 현상을 창조하는 것이다. 자신의 현실에 충실하며, 자신의 의지나 욕구가 시각적으로 표현되는 것이다. 상담사는 작품이 완성되면 완성된 작품을 의도적으로 감상하고, 분석하여, 내담자에게 그림에서 보이는 것을 질문한다. 보이는 대로 대답하는 내담자는 현상학적 묘사를 하는 것이다. 내담자가 현상학적 묘사를 할 때 상담사는 작품에 묘사된 대상들과 요소들을 설명하고 이야기 나누면서 내담자의 자각에 도움을 준다.

이 과정을 현상학적 논의라고 한다. 그리고 내담자가 완성한 작품을 놓고 내담자가 표현하려고 한 내용과 실제 표현된 내용 간의 관계를 분석하여 자기와 자아를 발견하게 된다. 그 다음으로 이전 작품과 지금 작품을 비교하여 자신의 작품 속에서 반복되는 주제와 요소를 발견할 수 있다. 이것은 내담자의 반복적인 행동 양식을 발견하도록 도와주는데 이것이 현상학적 통합이다.

미술치료의 이론과 실제

7강

대상관계이론에
기초한 미술치료

1 _____주요학자의 생애와 업적

대상관계 학자들은 전통적 정신분석의 관점에서 벗어나 유아와 주 양육자와의 관계 경험이 인간의 성격과 대인관계 그리고 자아구조의 형성과 병리발달에 미치는 영향을 연구했다.

1) 마가렛 말러(Margaret Mahler, 1897~1985)

말러는 헝가리에서 태어났으며, 비엔나에서 정신분석에 관한 훈련을 받았다. 1938년에 미국으로 망명해 뉴욕 주에 있는 아동 정신의학연구소에서 아동정신분야에 종사하는 사람들을 훈련시 키는 일을 시작했다. 아동기 정신증을 연구하는 프로젝트를 맡 아서 '정신분석적으로 정신증적 아동과 엄마 관찰'이라는 연구결 과를 도출했다. 이 연구는 정상적인 아동들을 연구하는 하나의 패턴으로 남게 되었 다. 1975년에 그녀는 발달이론에서 어머니와 아이들 간의 상호작용을 관찰하여 발달 적 관점에서 개념화하였으며, 유아가 어머니와 공생적 결합으로부터 자신의 정체성을 만들어 가는 과정에서 타인과 자신을 구별해 가는 분리와 개별화라는 이론적 개념을 제시했다.

2) 멜라니 클라인(Melanie Klein, 1882~1960)

오스트리아 비엔나에서 의사인 유대인 아버지의 4남매 중에서 막내딸로 태어났다. 유대인이라는 사회적 분위기로 아버지는 의 사라는 직업을 유지하기가 어려웠다. 그에 따라 가족의 생계는 어머니의 몫이 되었는데, 어머니는 직접 가게운영을 하면서 그 역 할을 감당할 수 있었다. 클라인은 성장기 동안 언니와 오빠에 대 한 심한 질투심을 느꼈다. 그러나 클라인이 8세 때 일어난 언니의 죽음은 그녀의 삶에서 상실의 시작이 되었다. 20세 초반에는 결핵 진단을 받고 떠돌이 생활을 하면서 가족들의 경제적 짐이 되었던 오빠가 죽게 되자 클라인은 가장 고통스러운 상실을 경험하게 되었다. 그녀는 의사가 되고 싶었으나 경제적 어려움으로 그 꿈을 이루지 못하고, 결혼을 했다. 그 후 세 명의 자녀를 두었으나 산후우울증과 자녀양육에 대한 부담으로 인하여 결혼생활이 행복하지 못했다. 그러는 과정에 산도르 페렌치에게 치료를 받게 되면서 자신의 우울증을 극복하게 되었고, 후에 아동 정신분석 분야에 관심을 가지고 공부를 시작하게 되었다. 베를린으로 이주한 후에 남편과 이혼하였으며, 다시 영국으로 이주하여 주요 활동들을 하고서 생을 마감했다. 클라인은 어린이에 대한 연구로 유명하였으며, 특히 2세~3세 어린이들을 대상으로 정신분석을 했다. 어린이들의 자유로운 놀이를 관찰해서 어린이의 무의식과 환상세계에 대한 통찰력을 얻었다.

3) 로널드 페어베언(Ronald D. Fairbairn, 1899~1964)

 스코틀랜드의 부유한 가정에서 독자로 태어났다. 철학과 신학을 공부하고 헬레니즘 연구에 몰두하였으나 1차 세계대전에서 심리적 상처를 받은 병사들을 목격한 후 심리학에 관심으로 가지게 되었다. 프로이트의 정신분석에 매료되어 직접 정신분석을 2년 동안 받았으며, 37세 때 상류층 여성 메리 고든과 결혼했다. 다섯 명의 자녀를 두었는데, 그중에 쌍둥이 두 명이 출생 당시 사망하게 되는 슬픔을 경험하면서 부부의 관계는 악화되었으며, 이후 아내의 갑작스런 죽음으로 사별하게 되었다. 힘든 가정생활에도 불구하고 자신의 임상적 경험을 토대로 정신분석에 대한 새로운 견해를 적극적으로 발표했다. 1930년대는 클라인 학파와 안나 프로이트 학파 사이의 대립이 극심하였는데, 페어베언은 그런 논쟁으로부터 거리를 두었으며 1940년대부터 그는 논문들을 통해 전통적 정신분석의 한계를 지적하고 심리역동에 대한 새로운 관점을 제시하면서 대상관계이론의 토대를 마련했다.

2 ＿＿＿＿＿주요개념

1) 말러의 주요개념

어머니와 아이의 관계를 연구하여 자폐적, 공생적, 분리-개별화의 세 단계의 발달 단계로 구분했다. 초기에는 공생적 유대로써 어머니의 정체성과 결합해 있으나 일련의 단계를 거쳐 3세 말이 되면 분리된 존재로 발달하게 된다는 의미이다. 말러는 이것을 유아의 "심리적 탄생"으로 보았으며, 인간의 삶은 실제적으로 어머니와의 정서적 유대와 관련된다고 이야기 하고 있다. 인간 본성의 핵심은 "타고난 유대감에 대한 욕구"이며 이것은 자기보존 욕구를 확인하는 수단이다. 개별화의 하위단계에서의 성공적인 타협의 실패가 발달적 일탈과 병리를 가지고 온다고 제시했으며, 자신이 세상의 중심이기 때문에 세상의 모든 대상들과 자아도취적인 연애를 경험한다고 했다.

말러의 발달단계 가운데 자폐단계와 공생단계는 분화 전 단계에 속하는데, 자폐단계는 온전히 자신의 감각만을 인식하는 단계로 자기와 대상이 구별이 되지 않는 절대적인 일차적 자기애단계라고도 한다. 이 시기의 유아는 배가 고파서 울면 젖이 들어오고, 불쾌하여서 울면 기저귀를 바꾸어 주거나 씻어주는 것이 자신 안에서 모두 이루어지는 것으로 인지하여 자신에 대한 전능 환상을 경험하는 시기라고 할 수 있다. 다음 단계인 공생단계는 유아가 몸 전체를 통해서 경험하는 접촉이 중요한 시기이다. 말러는 이 시기를 "심리적 탄생의 공생적 주최자"라고 했으며 아기를 안아주는 것을 강조하였다. 이 안아줌을 통해서 유아는 정체성을 만들어 가게 된다고 했다. 이 시기에 유아는 일차적 자기애가 쇠퇴하고 이차적 자기애가 형성되는데, 충분히 자기를 안아주는 어머니를 이차적인 자기애의 대상으로 생각한다. 즉 어머니와 자기가 마치 하나인 것처럼 지각을 하게 되는 시기이다.

다음 단계인 분리개별화 단계에는 부화단계, 연습단계, 재접근단계로 구성되어 있다.

미술치료의 이론과 실제

부화단계에서는 유아가 자신의 신체를 자각하고, 어머니와 다른 사람들을 구분하기 시작한다. 모르는 사람을 보면 불안하고 위축된 반응을 보이며 낯가림이 시작되는 시기이며, 깨어있는 시간이 길어지면서 운동 기술이 발달되어 이동을 시작한다. 어머니의 품에 자신을 전적으로 맡기던 공생단계와는 대조되는 시기로 자신의 몸을 조절하면서 중간대상에서 쾌감을 얻기도 하면서 지나치게 많은 운동량을 보이는 시기이다. 연습단계에서는 적극적인 분화의 연습이 일어나는 시기로 행동반경이 넓어지며, 자신의 세계를 확장해 나가는 즐거움을 누리고 자율능력을 습득하여 자신이 모든 것을 할 수 있을 것 같은 착각에 빠지는 시기이기도 하다. 반면 유아는 심리적 안전 기지를 유지하고 있는 어머니 주변을 탐색하고 반복적으로 어머니에게 되돌아오기도 한다. 자기 세계의 위대성과 자기도취가 일어나며, 자기애의 정점을 이루는 시기이기도 하나 어머니의 일관성 없는 보살핌으로 건강하지 못한 분리 연습이 이루어지기도 한다. 재접근단계에서는 유아는 분화를 경험하면서 불안이 증가하는 단계로 자기 능력의 한계를 인식하고 좌절감도 경험하는 과정을 통하여 자신의 전능감이 붕괴하게 되는 시기이다. 이 전능감의 붕괴로 유아는 무력감에 대한 분노의 폭발 경험을 하며, 자신의 자율욕구와 의존욕구 사이에서 심한 갈등을 경험하게 되며, 어머니에 대해서도 전적으로 좋기만 하거나 나쁘기만 한 대상으로 번갈아 지각하게 된다. 이 시기에 공생관계에 머물러 있는 어머니의 경우 아이가 가까이 오면 보상을 하고 독립성을 보이면 위협을 보이기도 한다.

다음 단계는 대상항상성 발달의 단계로 24~36개월에 해당하는 유아는 일생동안 지속되는 명확한 개별화를 성취하게 되는 단계이다. 어머니가 여전히 좋은 사람이라는 것을 기억해내는 능력이 생기게 되며, 보이는 대상뿐만 아니라 보이지 않는 심리적 의미의 대상항상성이 생기게 되는 것이다. 이 시기는 언어 능력이 현저하게 발달하고, 정서적 대상항상성으로 인하여 어머니가 없는 상황에서도 기다릴 수 있으며, 타인에 대한 지각과 감정이 극단적이거나 부분적으로 되지 않는다. 타인에 대해서 부정적인 감정이 느껴지는 상황에서도 긍정적 측면과 관련된 긍정적 정서를 기억하고 발동시킬 수 있는 시기이기 때문이다.

2) 클라인의 주요개념

유아가 리비도적 충동과 파괴적 충동을 가지고 태어나며, 성격발달은 이러한 욕동[3]들의 발달과 그것들 간의 관계에 달려 있다는 프로이트의 견해를 수용했다. 공격성은 선천적으로 타고나는 것이며 처음 만나는 대상과의 관계에서 중요한 역할을 담당 한다고 보았고, 자아의 중요성을 강조하면서 충동을 적극적으로 해석하는 임상기법을 소개했다. 유아의 심리구조에 대한 클라인의 관점은 나쁜 대상과 좋은 대상간의 역동적인 상호작용에 초점을 두고 있으며, 아동의 성격발달을 편집적 자리와 우울적 자리의 개념으로 설명하고 있다. 편집적 자리는 죽음의 본능을 중심으로 전개되며, 유아는 첫 대상인 젖가슴과 접촉하게 되는데 이 대상과의 관계하는 방식을 함입, 투사적 동일시, 분열의 개념으로 설명하고 그 결과에 따라 나쁜 젖가슴과 좋은 젖가슴으로 인식된다. 좋은 젖가슴은 생명을 지탱시켜주는 젖을 공급해주고 풍부한 사랑으로 자신을 보호해주어서 유아는 좋은 젖가슴을 사랑하게 된다. 반면 배고픈 유아는 자신의 증오를 투사하여 나쁜 젖가슴을 형성하게 되는데, 그것은 단지 부재하는 것으로 생각하지 않고 자신이 필요로 하는 것을 가지고 있으면서도 악의를 가지고 주지 않는 것으로 경험한다. 이것은 유아가 자신의 공격성을 젖가슴으로 투사했기 때문인데, 유아는 이 나쁜 젖가슴을 미워하고 다 먹어 치우거나 물어뜯는 환상을 가진다. 그러면서도 유아는 자신이 공격한 나쁜 젖가슴으로부터 보복을 당하지 않을까 하는 박해 불안을 가지게 된다. 우울적 자리에서 나타나는 기제는 보상, 양가감정, 감사이다. 보상은 상처를 치료하려는 노력을 통해 좋은 대상을 공격했던 것에 대한 죄책감을 줄이고, 그 대상을 내적으로나 외적으로 보존하고자 하는 노력으로 나타나는 것이며, 이것은 승화의 근원이 된다. 감사는 원래 생애 초기부터 시작된 좋은 대상에 대한 리비도 투사의 표현이며, 죄책감은 감사를 강화시키고 감사와 보상은 서로를 강화시킨다. 양가감정은 일반적인 정서적 성숙의 표현으로 동일한 대상을 사랑하면서도 미워한다는 유아의 의식은 자신과 다른 사람에 대한 깊은 이해를 촉진시키며, 사랑과 증오의 통합은 정서적 심화와 정서적 성숙과 자기인식과 타인에 대한 공감적 지각능력의 심화를 가지고 온다(김정욱, 2009).

---

3)　욕동 : 본능(本能, instinct)과 욕동(drive)은 구분하여야한다. 본능과 달리 가변적이고 우연적인 심리역학적인 과정

미술치료의 이론과 실제

함입이란 외부 세계의 경험과 인식을 내부 세계로 들여오는 환상을 의미한다. 좌절을 유발시키는 외부의 사람들은 함입과정을 거치며 두려움과 공포를 심어주는 내면의 가해자가 된다. 유아는 자신의 파괴적인 충동을 다루기 위해 불쾌한 감정을 먼저 대상에게 표출하여 그로부터 공격받는 위험을 줄이고 그를 통제하기 위하여 자아는 나쁜 젖가슴을 내사한다. 투사와 내사의 순환과정은 하나의 불안을 완화시키기도 하지만 동시에 또 다른 불안을 불러일으킨다.

투사적 동일시란 어떤 대상이 가지고 있는 공격적 성향을 통제하면서 이를 통해 자신의 공격성을 통제하는 것이다. 자아가 생성되는 초기에는 공격성의 통제가 중요하며, 어느 정도 좋은 내적 대상이 힘을 가지고 있다면 투사적 동일시는 공격받을 것이라는 불안을 약화시켜줄 수 있다. 어머니의 부정적인 측면이 의식 차원에서 경험될 때 어머니의 긍정적인 측면은 의식 차원으로부터 배제되어, 마치 어머니가 완전히 나쁜 사람인 것처럼 지각된다. 이것은 투사, 내사, 분열, 부인, 투사적 동일시, 전능성, 이상화와 같은 방어기제를 사용하며 생득적인 공격성과 관련된 불안을 다루기 위해 사용되는데, 어느 정도 사용되는가에 따라 편집적 자리에의 고착 여부가 결정된다. 만약 자신의 공격성이 사랑하는 대상을 손상시키고 파괴시킬 것이라고 두려워한다면 그 사람의 사랑관계는 지속적인 불확실성에 시달리게 된다.

분열은 긍정적인 특징과 부정적인 특징이 같은 사람에게 공존하는 것으로 받아들이는 것의 실패, 즉 받아들이지 못하여 발생한다. 이것은 좋은 젖가슴과 나쁜 젖가슴이 주된 양육자에 대한 감정으로 공존하는 것인데, 이것을 인지하지 못하는 것이다. 최초의 분열은 약한 자아가 살아남을 수 있는 수단일 뿐만 아니라 좋음과 나쁨을 구별할 수 있는 능력을 형성하기 위한 첫걸음이나 분열이 심하면 자아는 약해지고 응집력을 잃어버리게 되어 정신병리가 발생하게 된다(김정욱, 2009).

3) 페어베언의 주요개념

대상과의 경험이 성격발달의 핵심이며, 처음부터 리비도는 쾌락을 추구하지 않고 대상을 추구하며 자아 속에 존재한다고 했다. 따라서 성격발달에서 쾌락은 충동의 궁극적인 목적이 아니라 타인과 관계를 위한 수단으로만 인정하였으며, 리비도는 현실적인 대상을 지향한다고 가정했다. 또한 리비도적 태도가 대상관계를 결정하는 것이 아니라 대상관계가 리비도적 태도를 결정한다고 했다. 이에 따라 신경증 환자가 나쁜 대상에게도 애착을 나타내는 것은 생존에 도움이 되기 때문이며 대상과의 접촉이 전혀 없는 것보다도 나쁜 대상이라도 있는 것이 낫다고 지각하기 때문이라고 주장했다. 성격의 발달은 곧 자아의 발달을 의미하며 자아발달은 대상과 관계하는 방식의 변화를 의미한다. 초기 어머니와 유아의 관계성을 중시하며 의존성의 작용에 초점을 두고 발달단계를 설명했다.

발달단계의 첫째는 유아의 의존단계이다. 유아는 최초의 주 양육자인 어머니와 심리, 정서적으로 함입되어 전혀 분화되지 못하고 완전하게 동일시한다. 이 시기의 관계방식을 일차적 동일시라고 부른다. 유아에게 돌봄은 생존과 직결되기 때문에 어머니와 융합을 이루는 것은 전적인 무력감과 의존성 때문이라고 할 수 있다. 이 의존은 무조건적이며, 의존 욕구의 질은 절대적이다. 또한 의존 대상선택의 개념이 없기 때문에 관계에 실패했을 때 대체 의존관계를 갖는 것은 불가능하여 의존관계의 실패는 곧 죽음을 의미하는 것이라고 할 수 있다. 이 시기의 의존은 이와 같은 원초적인 특징을 나타낸다. 이 의존단계는 초기 구강기와 후기 구강기에 해당하며, 리비도와 공격성이 함께 나타나는 양가적 감정이 출현하게 된다.

둘째 과도기적 단계는 유아적 의존과 성숙한 의존 단계의 중재적 역할을 한다. 유아적 의존단계에서 대상관계가 긍정적으로 형성되었다면 이 시기 동안 유아는 대상을 양분할 수 있고, 자아의 건강한 분화를 성취할 수 있다. 그러나 동시에 여전히 어머니에게 의존되어 있기 때문에 새로운 유형의 양가감정에 직면하게 된다. 외적인 대상과 밀접해지면 퇴행을 수반한 동일시에 빠지고 새로이 분화된 자아개념이 위험하게 된다. 반대로 유아가 대상과 너무 떨어지게 되면 버림받는 두려움에 직면하게 된다. 이런 함입과 고립 간의 갈등은 과도기적 단계의 유아가 외적대상과의 관계에서 경험하는 불안의 원천이다. 이 단계에서 성숙하기 위해서 유아는 부모에 대한 유아적 의존을 포기하고 부모로부터 분리된 개별적 존재가 되어야 하며, 보상적인 내적 대상들에 대한 강한 애착도 포기해야 한다.

미술치료의 이론과 실제

셋째 성숙한 의존단계의 유아는 분화된 대상과 친숙하고 조건적 의존을 통하여 건강한 유대관계를 유지할 수 있다. 성숙한 의존이란 타인이 서로 가장 친밀하고 상호 의존적인 관계를 맺으면서도 서로 개별적으로 분리되어 있다는 것을 인식할 수 있는 것이다. 개별적 분리라는 것은 고립이나 단절을 의미하는 것이 아니라 타인의 주체성을 인식하는 것이다. 따라서 타인이 자기 자신만의 의도나 감정, 생각이나 의지, 목적 등을 경험하는 주체라는 것을 인식하는 것이다. 건강한 자아발달을 위해서는 수용된 대상과 거절된 대상 모두가 외재화(Externalization)되어야 한다.

3 _____ 대상관계 이론적 접근에 의한 미술치료

1) 상담의 목표

미술치료에서 대상관계학적 접근의 목적은 무의식적 기제에 대한 통찰로, 투사시킨 부분들의 통합으로 온전한 대상관계(whole object relations)의 형성을 돕는 것에 있다. 미술치료사는 초기치료에서 수용적인 치료 분위기를 형성해야 한다. 대상관계에 문제가 있는 내담자는 생애 초기에 주 양육자와의 관계에서 수용적인 분위기나 따뜻한 보살핌 등의 긍정적 관계형성을 하지 못한 내담자들이기 때문에, 치료사가 주 양육자의 역할을 대신하여 신뢰 관계를 형성하는 것이 기본 단계라고 할 수 있다. 또한 초기에는 주 양육자의 역할처럼 수용적인 치료분위기를 형성하고 내담자의 재경험과 재발견을 돕는 것이 중요하다. 새로운 시작으로 지금-여기와 현재 그리고 내담자가 살고 있는 이 현실에 더 적합하게 반응할 수 있도록 도와줌으로써 생애 초기의 아픔이나 상실감에서 치유되어 현재에 알맞은 건강한 사람이 될 수 있도록 도와주는 것이 목표이다 (문해연, 2004).

상담사가 내담자의 정서적 발달의 굶주림을 만족시켜 줌으로서 치료가 이루어지는 것이 아니라 내담자의 불충분한 발달 단계의 고통을 재경험하는 과정을 통하여 성장이 이루어지게 하는 것이다. 따라서 미술의 형태와 상담사와의 미술치료의 관계를 통하여 내담자의 과거 경험 속에 숨겨져 있는 비언어적 자료를 심상으로 재창조하여 분열되고 왜곡된 대상과의 경험을 새롭게 인식하고 수정하는 과정이며, 다양한 미술의 표현과 나타난 비언어적 율동, 색깔, 놀이 등의 매체를 활용하여 내담자의 내면에 숨어 있는 율동성과 창의성을 재개발하여 그의 정신에너지의 체계를 재구성하도록 도와주는 것이다(이경휘, 2007).

2) 미술치료 기법 - 찰흙 조형

대상관계 학자들은 아동이 어린 시절 부모로부터 어떤 애착을 형성하였느냐에 따라서 성격형성에 영향을 받는다고 주장하였다. 특히 불안정 애착이 형성된 아동들은 심리적 부적응을 경험하고, 부적응적 행동들이 표출된다고 보았다. 다시 말하면 아동의 부적응적 행동들은 부모로부터 충분히 사랑받고 싶은 욕구가 충족되지 못하여서 발생한 것이라고 할 수 있겠다. 그런 아동들은 기본적으로 사람에 대한 신뢰감이 부족하며, 불안하고, 상처받게 되거나 욕구좌절에 대한 불안과 공포가 일반화되어져서 또래집단에서 영향이 나타나는 것을 쉽게 볼 수 있게 된다. 자신의 내면의 불안과 분노의 감정을 건강하게 표현하는 방법을 모를 뿐만 아니라 그런 행동자체에 대한 부정적 반응경험으로 인하여 억압하고 부인하면서 외적 자아에 맞추어서 살아가고자 애를 쓴다. 그러나 아동은 본능적인 욕구가 현실적인 자아에 비해서 더 주도적인 역할을 하는 시기이므로 다양한 부적응을 보인다. 이런 자신의 감정을 긍정적으로 표현할 수 있도록 도와줄 수 있는 안정된 환경이 상담의 현장이다. 자신에게 있으나 자신이 인정하고 싶지 않은 부정적 부분이나, 양가갈등을 겪고 있는 부모와의 관계에 따라서 올라오는 분노의 감정들을 건강하게 풀어낼 수 있도록 도와주는 역할을 한다. 찰흙을 이용하여 내적 부정적 감정을 표현하도록 하는 작업은 내면의 불안과 스트레스를 해소하는 데 적극적으로 활용될 수 있다. 찰흙을 뭉쳐서 던지거나, 자신의 부정적 모습에 대한 상징 조형을 만들고 부수는 과정을 겪으면서 내적인 카타르시스를 경험할 수 있게 된다. 이렇게 비워지고, 다듬어진 공간에 자신이 정말 하고 싶은 것과 이상적인 자신을 만들어 나가기 위하여 채워 나가야 할 것들을 담을 수 있게 되는 활동이다.

인지행동 치료이론에 기초한 미술치료

1 _____인지행동치료의 이해

인지행동학적 치료이론은 행동주의에서 출발한 것으로 인식되고 있으나 이것은 인간이 가지고 있는 기본적인 관점과 문제의 발생 및 치유과정을 다룬 개별적 이론들의 집합체로 1960년대 초에 등장했다. 인지치료의 접근은 부적응의 원인이 되는 잘못된 생각이나 믿음을 교정하는 치료이며, 행동 교정을 통해 부적응을 줄이는 치료는 행동치료라 설명할 수 있다. 따라서 인지행동학적 치료는 증상이 의심되는 모든 생각과 행동을 치료하는 것으로 인지치료는 명확하고 구체적이어야 하며, 적극적으로 치료에 임할 때 단시간에 증상을 충분히 완화할 수 있다.

인지치료는 여러 가지 잘못된 신념과 믿음을 찾아내는 것부터 시작하게 되는데, 공황장애로 고통 받는 내담자가 갑자기 자기가 죽을 것만 같은 공포를 느낄 때 스스로를 조절하지 못할 것 같은 생각을 자동적으로 하게 된다. 이것을 "과대화 사고"라고 한다. 과대화 사고를 하게 되면 현실과 허상을 구분하기가 어려워지며, 따라서 진짜 죽을 것 같은 공포를 느끼게 된다. 이런 이유로, 인지치료는 나타나는 증상을 이해하고 이면에 숨어 있는 잘못된 믿음과 신념, 자동적 사고를 상담사와 함께 발견하고 확인하고 교정해 나가는 과정이라 할 수 있다. 반면 행동치료는 증상 행동을 치료하여 없애는 치료기법으로 결벽증과 같은 강박증 내담자들은 반복적으로 씻고 또 씻고를 반복한다. 그렇게 하지 않으면 불안하기 때문인데 이런 반복행동들은 불안을 해소하는 방법인 것이다. 자신의 행동이 비정상적이고 일반적이지 않다는 것을 알지만 불안감을 낮추기 위해 지속적으로 손을 씻는 행위를 하는 것이다. 이런 경우 가감법의 기법으로 천천히 시간을 두고 치료해야 한다. 더러워진 손은 시간을 두고 천천히 씻으면서 불안을 줄여 간다. 그리고 아주 조금씩 늘려 간다. 5분, 15분, 30분, 1시간 이렇게 점차 시간을 늘려 가는 행동치료의 방법으로 점진적 가감법을 기본으로 하는 이완(Relaxation), 노출(Exposure), 체계적 탈감각화(Systematic Desensitization)의 기법이 있다.

미술치료의 이론과 실제

1) 엘버트 엘리스(Albert Ellis, 1913~2007)

엘버트 엘리스는 1913년 미국 펜실베니아주 피츠버그에서 가난한 유대인 부모에게서 2남 1녀 중 장남으로 태어났다. 뉴욕으로 이주하여 그곳에서 생활하였으며, 아동기에 여러 가지 시련을 경험하면서 성장하였다. 내성적인 성격으로 인한 수치심과 사회적 회피가 있었으나 오히려 독서를 통한 지적 능력의 향상을 불러올 수 있었으며, 컬럼비아 대학교에서 임상심리학으로 석사학위를 받고 철학박사 학위를 받았으며, 정신분석 수련도 받았다.

초기에 정신위생클리닉에서 임상심리학자의 역할을 수행하였으며, 적극적이고 지시적인 접근이 정통적 정신분석보다 효율성이 높다는 것을 경험하면서 전통적 정신분석 방법을 비판하게 되었다. 후에 행동주의 학습이론에도 관심을 가졌으나 효과를 얻지 못하고, 1955년 인본주의와 행동주의를 혼합한 합리치료를 고안하여 상담에 적용하기 시작하였다. 엘리스는 상담과 심리치료 분야에 가장 많은 저작을 남긴 사람 중 한 명이며, 그의 이론적 특징은 치료의 기간이 짧게 진행된다는 것이며, 내담자가 호소하는 심리문제의 해결에 초점을 맞추었고, 다양하고 구체적인 기법들을 잘 구비하고 있다는 것이다(임내하, 2009). 또한 그는 자신의 인지·정서·행동치료가 가장 효과적이고, 철학적 배경을 가진 직접적 방법이라고 주장하였다.

2) 아론 벡(Aron Beck, 1921~현재)

벡은 1921년 로드아일랜드 프로비던스에서 3형제 중 막내로 태어났다. 주관이 뚜렷하고 정치적 관심이 많은 부모에게서 문학과 교육을 중시하는 가정 분위기 속에서 양육되었다. 벡의 아동기는 불행하였으며, 신체적 질병으로 인하여 초기 학교생활을 중단해야 했다. 그 후 1946년 의과대학을 졸업한 후에 신경학을 전공분야로 결정하여 본격적인 정신과 전공의의 삶을 살게 되었다. 자신의 어린 시절의 경험을 통해서 부정적 신념을 인지적으로 해결하는 방법을 찾았고 이것을 자신이 환자들을 치료하는 데 응용하였다. 인간의 정신적인 문제를 다양하게 다룸으로써 인지치료의 구체적 체계와 방식을 적용하는 데 큰 공헌을 하였으며, 인간의 인지를 스키마(schema), 기본 신념, 규칙 등의 요소로 설명하였다.

2 _____주요개념

1) 합리적 인지 정서 행동치료(Rational-Emotive Behavior Therapy) 주요개념

가) REBT의 철학적 측면

내담자의 심리적 문제는 내담자가 겪은 사건의 경험 그 자체보다 그런 경험에 대한 내담자의 의미 부여나 가치 부여에 따라 발생하게 된다. 따라서 치료의 목적은 내담자의 가치체계를 바꾸어 주는 것으로 상담사가 의도적이고 적극적으로 내담자에게 개입하여 가치체계를 빨리 바꾸어 주어 문제를 해결할 수 있도록 돕는 것이다.

나) ABC이론

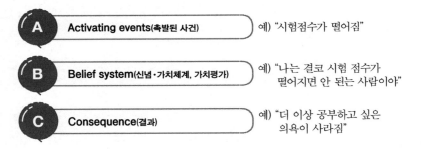

		예)
A	**Activating events**(촉발된 사건)	"시험점수가 떨어짐"
B	**Belief system**(신념·가치체계, 가치평가)	"나는 결코 시험 점수가 떨어지면 안 되는 사람이야"
C	**Consequence**(결과)	"더 이상 공부하고 싶은 의욕이 사라짐"

촉발 사건은 누구에게나 일어날 수 있으며, 그 사건에 대해서 어떤 가치를 부여하느냐에 따라서 결과에 영향을 끼친다고 보았다. 이렇듯이 각 개인이 사건에 대해 긍정적 가치를 부여하느냐 부정적 가치를 부여하느냐에 따라서 결과가 주어지는 것이므로 사건 자체보다는 가치 부여가 심리적 문제에 더 많은 영향을 끼친다는 이론이다.

다) REBT의 치료 목표

감정이나 행동의 변화를 위해 내담자의 관점과 사고를 변화시킨다. REBT기법의 목표는 내담자가 실현가능하고 현실적인 인생철학을 배움으로써 정서장애와 패배의식 및 부적응 행동들을 줄이며 그것을 최소화하는 것이다. 또한 인생에서 잘못된 것에 대한 스스로의 비난을 줄이고 어려움을 극복하는 방법을 습득하는 것이다. REBT는 내담자의 삶에 혼란을 주는 가장 기본적이고 본질적인 가치관 중의 일부를 탐색하고 변화하기 위해 고안되었다.

라) REBT의 치료방법

REBT의 심리학자들은 교육을 강조하였는데, 설득방법을 사용하는 대부분의 다른 심리상담사들과는 달리 근본적으로 인지적이며 지시적인 행동과정으로 상담을 진행하도록 하였다. 그에 따라 상담사와 내담자 간의 친밀하고 밀접한 인간관계는 그다지 신경을 쓰지 않는다는 점을 볼 수 있다. 엘리스는 REBT 심리상담사들이 해야 할 바는 다음과 같다고 주장하였다. 내담자의 비합리적 장애 행동을 관찰하여 발생 원인을 분석하고 그에 따른 비합리적인 사고의 재탐색을 유도하며 스스로 자신의 사고와 행동의 타당성을 확인하고 유머의 사용으로 비합리적인 사고에 직면시킨다. 그리고 논리적인 분석을 통하여 비합리적인 신념을 감소시켜 합리적인 행동과 사고로 유도한다. 그리고 사고의 논리적이고 과학적인 방법을 경험시켜 스스로 관찰하는 힘을 키우고 정서적, 인지적, 행동적, 논리적 기법을 사용해 비합리적 사고와 추론을 줄이고 스스로 자신의 감정과 행동을 합리적으로 이끌 수 있도록 도와준다.

2) 인지치료의 주요개념

가) 기본 원리

인지치료는 심리적으로 잘못된 사고와 정보의 부적절한 추론 그리고 현실과 환상을 구별 못하는 일반적 상황에서 발생하는 것이다. 인간의 역기능적 사고와 생각을 알아차려, 비효과적이면서 반복되는 자동적 사고를 확인하고, 그 자동적 사고에 거리를 두고 다시 바라보고 조명하여 인지를 재구성한다(임내하, 2009). 내담자와 협동적인 과정을 강조하며, 믿음의 수정이 필요하다. 인지적 행동 모델은 개입과정 초기에 행동수정 기법을 사용하고 기본적으로 인지적 접근을 중심기법으로 하는 형태를 가진다.

인지상담치료는 현재 문제 즉, 지금-여기에 초점을 두기 때문에 단기 심리상담을 통한 단기치료인 경우가 많다. 인지 상담의 목표는 내담자가 문제를 해결하도록 도와주는 것, 증상을 제거하는 것, 재발하지 않는 방략[4]을 습득하게 하는 것을 포함한다. 또한 상담사는 내담자에게 역기능적 인지와 왜곡된 인지를 구분하는 방법을 알려주고 내담자는 자신의 사고와 감정, 특히 부정적으로 드는 자동적 사고의 인식을 관찰하며 조정하는 방법을 배운다. 또한 자신의 인지적 사고를 지지하고 반대편의 인지적 사고의 증거들을 검토하고 평가함으로써 현실적 상황에 대한 자동적인 사고를 검증하며, 스스로의 행동에 대한 가설과 문제해결의 대처 기술을 배운다. 인지행동치료는 치료적 관계를 강조하는데 내담자와의 신뢰와 진실한 온정, 친밀관계, 무비판적 수용과 공감을 형성하는 능력, 이것은 상담사의 기본적인 특성과 자질에 기초한다고 보았다. 내담자들의 현실에서 발생하는 인지적 문제들을 그들 스스로 이해할 수 있도록 안내하는 촉매자의 역할을 하여 내담자들 스스로 능동적인 상담사의 역할을 할 수 있도록 도와주고 가르치는 것이 목표이다.

나) 감정 식별하기

(1) 스키마(도식, schema)
스키마란 도식이라는 인지의 구조를 말한다. 대부분 과거의 경험에 의해 기억되고 형성되며 인간의 감정, 사고, 및 행동을 결정짓는 중요한 역할을 한다. 스키마는 3가지로 구분되는데 기간에 따라 핵심 믿음체계, 중간 믿음체계, 자동적 사고 체계로 형성된다.

---

4) 방략 : 어떤 일을 꾀하고 행(行)하여 이루기 위한 방법과 계략.

미술치료의 이론과 실제

① 핵심 믿음체계

근원적으로 형성된 깊은 수준의 믿음이 핵심 믿음체계(core belief system)이다. 이것은 모든 분야에 영향을 끼쳐서 지나치게 경직되어 있으며 과도한 일반화가 되어있다. 그리고 사고의 자동화는 특정한 상황과 밀접한 관련이 있는 것이고, 인지적 상황의 가장 표면적인 수준이다.

② 중간 믿음체계

자동적 사고와 핵심 믿음체계 사이에는 가정, 태도, 규칙으로 형성된 중간 믿음체계(intermediate belief system)가 있다. 이것은 자신이 스스로 인식하기 어렵지만 어떤 상황을 판단하는 관점에는 영향을 준다.

③ 자동적 사고

스키마의 결과물이다. 한 개인이 상황에 대처하는 즉각적이며 자율적인 판단과 평가를 말하며, 이것을 어떤 사건에 대한 계획되지 않은 즉각적인 해석을 말하는 것이다. 우리가 자동적 사고(automatic thought)의 의미를 인식하게 되면 스스로가 사고의 타당성과 논리성을 평가할 수 있게 되어 자신의 잘못된 해석을 인지하고 이를 교정할 수 있게 된다.

(2) 인지적 왜곡

외부 자극들이 스키마를 침해하면 인지의 왜곡이 일어나게 되는데 이것은 사람들의 정신 병리의 원인 중 가장 핵심이 되는 요인이다.

① 이분법적 사고

"흑 아니면 백 또는 모 아니면 도" 이것은 극단적으로 세상을 바라보는 사고의 유형이다. 성공하지 못하면 실패한 것이고, 그렇기 때문에 더 이상 도전하거나 다시 시도할 의미가 없는 것이라고 보는 관점이다.

② 과도한 일반화

"세상 사람들은 다 그래." 한 개인에게 받은 부정적 상처를 세상 모든 사람들이 나쁜 것처럼 과잉 일반화시키기도 한다. 일부 사건을 무관한 상황에까지 확장 적용하여 과도하고 비논리적인 결론을 내리는 것이다. 특히 부정적인 어느 부분이 무한 반복적으로 발생할 것이라고 추정한다. "나는 지난 시험에 떨어졌기 때문에 앞으로의 시험에서도 모두 불합격할 것이 분명해 그렇기 때문에 시험을 보는 것은 어리석은 것이야."

③ 선택적 추론
자신의 인생에서 가장 화려했거나 혹은 가장 불행했거나 하는 상황을 현실에 비추어 선택적으로 과하게 몰입하는 경우이다. "나는 되는 일이 없어 하늘도 나를 버렸나 봐." 즉, 작은 부분의 손해를 너무 크게 몰입하여 마치 인생이 전부 실패한 것처럼 말하는 것이다. 대부분 실패한 경험을 쉽게 떠올리는 편이다.

④ 긍정적 측면의 격하
누군가 자신의 의견에 긍정적으로 답했을 때 그것을 믿지 않으며 단지 그들은 형식적, 혹은 가식적으로 말한다고 생각하는 것이다. 이런 경우 한 개인은 과거의 삶 속에 긍정적 경험이 없기 때문에 타인의 긍정적 피드백이 가치가 없다고 격하시키는 것이다. 이런 심리적 측면은 참으로 안타까운 일이다. 자신을 칭찬하는 사람들에게도 진심이 아니라고 스스로 판단해 버리는 경우이다.

⑤ 독심술(mind reading)
상대방이 정중하게 대함에도 불구하고 "저 사람이 나를 바보로 생각한다는 걸 난 알 수 있어."라고 짐작한다. 이것은 증거도 없이 많은 사람들이 자신을 미워하고 나쁘게 대한다고 생각한다. "나는 상대의 눈빛만 보고도 그 사람의 생각을 다 알 수 있어." 이것은 위험한 생각이다.

⑥ 예언하기(fortune telling)
일어나지도 않는 일들을 마치 사실인 것처럼 주장하고 믿는 것이다. 어린 시절 본능적 욕구의 불충족이 심리적 부작용으로 나타나는데 이런 경우가 그

미술치료의 이론과 실제

렇다. 자신의 욕구를 충족시키지 못함으로써 사고와 행동이 과해진다. 허언과 망상으로도 발전해 간다. 이런 상항을 부모의 무지에서 시작되는 경우가 많다.

⑦ 비극화(catastrophizing)

현실에서 부정적인 사건이 일어나면 있는 그대로를 직시하기보다는 과도한 비극으로 여긴다. "나에게만 이런 일이 일어나는 것은 당연한 것이다. 나는 늘 그랬다."

⑧ 최소화

자신이 잘하는 긍정적인 경험이나 일들을 있는 그대로 인정하지 않고 맥락이 다른 상황과 비교하여 위축시키는 것이다. "물론 전 제 일을 잘하고 있죠. 그런데 그게 무슨 상관인가요? 제 부모님은 저를 존중해 주지 않는데요." 등으로 생각한다. 성적이 안 좋기 때문에 나는 모든 것에서 재능이 없다고 생각하는 입장에 서 있는 것이다.

⑨ 정서적 추론

자신의 감정과 정서를 논리적 인지를 배제하고 느끼는 그대로 실제의 사실처럼 인식하고 해석하는 것이다. 현실과 정서의 경계구분의 오류라고 할 수 있다. 예를 들어, "죄책감을 느낍니다. 그래서 난 나쁜 사람입니다."라는 식으로 해석한다.

⑩ '~해야만 해'라는 명령식의 진술

저절로 드는 생각과 행동에서 타인에게 명령조의 지시적인 행위는 어린 시절의 억압과 많은 상관이 있다. 힘의 욕구를 강하게 느끼는 사람들은 욕구의 분출을 위해서 다양한 방법들을 사용한다. 또한 명령조의 행위는 개인의 원망, 죄책감, 압박감 등을 야기한다. 만일 아동의 경우 이러한 심리적 억압을 받고 자란다면 어른이 되어서 명령식의 지시적 언행을 사용할 가능성이 높아진다.

⑪ 라벨링

과도한 일반화의 한 형태로 발생한 사건의 현실적인 부분을 언급하기보다는 그로 인한 부정적 상황을 자신에게 몰입하여 이름을 짓듯이 부정적인 라벨을 부여하는 것이다. 이것은 일반화의 극단적인 형태이다. "늦잠을 자서 학교에 늦었어." "내일부터 일찍 일어나야지."라고 생각하는 것이 아니라 "난 실패자야 나가 죽어야 돼."라는 식으로 생각한다.

⑫ 개인화

정확한 근거 없이 부정적 사건을 자신의 책임으로 생각하는 경향이다. 이런 왜곡들은 때때로 기능적 역할을 한다. 그러나 대개의 경우 부정적인 영향을 미치고 역기능적인 사고와 행동을 유발시킨다. 이러한 왜곡은 부적응적 사고를 불러오며, 개인의 인생에서 발생하는 많은 경험을 해결해 나가는 긍정적인 사고에 지장을 주며 내적 조화의 불균형으로 부적절한 정서적, 인지적 반작용이 발생한다고 했다.

이상과 같이 개인의 정보처리과정의 오류로 인한 자동적 사고는 우울증과 깊은 관련이 있다고 하였다. 백은 이것을 문제의 핵심으로 생각하고 인지치료를 구체적이고 체계적인 방식으로 정리하여 실제 사례에 적용하였다.

다) 인지치료의 치료적 기법

(1) 인지적 기법의 적용

왜곡된 상황을 스스로 인식 할 수 있도록 검토하고 스스로 결론을 지을 수 있도록 도와준다. 상담사들은 내담자의 중요한 상황적인 측면을 무시하는 방식, 한 번의 우연한 실패를 일반화하는 방식, 너무 단순화되고 경직된 사고를 하는 방식에 대해 알 수 있도록 돕는다.

(2) 우울증의 심리상담 치료

우울증의 인지적 3요소는 첫째, 자신에 대한 잘못된 부정 관념이다. 둘째, 부정

미술치료의 이론과 실제

적 상황의 환경에서 자기의 경험을 해석하는 것이다. 셋째, 부정적인 미래 관념이다. 벡은 쉬운 과제를 수행하도록 하여 성공과 자존감을 체험하게 하였고 산파술(주석달기)을 통하여 내담자의 문제에 초점과 원인을 맞추어 면밀히 접근하였고 이로 인해 벡의 우울 평정척도(BDI)는 표준화된 도구로 고안되고 발전했다. 우울한 내담자들은 자기비판적이며, 자기비하적이다. 또한 자살욕구를 숨기며 고통스런 감정을 느끼고 경험한다. 그리고 외부요인으로 인한 정서적 감정의 변화를 빈번히 경험하며 과대하게 확장해서 인지한다. 이러한 내담자들을 치료할 때는 간단한 부분부터 치료계획에 포함하고 순서를 정해서 목록을 작성해 둔다. 치료과정에서 내담자의 현실적인 상황을 직접 직면시키기도 하고, 토론을 통해서 문제의 해결을 찾아가기도 한다.

(3) 가족 치료에의 적용

인지행동치료 접근은 가족의 긍정적인 상호작용을 강조하며 인지, 행동, 정서, 가족관계는 서로 영향을 주며 상호작용 한다. 프랭크다틸리오의 가족에 대한 기본적인 두 가지 분리된 도식은 최초 부모가족과 관련된 도식 즉, 원가족과 관련된 도식이며, 다른 하나는 일반적인 가족의 도식으로 가족의 삶은 어떠어떠해야 한다는 도식이다. 이러한 도식들은 서로 다른 개개인이 가족체제에서 느끼고 생각하는 행동양식에 큰 영향을 주는 것이다.

3 _____ 인지행동치료적 접근에 의한 미술치료

1) 상담의 목표

온전한 이해와 표현 가능한 심상 안에서 창의적 표현은 변화와 승화를 촉진하는 깊고 지속적인 효과가 가능하나 진행의 구조화에 어려움이 있다. 내담자의 인지적 작업 검토, 그 사람의 가치체계, 생각의 왜곡 부분의 변화를 모색할 수 있는 강력한 치료 효과를 위한 방법이 필요하다. 심상을 다룬다는 것은 상상과 공상 속에서 현실의 조화를 편입할 수 있는 능력을 기반으로 하는 것이다. 심리치료에 있어서 단기간에 긍정적 효과를 본다는 것은 쉬운 일이 아니다. 그러나 미술치료의 기법을 인지, 행동, 정서에 맞게 개발한다면 단기간에 치료효과를 거둘 수 있을 것이다.

2) 미술치료 기법

가) 듣고 그리기

사람은 각자가 경험하고 생활해 온 환경이 다양하다. 단지 들려오는 이야기를 듣고 같은 그림을 표현한다는 것은 무척 부담스러울 수 있는 상황이 된다. 설명을 하는 사람과 설명을 듣고 그림을 그려야 하는 사람들은 잘 표현해야 한다는 불안과 두려움을 가지게 된다. 이것은 아주 간단한 과정을 거치게 되는 미술치료의 장면이지만 그 안에는 우리가 일반적으로 사람들과의 관계에서 대화하는 자신의 모습을 발견할 수 있으며, 서로의 입장에 대한 이해를 충분히 가질 수 있는 부분이기도 하다. 다양한 반응들이 일어나겠지만, 여기에서 각자가 올리는 표현을 보면 그 사람의 성향이나 신념을 충분히 발견할 수 있는 시간이 될 수도 있다. 자신만의 경험이나 생각이 모든 사람들과 똑같을 것이라는 일반적인 오류를 찾을 수 있는 실제 기법이다.

미술치료의 이론과 실제

나) 내가 살고 싶은 나라 만들기

서로가 함께 같은 공간을 나누어서 각자가 원하는 나라를 만들어보고, 그것에 대한 의미들을 나눌 때 자신의 신념이 쉽게 노출될 수 있다. 전체를 바라볼 수 있는 시선이 있는 집단 구성원이 있는가 하면, 자신의 영역이나 역할에 대해서 지나치게 집중하거나 집착하는 형태를 보일 수 도 있으며, 상대의 모습을 보면서 쉽게 포기하거나 좌절하는 모습을 나타낼 수도 있다. 이렇게 집단 활동을 통해서 타인에 대한 이해를 높여갈 수 있으며, 자신의 모습을 볼 수 있는 기회가 될 수 있다.

9강

미술치료사의
자질과 역할

1 _____미술치료사의 자질

　미술치료에 대한 관심을 갖고 참여하고자 하는 사람들에게 먼저 강조하는 것은 자신에 대한 이해이며, 지금까지 스스로에 대해 알고 있다고 자부하는 것 이상의 깊은 자각을 할 수 있는가이다. 이는 매우 의미가 커서 자기교육 분석을 강조하거나 집단상담, 집단미술치료에 참여를 권하게 된다. 자신에 대해 이야기해 보라고 하면 대다수의 사람들은 아주 형식적인 이야기들로 자신을 대변하거나 주춤거리면서 무엇을 이야기해야 할지 몰라 하며 자신의 치부가 드러나는 것에 대하여 몹시 두려워하게 된다(김정숙 외, 2004). 대부분의 상담사는 내담자를 도와주는 입장과 이끌어 가는 입장과의 사이에서 후자를 선택하게 되는데 이것은 훌륭한 지도자와 같은 모습이다. 그러나 상담사는 지도자가 아니라 동반자가 되어야 하며, 훌륭한 동반자는 치료적 성과에 앞서 내담자를 생각하게 된다. 이러한 동반자적 상담사가 되기 위해서는 감정을 다루는 자기이해의 노력을 해야 하는데 이것은 자기-인식(self-awareness)의 과정이 수반되어야 하는 것이다. 상담사는 끊임없는 노력으로 스스로의 자질을 평생 동안 가꾸어가야 하며, 나를 이해하고 알아가는 힘, 그 중요한 과제와 사명을 우리는 게을리하지 말아야 할 것이다.

미술치료의 이론과 실제

1) 인성적 자질

가) 상담사 자신에 대한 평가와 이해 능력이 있어야 한다.

상담사는 성실성, 겸손함, 온화함, 고요함, 안정감, 인내심, 진심을 다한 열정과 행동 그리고 자신의 가치관과의 관련성, 미술치료에 대한 느낌, 특정 대상과 이론을 선택할 이유와 동기가 있다. 이러한 성품은 자기 치유의 토대에서 시작하게 되며, 내담자가 신뢰성을 가지고 스스로 가기개방을 할 수 있는 초석을 마련해 주는 계기가 된다.

나) 자기 스스로를 존중해야 한다.

상담사의 자기수용과 존중은 타인을 신뢰하며 올바르게 존중하고 수용할 수 있는 상담치료의 기초를 이룬다. 스스로에 대한 존중은 사람에 대한 존중으로 나아가 자연스럽게 내담자에 대한 존중으로 가게 된다.

다) 자율성이 있어야 한다.

자율성이라는 능력은 상담과정을 성공의 방향으로 이끌어가는 힘이 된다. 진정한 상담에서의 자율성은 치료의 현장에서 상담사가 자신의 의지대로 내담자를 이끌어가는 모습이 아니면서도 위기의 상황에 흔들림이 없는 능력이다. 내담자의 상황에 따라 휘말리는 것이 아니라 객관적이고 이성적 틀에서 내담자를 바라볼 수 있는 힘을 말한다.

라) 공감능력이 있어야 한다.

공감의 능력은 상담사가 자기 자신의 감정과 분노, 무력감, 두려움 등을 경험하고 스스로 인지하고 치유 받는 경험을 함으로써 이루어질 수 있는 것이다. 단순한 지식적 공감을 의미하는 것이 아니라 내담자의 마음 깊이 내재된 감정에 대한 공감을 의미한다.

마) 선입견과 편견을 가지지 않는다.

선입견과 편견은 치료에 있어서 전개와 결과를 혼란스럽고 모호하게 하는 걸림돌

이다. 선입견과 편견에 빠지지 않는 방법은 개방적이고 효율적이며, 또한 자신의
가치관을 초월하여 타인의 행동과 생각을 수용하는 능력이 필요하다.

바) 유머감각이 있어야 한다.

내담자의 심신을 이완시켜줄 수 있는 중요한 요소이기도 한 유머감각은 진정한
치료적 의미로써 활용되는 힘이 있다.

사) 인내하는 자세가 있어야 한다.

어려움을 극복할 수 있는 힘과 자기 자신에 대한 확신이 있어야 하며, 무엇보다
미술치료에 대한 확신이 있어야 한다. 이것은 내담자에 대한 인내를 요구하기도
한다. 내담자의 다양성과 문화적 특성에 대한 이해를 충분히 할 수 있어야 하며,
치료의 과정을 충분히 인내할 수 있어야 한다.

아) 용기 있는 태도가 있어야 한다.

외부의 부정적인 평가를 극복하는 나만의 능력이 있어야 한다. 자신의 미술치료
적 신념과 직관에 대한 믿음이 필요하며 치료의 현장에서 실패에 대하여 스스로
책임질 수 있는 용기가 필요하다. 내담자의 치료적 효과를 위해서 슈퍼비전을 받
을 수 있어야 하며, 자신의 진단적 착오와 치료적 과정의 실패를 통찰할 수 있는
힘이 필요하다.

자) 창조적이고 융통성 있는 태도가 있어야 한다.

미술치료의 독특성에 대한 이해와 새로운 재료와 치료적 접근 방법에 도전할 수
있는 태도와 개방적인 자세가 필요하다. 익숙한 환경과 도구들에 사용방법이 획
일화된 것이 아니라 무한 변형을 열어 두어야 한다.

차) 내담자와 교류를 할 수 있어야 한다.

상담사는 내담자와 정서적 소통 능력이 있어야 한다. 사람에 대한 기본적인 신뢰
의 바탕 위에서 내담자의 감정을 충분히 공감해 주고, 내담자의 입장에서 대화할
수 있는 능력을 발달시켜야 한다. 초기에 내담자로 하여금 안전한 환경에서 자연

스럽게 자신의 이야기를 할 수 있도록 정서적으로 안정된 분위기를 조성하며, 내담자의 감정을 이해하고 수용할 수 있어야 한다.

카) 비밀보장의 책임

상담 상황에서 알게 되는 모든 일들은 비밀보장의 책임이 기본이다. 내담자의 개인적인 문제는 절대로 유출하지 않는 인간적인 책임감을 가져야 한다. 이것은 상담사의 윤리와 자질에 아주 중요하면서도 기초적인 항목이다.

2) 전문적 자질

가) 의료적 질병에 대한 지식이 있어야 한다.

미술치료사는 질병에 대한 이해가 기본적으로 있어야 한다. 또한 전체로서의 인간에 대한 이해를 바탕으로 의료 서비스를 활용할 수 있는 방법적인 부분에 대한 안내를 할 수 있어야 하며, 치료적 효과성을 위해 의료팀과의 의사소통이 가능해야 한다. 내담자의 욕구나 환경에 따른 치료 프로그램의 제안을 할 수 있어야 하며, 내담자의 권리가 포함된 치료 계획을 세울 수 있는 능력이 있어야 한다. 내담자의 상황에 따른 재활적 개입을 할 수 있어야 하는데, 기본적으로 질병의 기본적 개념과 이론을 알기 위해 정신의학적 지식과 인간의 이해를 돕기 위한 심리학, 철학, 사회학, 교육학 등의 인문학적 지식이 필요하다.

나) 정신의학적 질병과 이상심리에 관한 지식이 있어야 한다.

정신의학과 이상심리 이론에 대한 이해가 반드시 필요하며, 진단과 평가에 대한 지식과 활용할 수 있는 능력이 있어야 한다. 미술표현의 역동심리와 사회학적 관련성을 이해할 수 있어야 하며, 미술치료의 다양한 이론적 관점이나 평가 및 진단의 안목이 필요하다.

다) 특수교육의 이해와 접근 능력이 있어야 한다.

특수 대상에 대한 전반적인 이해를 통한 치료와 교육적 계획 능력이 필요하다. 매체를 이용하여 내담자들에게 적용할 수 있는 치료적 목적과 미술활동에 대한 이해와 해석능력이 반드시 필요하다. 또한 발달 단계에 따른 그림표상의 특징을 근거로 색과 형태에 대한 상징적 의미들을 이해할 수 있어야 하며, 다양한 미술매체의 이해와 내담자의 신체적, 인지정서적 발달 상황에 맞는 활용 능력이 필요하다.

라) 재활의학과 관련된 지식이 있어야 한다.

의료적 재활지식과 개별적 평가에 의한 통합접근, 심리적 재활지식과 개별적 평가에 의한 통합접근, 교육적 재활지식과 개별적 평가에 의한 통합접근, 사회적 재활지식과 개별적 평가에 의한 통합접근, 작업적 재활지식과 개별적 평가에 의한 통합접근을 할 수 있어야 한다. 상담사는 내담자의 욕구를 정확하게 인식할 수 있는 능력이 중요하다.

마) 신뢰와 수용, 개방적인 자세가 있어야 한다.

중립적인 치료사의 자세가 무척 중요하며, 심리적 공간으로서 경험을 허용할 수 있어야 한다. 개인의 가치와 독특성에 대한 인정과 창작과정의 전문적 관찰과 개입이 필요하며, 상호우호적인 대화와 관계의 훈련이 필요하다.

바) 심리학적인 작품이해 능력이 있어야 한다.

개인의 전반적인 삶을 토대로 한 상징 이해와 작품과정의 심리적 반응을 잘 살필 수 있어야 한다. 정신역동 이론에 근거한 미술작품에 대한 이해와 해석이 필요하며, 각 내담자 개인에 대한 이해가 동반되어야 한다. 미술치료를 위한 실습으로 자기 경험과 실습에 대한 슈퍼비전을 받아야 한다(김정숙 외, 2009).

사) 미술과 치료의 통합적 이해와 훈련이 되어 있어야 한다.

치료 공간의 설정 능력과, 자유로운 표현을 유도하거나 유지하도록 할 수 있어야 한다. 또한 예술적으로 작업할 수 있는 능력과 내담자의 작품을 읽고 해석할 수 있어야 한다.

아) 치료 계획과 평가, 기록, 자원 활용을 할 수 있어야 한다.

개별성의 원칙에 따른 치료계획을 세울 수 있어야 하며, 발달적 근거에 의한 평가를 할 수 있으며, 문서화할 수 있는 능력이 있어야 한다. 내담자의 사적 비밀보장에 근거한 기록을 남겨야 하며, 인적 자원과 물적 자원 활용 능력이 발달되어야 한다. 치료에 대한 법적, 윤리적, 책임을 지켜야 한다. 사후 개입의 계획과 평가 이해 및 치료의 지속성, 문제의 재발을 예방할 수 있는 프로그램에 대한 활용 능력이 있어야 한다.

2 _____미술치료사의 역할

　미술치료사는 미술재료의 사용이 능숙하고 자유로워야 하며 내담자가 흥미를 가지고 미술치료과정에 몰입하도록 돕는 자이다. 내담자에게 흥미를 유발하지 못하는 미술치료활동은 지루하여 호기심을 이끌어낼 수 없기 때문에 미술치료사는 내담자의 발달적 수준에 맞는 미술치료 계획을 구상할 수 있는 전문성을 가지고 있어야 한다. 미술치료사는 내담자의 감정을 이해하고 수용해줄 수 있는 정서적 지지자가 되어야 하며 동시에 기술적 보조자의 역할도 해야 한다.

　미술작품을 통하여 내담자의 감정을 읽고 긍정적으로 공감하는 것은 매우 중요하다. 내담자가 표출하는 모든 감정과 행동을 있는 그대로 수용하며 받아주는 정서적 지지는 내담자를 있는 그대로 수용할 준비가 되어야 가능하다. 예를 들어 아동 내담자를 대상으로 진행되는 미술치료시 아동의 그림에 표현된 표상의 시각적 부분을 언어적으로 바꾸어 표현하는 방법이다. 아동이 노란색 꽃을 그리면 "꽃이 노랑구나!"라고 언어적으로 말해 주는 것이다. 큰 집을 그리면 "엄청 큰 집이네!"라고 하는 것이다. 간혹 아동들은 이런 표상적인 표현을 칭찬과 혼동하기도 한다. "네가 제일 잘했다.", "네가 최고야!"와 같은 칭찬은 자칫 과정보다는 결과의 중요성을 인식하게 하기도 하는데 결과만을 중요하게 인식하게 되면 아동은 새로운 도전과 관심에 흥미를 잃고 계속 칭찬을 받고 싶은 목적만을 달성하기 위하여 자신의 내적인 감정과 정서에 대한 표현을 하지 않을 수도 있게 된다. 한마디로 칭찬받을 수 있는 과제만 몰두하게 되는 것이다. 미술치료사는 현재의 시점에서 새로운 도전을 할 수 있는 힘을 주는 것이 정서적 지지자로서의 책임이자 의무라고 할 수 있겠다.

　기술적 보조자의 역할은 미술재료를 자유롭게 사용하는 것에 있어서 기술적으로 내담자를 도와주어 좌절하거나 포기하지 않도록 하는 역할이다. 미술치료의 작업과정에

미술치료의 이론과 실제

서 능숙하고 숙련된 기술은 치료사와 내담자의 관계를 밀착시키는 데 중요한 기능을 한다. 내담자의 작품에서 기술적인 기능의 부족이나 호기심, 혹은 관심의 부족으로 작품의 치료적 효과성이 떨어지기도 한다. 기술적 능력의 부족과 습관적인 의존성의 역동 가운데 내담자의 상태가 어느 쪽인지의 관찰과 평가도 해야 한다. 의존적인 성향이 강하다면 스스로 할 수 있는 쉬운 과제를 부여하며 성공의 과정과 결과를 성취하게 해야 한다. 반면 기술적 능력의 부족이라면 능동적이며 적극적인 상담사의 태도가 요구된다. 그리고 도움을 주는 방법과 상황도 중요하고, 도움을 거부할 권리와 기회를 주는 것도 중요하다. 도움을 거부할 때에는 상담사는 어떠한 경우라도 내담자을 기다려 주어야 한다.

1) 가능케 하는 자로서의 역할

설정된 목표를 내담자가 스스로 성취하도록 격려하고 촉진하는 역할을 한다. 이끌어가는 역할이 아니라 함께 이루어가는 조력자의 역할이다.

2) 자문가로서의 역할

전문가 간의 문제 해결 및 기관으로부터의 자문을 의뢰받은 경우에 속한다. 치료사의 전문적 지식과 경험으로부터 나올 수 있는 역할이며 자질이다.

3) 공동협력자로서의 역할

문제 해결을 위한 정보 교환 및 자문가 역할과 유사(협조)한 필수적인 기능을 가진다. 치료의 상황을 벗어나서 사회복지의 차원에서도 요구되는 치료자의 역할이다.

4) 교사로서의 역할

일반 교사와 차별화된 역할이다. 제공된 서비스에 대한 선택의 자유를 보장해주며, 문제 상황 극복을 위한 대안을 제시할 수 있으며, 내담자의 부적응 행동에 대한 수정이나 교육적 차원에서 지속적인 자원 활용의 정보나 지식, 기술 등을 제공한다. 특수교육 대상자들에게는 미술의 교육적 측면을 지도하게 될 수도 있다.

5) 조정자로서의 역할

개인과 환경 모두에게 필요하고 동등한 도움을 제공한다.

6) 옹호자로서의 역할

조정자 역할과 유사(갈등해결)하다. 개인을 대신하여 문제를 해결해주거나, 취약한 환경에 노출된 대상의 대변인 역할을 한다.

7) 관리자로서의 역할

치료를 위한 협력 관계를 유지하며, 전문가 간의 구조화와 관리관계에서 공동 협력자 역할을 포함한다.

8) 중개자로서의 역할

내담자와 자원을 연결시켜 주며, 개인의 능력에 적절한 자원을 연계한다.

미술치료의 이론과 실제

3 ＿＿＿＿집단 미술치료에서의 치료사 역할

미술치료는 내담자의 발달 역량과 현재 직면하고 있는 문제 상황에 따라 개인상담과 집단상담으로 나누어 진행할 수 있다. 개인미술치료에서 치료사의 역할은 앞에서 충분히 설명되었으며, 집단 미술치료에서 치료사의 역할은 다음과 같이 설명할 수 있다.

1) 전문적인 역할

가) 구체적인 역할을 한다

내담자 개인의 자아를 후원하며, 상담사와 동일시에 대한 지원을 하며, 긍정적 자기 평가와 안정감 향상에 기여한다. 능력에 따른 집단의 참여 기회를 제공하며, 효과적인 의사소통의 향상과 유지 및 현실인식과 극복의 방법을 발전시킬 수 있으며, 구성원 각자의 잠재력을 실현시킬 수 있는 기회를 제공한다.

나) 전문적인 도움을 제공한다

집단 구성원 전체의 과제를 다루며, 집단 구성원들의 변화를 인도한다(개인, 가족, 집단, 환경, 제도 등). 치료자는 구성원과 사회적 지지자원 간의 매개자 역할을 통하여 구성원들의 문제해결에 도움을 제공한다.

다) 기본적인 태도와 능력을 가진다

인간에 대한 존중감을 가지며, 각 구성원의 개별성의 권리를 인정하여 수용하고, 인간 행동의 목적성을 이해한다. 개인과 집단이 허용되는 행동 범위의 한계를 두며, 개인의 자기 결정권을 충분히 안내할 수 있으며, 기관의 목적과 기능의 이해에 수용적 태도를 가진다.

2) 윤리 규준

윤리 규준은 집단갈등 상황에 지침을 제공하기 위하여 반드시 필요하다. 또한 치료사로부터 만일의 상황에 있어서 구성원들을 위험으로부터 보호하며, 전문직으로서의 기능과 상담의 목적 달성을 위해 필요하다. 이것은 치료사의 전문성의 원리에 해당한다. 구성원 개개인의 보호와 집단상담 밖에서의 대인관계와 관련된 부작용과 치료사가 집단 구성원을 임의로 조정할 가능성 및 구성원의 사적인 상담 내용에 대한 존중과 비밀 보장의 책임성에 대한 것이다. 또한 집단의 치료적 목표 달성에 따른 책임성의 문제와 집단치료사의 선택으로 구성원들이 안전하지 못한 미술 작업 방법의 문제나 치료 프로그램의 종결과 관련된 책임성에 대한 것이다. 새로운 구성원의 개입으로 인하여 발생되는 집단 향상성 문제나 치료프로그램의 공식적인 종결 이전에 떠나는 구성원의 문제에 대한 것을 다룬다. 구성원과 관련된 윤리 규준은 집단 미술프로그램에 있어 비자발적인 구성원, 침묵하는 구성원, 독점하는 구성원 등에 대한 잠재적인 동조와 압력에 대한 것이다.

미술치료의 이론과 실제

10강

투사적 검사의 이해

1 _____투사적 검사의 정의

"투사"란 용납할 수 없는 충동적 행위와 생각을 외부 세계의 대상에게 옮겨놓는 정신 과정이다. 이것은 방어적 과정으로서, 개인 자신의 흥미와 욕망들이 다른 사람에게 속한 것처럼 지각되거나 자신의 심리적 경험이 실제 현실인 것처럼 지각되는 현상을 말한다(서강훈, 2013). 프로이트가 방어기제 개념의 하나로 사용한 용어인 만큼 심리학에서 투사검사(projective test)란 내담자의 내면적 갈등과 정서상태를 애매한 검사 자극을 통해 표출이나 투영되게 함으로써 내담자의 내적인 심리상태를 파악할 수 있는 검사를 말한다(강봉규, 1999). 그리고 투사검사는 개인의 경험을 체계화하고 기술하는 독특한 방법에 따라 반응이 나타날 것이라는 가정 아래 실시된다(구진선, 2007). 일반적인 투사검사로는 그림검사가 대표적이다. 투사검사는 개인의 심리적 특성을 측정하기 위한 비구조적 검사를 제공한다. 투사검사는 개인들의 반응을 무제한으로 허용하며, 검사의 지시방법이 일반적으로 간단하다. 또한 검사과정에서 드러나는 자극은 모호하고 불분명한 특징이 있다.

미술치료의 이론과 실제

2 _____ 투사적 검사의 장단점

1) 투사적 검사의 장점

가) 반응의 독특성

투사적 검사의 반응은 일반적으로 면담과 행동의 관찰, 객관적 검사에서 나타나는 반응과는 다른 특별한 반응이 나타난다. 이러한 투사적 반응은 내담자의 경험을 통한 독특한 반응으로 내담자를 이해하고 치료하는 데 효과적으로 사용된다.

나) 방어의 어려움

검사 과정에서 내담자는 애매모호하고 불분명한 검사에 직면하여 논리적인 방어를 하기가 어렵다. 또한 객관적 설문지 검사와는 다른 불분명한 그림의 내용이 명확하지 않기 때문에 내담자가 자신의 논리적 반응을 검토하고 자신의 의도대로 반응하는 것이 어렵다.

다) 반응의 풍부함

검사의 과정이 자유롭고 검사내용이 방어적이지 않기 때문에 다양한 개인의 반응이 나타나며, 반응의 다양성은 내담자의 독특한 심리를 반영한다.

라) 무의식적 내용의 반응

검사의 자율성으로 무의식이 의식으로 표현되는 현상이 일어난다. 억압된 무의식이 전의식을 거쳐 의식으로 표현되는 자연스러운 과정을 경험한다.

2) 투사적 검사의 단점

가) 검사의 신뢰도

투사적 검사는 신뢰도 검증에서 전반적으로 부족하다는 연구결과들이 보고되었다. 그것은 검사의 특성상 환경이 중요하고 현재 기분이 중요한 변수로 작용하기 때문이다. 이런 이유로 재검사의 신뢰수준은 낮은 편이다.

나) 검사의 타당도

타당도 또한 신뢰도와 같은 이유로 검증이 빈약하고 부정적인 편이다. 임상을 근거로 자료를 수집하고 검사를 하기 때문이다. 그러나 최근 객관적 해석체계를 확립하여 신뢰도와 타당도를 높이는 연구가 활발히 진행되고 있다.

다) 반응에 대한 상황적 요인의 영향력

투사적 검사는 내담자의 현재상황과 환경에 영향을 받는다. 검사자의 성별과 나이 인종, 그리고 검사자의 태도와 사회적 선입견 등이 검사에 많은 영향을 미친다. 그렇기 때문에 한가지의 검사로 내담자를 진단 평가하는 것은 매우 위험한 일이라고 할 수 있겠다.

미술치료의 이론과 실제

3 _____ 투사적 검사의 종류

투사적 검사에는 로샤검사(Rorschach test)나 주제통각검사(Thematic Appercep-tion Test)와 같이 주어진 도판을 이용하여 내담자의 무의식과 의식의 심리적 상황을 분석할 수도 있고, 직접 그림을 그려서 내담자의 현재 상황과 심리적 갈등, 성격 특성들을 이해할 수 있는 그림검사로 나누어진다.

상담현장에서 사용하는 투사적 검사의 종류로는 로샤잉크반점검사, 주제통각검사, 어린이주제통각검사, 그림좌절검사, 문장완성검사, HTP검사, 동적 집-나무-사람검사, 동적가족화, 동그라미중심가족화, 물고기가족화, 풍경구성법 검사 등이 있다.

1) 로샤잉크반점검사(Rorschach inkblotTest)

○ 헤르만 로샤(Hermann Rorschach, 1884~1922)

초기 인기 있었던 투사적 기법의 하나로 스위스 정신의학자 헤르만 로샤가 개발했다. 1921년에 그는 「형태지각에 관한 실험연구」라는 논문을 발표하였는데, 이 연구에서 그는 10개의 좌우 대칭을 이루는 잉크반점그림의 카드를 정신병원 환자들에게 제시하여, 그들이 보이는 반응결과가 집단마다 다르다는 것을 발견했다. 로샤검사는 유채색과 무채색으로 된 그림카드가 각각 5장씩 있어서 총 10장으로 이루어져 있고 데칼코마니 기법을 활용했다. 로샤검사는 인지적 측면과 지적 측면에서 환자의 지적상태와 그 기능을 평가하고 접근방법과 관찰력, 사고의 독창성과 생산성 및 흥미의 폭을 볼 수 있다. 또한 정서적 측면으로는 일반적 정서상태인지, 자신에 대한 감정은 어떤 상태인지, 타인에 대한 반응성은 어떻게 나타나는지, 정서적 긴장에 대한 반응은 어떤지, 정서적 충동의 통제는 어느 수준으로 이루어지는지를 볼 수 있다.

가) 검사의 목적

로샤 검사는 임상 실제에서 널리 사용되는 투사검사이다. 개인 성격의 여러 차원, 이를테면 인지, 정서, 자기상, 대인관계 등에 대한 종합적이고 다각적인 정보를 제공하여 수검자 자신의 경험을 조직화하는 방식을 평가하고, 경험에 부여하는 개인적 의미를 분석하는 것에 목적을 두고 있다.

나) 구성

10장의 그림카드로 구성되었다. 3장은 컬러이며, 2장은 컬러와 흑백으로 섞여 있고 5장은 흑백으로 구성되었다.

■ 로샤 잉크반점카드

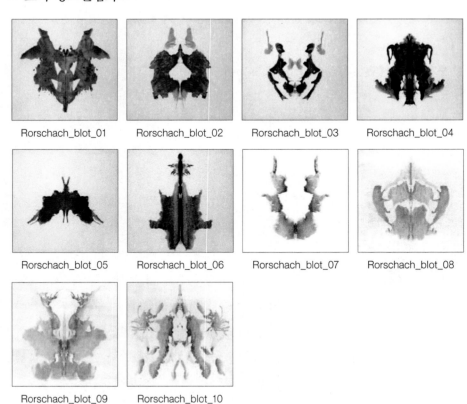

Rorschach_blot_01   Rorschach_blot_02   Rorschach_blot_03   Rorschach_blot_04

Rorschach_blot_05   Rorschach_blot_06   Rorschach_blot_07   Rorschach_blot_08

Rorschach_blot_09   Rorschach_blot_10

미술치료의 이론과 실제

2) 주제통각검사 (TAT: Thematic Apperception Test)

헨리 머레이
(Henry Alexander Murray, 1893~1988)

크리스티나모건
(Christiana D. Morgan, 1897~1967)

주제통각검사는 하버드대학 심리연구소의 헨리 머레이(1943)가 만들었는데 그는 프로이트의 정신분석학을 기초로 개인이 지니고 있는 성격의 특성들을 설명하고자 했다. 카드는 흑백으로 된 30장의 그림 카드와 한 장의 백지 카드로 총 31장으로 구성되어 있으며, 뒷면에는 카드의 번호와 사용하기에 적합한 유형의 분류기호가 적혀있다. 검사의 실시는 인물들이 등장하는 모호한 내용의 그림 카드를 제시하고 그에 대한 이야기를 상상하여 꾸며 보도록 하는 방법을 사용한다.

가) 검사의 목적

내담자의 일상적인 생활 안에서 발생하는 갈등, 선입관, 세상에 대한 편견 방어기제 등을 알아내어 기본적인 심리상태를 파악하는 데 있다.

나) 구성

흑백으로 인쇄된 30장의 그림카드와 한 장의 백지카드로 되어 있으며, 그림에는 인물이나 풍경도 있으나 사람의 표정, 자세, 동작 또는 경치의 윤곽은 매우 애매하거나 상징적인 그림으로 구성이 되어 있다.

각 카드 뒷면의 위에는 소년용(B), 소녀용(G), 성인남성용(M, 14세 이상), 성인여성용(F, 14세 이상), 성인남성과 소년(BM), 성인여성과 소녀(GF), 성인남성과 여성(MF) 쓰여 있어 피검사의 상황에 맞추어서 사용할 수 있다. 일반적으로 내담자에게 가장 유용하게 사용되는 도판은 아래의 구성과 같다.

전체적으로 중요(8매) : 1, 2, 3BM, 4, 6BM, 7BM, 8BM, 13B

성인용(11매) : 1, 2, 3BM, 4, 6BM, 7BM, 8BM, 10, 12M, 13MF, 18GF

아동청소년용(13매) : 1, 2, 3BM, 4, 6BM, 7BM, 7GF, 8BM, 10,12M, 13MF, 18GF

3) CAT (Children Apperception Test)

아동용 주제통각검사는 벨락(Bellak(1949))이 3~10세의 아동들에게 사용하기 위해 만든 투사검사로 총 18장의 카드로 구성되어 있다. 10세 이전의 아동들에게 친숙하게 다가갈 수 있는 동물들로 표현된 카드이다. 아동이 10세가 넘으면 TAT(주제통각검사)를 사용한다.

로샤검사는 기본적인 성격구조의 정보를 알 수 있고 CAT는 사회적 상호작용, 대인관계, 동일시 등의 아동의 구체적인 상황에 대한 정보를 얻을 수 있다. 벨락은 과거의 경험과 지각의 기억, 그리고 그 흔적이 현재의 지각에 영향을 미친다고 하였으며, 이것

미술치료의 이론과 실제

을 투사 과정의 "통각적 왜곡"이라고 하였다. 통각(apperception)이란 지각에 대한 해석이다. 순수한 인지적 지각은 이상적 가설이고 모든 사람들은 자기가 경험한 지각을 통각을 통해 해석한다. 예를 들면 아동이 겪은 구강기나 항문기 시절의 욕구의 박탈과 불충족의 경험은 아동에 따라 통각의 크기가 다르게 지각되어 현재 지각에 중요한 의미로 반영되거나 아니면 사소하게 반영되어 나타난다는 것이다.

4) 그림-좌절검사(Picture-Frustration Test)

○ **사울 로젠베이그**(Saul Rosenzweig, 1907~2004)

 로젠베이그의 그림-좌절검사(Picture-Frustration Test)는 곤란한 상황으로 좌절을 겪은 인물의 반응특성을 내담자로 하여금 상상하게 하는 그림으로 구성되어 있다.

욕구에 대한 좌절을 평가하기 위해 1945년에 그가 개발한 검사로, 우리나라에서는 1972년에 김태련이 표준화하였다. 대상은 아동부터 성인까지로 모두에게 사용할 수 있다. 정식 이름은 "욕구 불만에 대한 제 반응을 측정하는 회화 연상검사"지만 간단하게 "그림-좌절검사" 또는 "P-F Test"로 불리고 있다. 욕구불만에 대한 반응을 측정해서 그들의 인격구조를 이해하는 것은 교육적으로나 혹은 임상적 진단에 대단히 의의가 있다는 데 이 검사의 중요성을 말할 수 있다.

이 검사는 풍자적인 그림으로 구성되어 있어서 검사를 받는다는 긴장감을 피험자에게 주지 않고도 실시할 수 있으며, 실시시간이 짧고 정리방법도 다른 투사법과 비교해 보면 간단하므로 집단을 대상으로 검사를 실시할 때는 무척 적절한 임상검사다. 이 효용성을 인정받아 세계 여러 나라에서 각기 자기 나라에 맞게 표준화하여 사용하고 있다. 이 검사는 로젠베이그의 좌절이론에 기초를 두고 있어, 전형적인 좌절장면을 설정하고 그 장면에 대한 피험자의 반응형을 측정하여 그것으로 피험자의 인격구조를 이해하고자 하였다. 준투사검사법으로 피험자는 구조화된 언어적·회화적 자극에 대해 반응하도록 되어 있다.

가) 검사의 목적

이 검사는 욕구좌절에 대한 피험자의 반응을 평가하는 데 목적이 있다. 욕구좌절이란 유기체가 욕구를 만족시키는 과정에서 어떤 장애나 방해물에 직면했을 때 나타나는 것으로 정의한다. 일반적으로 사람은 욕구가 좌절되었을 때 공격적 반응이 나타난다고 보고 있으며, 욕구좌절 검사는 욕구가 좌절되었을 때 나타나는 다양한 공격성을 세 가지(타인에 의한 벌, 자책, 무벌) 방향과 반응형태(장애우위형, 자아방어형, 욕구고집형)의 분석을 통해 개인의 성격이역동적으로 해석된다.

나) 구성

검사는 아동, 청소년, 성인용이 있으며, 욕구좌절 상황을 나타내는 24개의 재미있는 그림으로 구성되어 있다. 각 그림마다 두 사람이 등장하고 왼쪽 사람이 오른쪽 사람에게 좌절감을 자극하는 상황을 설명하거나 그런 상황을 유발하는 말을 하고 있다. 이러한 자극에 대해 피험자는 자신에게 제일 먼저 떠오르는 생각을 오른쪽 위의 빈 공간에 써넣어야 한다.

5) 문장완성검사(Sentence-Completion Test)

문장완성검사는 미완성된 문장을 제시하면 내담자가 자기 생각대로 완성하도록 하는 검사이다. 1879년 커텔(Cattell)은 골턴(Galton)의 자유연상 검사로부터 단어연상 검사를 발전시켰는데, 이를 크레펠린(Kraepelin)과 융(Jung)이 임상적 연구를 통해 토대를 구축하였고, 라라포트(Rapaport)와 그의 동료들에 의하여 성격진단을 위한 유용한 투사검사로 확립되게 되었다. 문장완성검사는 자유연상기법을 이용한 투사검사로 내담자는 자신의 대답이 어떤 의미인지 예상할 수 없기 때문에 진짜 자기 모습을 표현하게 된다.

제2차 세계대전 당시에는 군 생활 부적격자를 분별하기 위한 검사도구로서 사용되었다. 이후 문장완성검사는 심리검사의 중요한 수단으로 심리검사 풀배터리로 포함되었고, 연구의 다양한 목적을 위해서 그 목적에 알맞은 여러 종류의 문장완성검사를 제작하여 사용하였다. 그리고 현재 임상 현장에서는 죠셉 M. 샤크(Joseph M. Sacks)에 의해 개발된 SSCT(Sacks Sentence Completion Test)가 가장 널리 사용되고 있다. SSCT는 네 가지 대표적인 영역인 가족, 성, 대인관계, 자기개념을 알아보는 검사이다.

가족 영역은 어머니, 아버지 및 가족에 대한 태도를 측정한다. 어머니와 아버지 그리고 가족 전체에 대한 태도를 나타내도록 하는 문장으로 구성되어 있다.

　"내 생각에 가끔 아버지는 ＿＿＿＿＿＿＿＿＿＿＿＿＿＿＿＿＿＿＿"

　"다른 가정과 비교해서 우리 집안은 ＿＿＿＿＿＿＿＿＿＿＿＿＿＿＿"

　"나와 어머니는 ＿＿＿＿＿＿＿＿＿＿＿＿＿＿＿＿＿＿＿＿＿＿＿"

　"내가 어렸을 때 우리 가족은 ＿＿＿＿＿＿＿＿＿＿＿＿＿＿＿＿＿"

　내담자가 경계적이고 회피적인 경향이 있다 하더라도 네 개의 문항들 중 최소 한 개에서라도 유의미한 정보가 드러나게 된다.

　성적 영역은 이성 관계에 대한 태도를 포함하고 있다. 이 영역의 문항들은 사회적인 개인으로서의 여성과 남성, 결혼, 성적 관계에 대하여 자신을 나타내도록 한다.

　"내 생각에 여자들은＿＿＿＿＿＿＿＿＿＿＿＿＿＿＿＿＿＿＿＿"

　"내가 성교를 했다면 ＿＿＿＿＿＿＿＿＿＿＿＿＿＿＿＿＿＿＿＿"

　등이 이 영역의 전형적인 문항들이다.

　대인관계 영역은 친구와 지인, 권위자에 대한 태도를 포함한다. 이 영역의 문항들은 가족 외의 사람들에 대한 감정이나 자신에 대해 타인이 어떻게 느끼는지에 관한 내담자의 생각들을 표현하게 한다.

　"내가 없을 때 친구들은＿＿＿＿＿＿＿＿＿＿＿＿＿＿＿＿＿＿＿"

　"윗사람이 오는 것을 보면 나는＿＿＿＿＿＿＿＿＿＿＿＿＿＿＿＿"

　등이 이 영역의 예이다.

　자기개념 영역은 자신의 능력, 과거, 미래, 두려움, 죄책감, 목표 등에 대한 태도를 포함한다. 이 영역에서 표현되는 태도들은 현재, 과거, 미래의 자기개념과 그가 바라는 미래의 자기상과 실제로 자기가 될 것 같다고 생각하는 모습에 대한 정보를 제공해 준다. 이 영역의 문항들로는

　"무슨 일을 해서라도 잊고 싶은 것은＿＿＿＿＿＿＿＿＿＿＿＿＿＿"

　"내가 저지른 가장 큰 잘못은＿＿＿＿＿＿＿＿＿＿＿＿＿＿＿＿＿"

　"내가 믿고 있는 내 능력은 ＿＿＿＿＿＿＿＿＿＿＿＿＿＿＿＿＿"

　"내가 어렸을 때는＿＿＿＿＿＿＿＿＿＿＿＿＿＿＿＿＿＿＿＿＿"

"언젠가 나는_____"

"나의 평생 가장 하고 싶은 일은_____"

등이 있다(최정윤, 2010).

6) 투사적 그림검사

투사적 그림검사는 다양한 진단적 기능을 가지고 있다. 위에서 설명하였던 투사적 검사보다는 좀 더 내담자의 능동적 참여를 통하여 진단하는 검사라고 볼 수 있겠다. 먼저 가족의 역동성을 알아보기 위한 물고기 가족화 검사가 있으며, 동적 가족화(KFD: Kinetic Family Drawing), 동그라미중심 가족화가 있다. 개인적 심리탐색을 위한 투사적 그림검사는 대표적으로 HTP(House-Tree-Person)검사가 있으며, 이 HTP검사를 한꺼번에 그리는 KHTP검사가 있으며, 한 가지만 그리는 인물화 검사(DAP: Drawing A Person)와 나무그림검사가 있다.

아동들의 학교생활을 알아보기 위한 동적 학교화(KSD: Kinetic School Drawing)검사가 있으며, 스트레스를 알아보기 위한 빗속의 사람그리기(Draw-A-Person-in-The-Rain)가 있다.

진단의 도구뿐 아니라 치료적 과정에서도 활용될 수 있는 풍경구성법(LMT: Landscape Montage Technique)검사가 있으며, 발테그에 의해 개발된 발테그(Wartegg) 묘화검사, 독일 심리학자에 의해 개발된 별·파도 그림 검사(Star-Wave Test)가 있다.

4 _____ 투사적 그림검사의 이해

1) 집-나무-사람 검사(HTP: House-Tree-Person Test)

HTP검사는 벅(Buck, 1948)이 개발한 투사검사의 하나이다. HTP검사는 당시 벅이 지능검사의 보조 수단으로 개발하였다가 후에 심리특성을 이해하는 검사로 발전하였으며, 햄머(Hammer, 1958)에 의해 분석요인이 다양해지면서 성인 환자들의 성격과 성숙도를 알 수 있는 검사로까지 발달되었다. HTP검사는 실시방법이 복잡하지 않고 특별한 검사도구가 필요하지 않기 때문에 상담 현장이나 교육 현장에서 많이 사용되고 있다. 햄머는 그림의 순서를 중요시하였는데 정신질환자의 경우 그림검사에서 하나를 완성하고 다음 그림으로 넘어갈 때 정서적 반응을 나타내고 장애를 보인다고 주장하였다. HTP검사는 그림을 그리는 순서를 통해 내담자의 심리적인 내적 갈등과 방어를 알아볼 수 있다. 집, 나무, 사람 그림을 하나의 표상으로 보고 다른 그림과 비교하고, 각각의 그림 중에서 그림을 그리는 순서를 보고 분석하기도 하는데 집 그림에서 나무 그림, 그리고 사람 그림을 그릴 때 불안감의 징후가 나타난다면 이는 대인관계 영역에서의 어려움, 갈등, 결핍 등과 관련된 성격적 문제가 있음을 나타낸 것이라고 할 수 있겠다.

그림의 해석은 전체적인 조화와 구조적인 요소의 의미 그리고 내용적인 분석을 통해 넓게 이뤄져야 한다. 따라서 해석방법은 3가지로 정의할 수 있다. 전체적인 조화를 바탕으로 한 인상주의적 해석과 구조적인 요소를 반영한 구조적 해석 그리고 내용적인 면을 반영한 표상적 해석이다.

첫째, 인상주의적인 해석은 내담자의 그림을 상담사가 주관적으로 판단하여 내담자의 특성을 해석하는 것이다. 예를 들면 상담사는 어떤 그림을 보고 좋다, 나쁘다, 슬프다, 무언가 공허해 보인다, 왠지 불안하고 무서운 느낌이다 등의 인상을 얻을 수 있는데 그림에 대한 전반적인 느낌에서 얻은 인상적 해석은 그림을 보고 금방 떠오를 수도 있고, 여러 번 반복적인 관찰을 통해서 서서히 떠오를 수도 있다. 그러나 내담자의 심

미술치료의 이론과 실제

리적 특성을 이러한 인상주의적 해석만 가지고 판단하는 것은 내담자의 상태를 정확히 이해하기에는 부족한 것이며, 내담자를 있는 그대로 정확히 분석하고 해석하기 위해서는 구조적인 해석과 표상 고유의 의미를 함께 해석해야 한다. 또한 임상에서의 경험상 직관적인 해석을 배제할 수는 없다. 인상주의적 해석은 일종의 직관이라고 할 수 있는데 이 직관은 개인의 주관이 개입되기 쉽다. 따라서 그림의 해석에서 조심해야 할 가장 중요한 부분이라고도 할 수 있겠다. 개인이 가지는 직관은 개인이 속한 사회의 집단무의식에 영향을 받기 때문에 주관적인 직관이 다수의 공감을 얻는 수 있는 것도 자연스러운 현상 중에 하나인 것이다. 다수로부터 공감을 얻는다고 해서 직관이 뛰어나다거나 훌륭하다거나 한 것은 아니므로 그림의 해석에서 직관적 해석은 항상 주의를 기울여야 할 것이다.

둘째, 구조적 해석은 크기, 위치, 방향 등의 구조적인 부분의 표현방법과 표상의 표현이 일치하는 정도를 비교하여 해석하는 것이다. 예를 들어 지나치게 큰 집 그림의 해석은 무계획적이고, 성공, 지위, 권력과 존경, 자신감과 공격성으로 해석한다. 또한 지나치게 큰 나무 그림은 무계획적, 통찰력 부족, 이탈, 회피, 적의, 자기 확대로 해석한다. 이것은 충동적이고 공격적인 성향의 사람은 일반적 현실에서 부정적인 환상과 만족을 추구하고, 무계획적이고 통찰력이 부족하다고 보는 것이다. 지나치게 큰 사람을 그린 그림의 경우 자신에 대한 우월의식과 부모의 강한 능력을 스스로의 능력으로 잘못 인지하였을 때 나타난다. 지나치게 머리를 크게 그리는 내담자는 우월의식이 있어 자아를 확대, 과장 해석하고 주장이 강하고 공격적이며 자기 과시를 위해 무리한 활동을 한다고 해석되기도 한다.

셋째, 내용적 해석이라고 할 수 있는 표상적 해석은 표현되는 표상의 고유한 의미와 표현 과정에서 투사되는 내면을 반영하여 해석하는 것이다. 나라마다 표상에 대한 관념이 조금씩 다르고, 사람마다 의미 부여를 달리하는 경향이 있어 해석 과정에서 많은 것을 고려하고 신중해야 할 부분이기도 하다. 투사검사에서 표상의 해석은 가장 중요한 작업으로 표상의 정확한 의미를 이해하고 해석한다면 상담현장에서 내담자의 상황에 대한 정확한 이해와 진단을 통하여 적절한 치료적 개입이 이루어질 수 있겠다.

가) HTP(House-Tree-Pearson)검사의 상징

H(집)는 상상, 자아, 현실접촉 등과 연관이 있으며, 가정생활과 가족 내 관계를 반영하여 가정 안에서 부모, 형제에 대한 태도나 관계에 대한 표현을 나나내고 있다.

T(나무)는 무의식적인 자아상을 나타낸다. 자아상은 오랜 시간의 경험으로 만들어져서 무의식에 안착하므로 치료 후에도 나무의 표상은 잘 변하지 않는 것이 일반적인 특징이다. 뿌리부터 가지까지를 그 사람의 인생 과정으로 볼 수 있는데 이 과정은 살아온 그 사람의 인생 역사를 그대로 보여주는 기능을 한다.

P(사람)는 자기 초상을 나타내는 자아상으로 신체적, 심리적인 자아를 그대로 표현할 것이다. 또는 내가 아닌 중요한 타인을 사람그림에서 표현한 그림은 애착 대상 즉, 부모나 배우자에 대한 지각정보를 알 수 있는 부분이다.

나) HTP검사 실시방법

4장의 백지를 준비하고 집, 나무, 사람의 순서대로 자유롭게 그림을 그리게 한다. 간혹 인물화에서 동성이 아닌 이성을 그리기도 하는데 인물화를 다 그린 후 다시 동성을 그리라고 말해준다. 각각 그림을 그리는 데 소요되는 시간은 10~20분 정도이며, 이 시간 동안 채색까지 이루어질 수 있다. 그림을 그리고 난 후 그림에 대한 설명을 반드시 들어야 하며, 이것은 해석에 중요한 비중을 차지하게 된다. 그림의 예술적 재능을 보는 것은 아니지만 최선을 다해서 집중하며 그림을 그릴 수 있도록 한다.

다) HTP 그림의 해석

(1) H(집) 그림의 해석

H(집) 그림 검사에서 내용적 측면의 해석 가운데 가장 두드러지게 나타나는 영역은 대인관계, 가족관계, 가족 내 역동성과 애착이다. 화지를 벗어날 정도나 꽉 채워서 그린 표상은 공격적이고 충동적이며, 반대로 화지 전체에서 지나치게 치우쳐져서 작게 나타난 표상은 위축되고 우울감을 표현하는 모습으로 성격적인 부분에 대해서 알아볼 수 있는 근거가 된다. 현관문과 창문의 크기나 위치, 생략의 여부는 대인관계에 대한 자신의 에너지가 긍정적인지 부정적인지를 설명해주

는 해석의 근거가 되며, 지붕과 벽면의 표현은 자신의 정서적인 건강함과 가정 내에서의 관계와 주 양육자와의 애착에 대한 관계를 볼 수 있는 표현이다. 또한 집 외에 구성물이 나타난 것은 자신이 집에 대해서 기본적으로 가지고 있는 정서적인 부분을 해석할 수 있는 근거가 되며, 집 그림에서 일반적으로 나타나지 않는 주변의 다양한 상징들이 나타났을 때 우리의 정서에서 보편적으로 이해되는 수준으로 해석을 하게 된다. 내담자의 발달단계보다 수준 이하의 그림의 표현들은 퇴행과 정서적 위축으로 또래관계에서 부적응적인 모습을 나타낼 가능성이 높으며, 외향적이나 내향적인 기질의 성향에 따라서 우울의 표상을 보이거나, 공격성이 높은 행동표상으로 나타나기도 한다.

(2) T(나무) 그림의 해석

T(나무) 그림 검사의 해석은 H(집) 그림의 구조적 해석의 기준과는 동일하게 한다. T(나무) 그림에서 보이는 진단적 특성은 자아존중감과 사회적 불안의 표상이라고 할 수 있다. 성격적 부분은 전체적 해석의 근거에서도 나타나며, 성장기의 아동들은 환경적 특성의 영향을 많이 받는다. 외향적인 아동들은 또래관계에서 호기심과 적극성을 가지고 주변을 받아들이며 탐색하는 부분이 발달하였기 때문에 자아존중감이 높게 나타날 가능성이 높으며 내향적인 아동들은 발달의 수준에 비해 사고와 행동의 반응이 더디게 나타날 수 있어 또래관계에서 수동적인 입장을 보일 가능성이 높다. T(나무) 그림에서 뿌리와 기둥과 수관의 형태가 어떻게 표현되어 있느냐에 따라서 현재 자신의 자아존중감과 사회적 관계를 알 수 있다.

(3) P(인물화)의 해석

P(인물화) 그림의 해석적 특징은 자아존중감과 대인관계에 대한 부분이다. 검사의 해석은 내용적 해석에서 얼굴의 구성물 유무와 표정에서 대인관계와 정서적인 부분에 대한 해석을 볼 수 있다. 특히 입안의 혀가 표현된 경우, 야뇨증을 가지고 있는 아동들에게서 나타나는 표상으로 상담현장에서도 자주 경험하는 사례이기도 하다. 기본적으로 외부와의 관계를 받아들이는 눈의 표현이 어떻게 나타났느냐에 따라서 대인관계에 대해서 회피적이거나 적극적인 것을 알 수 있으

며, 코는 자신의 정서적 부분에 대한 표현으로 볼 수 있다. 팔이나 손의 생략도 무기력하고, 의존적인 것으로 해석을 할 수 있으며, 다리는 힘과 자유의지에 대한 표상으로 억압이 있는 경우, 신발의 부정적 표현이나 절단된 다리의 표현을 임상 사례를 통해서 자주 접할 수 있다.

자아존중감이 높은 아동들은 정면의 전신상이 안정적으로 나타나는 반면 그렇지 못한 아동들에게서는 뒷모습이나 측면상, 또는 얼굴 구성물의 생략 등으로 대인 회피적 표상들이 종종 나타나는 것을 볼 수 있다. 인체상에 대한 왜곡된 표상은 양육자와의 관계에서 부정적 애착형성의 결과로 볼 수 있으며, 이것은 정서 불안과 우울감을 함께 동반한다는 것을 알 수 있다.

2) 동적 집-나무-사람 검사(Kinetic-House-Tree-Person Test)

동적 집-나무-사람(KHTP)그림은 한 장의 용지 위에 집, 나무, 사람을 함께 그리는 것이다. HTP를 전체적으로 볼 수 있으며 내담자의 성격을 더욱 역동적이며 효과적으로 파악할 수 있다. 내면의 세계를 반영해 준다. KHTP 검사는 번스(Burns)와 카프만(Kaufman, 1972)에 의해서 처음으로 설명되었다.

가) 실시방법

그림을 그리는 사람과 수평이 되도록 하여 종이를 제시하고, "집과 나무와 어떤 행동을 하고 있는 사람을 그려주세요."라고 제시한다. 사람은 만화나 막대모양으로 그리지 말고 인체상이 머리부터 발까지 모두 나오도록 그려달라고 한 번 더 언급해 준다.

그림을 그리는 동안 상담자는 내담자의 행동을 관찰하며, 그림을 그리는 순서를 체크하면서 지켜본다. 그림을 다 그리고 난 후에 다음과 같이 질문을 하고, 대답을 기록한다. "그림의 제목을 붙여 주세요", "누구의 집인가요?", "그림을 보면서 어떤 느낌이 드시나요?" 그 외에 집, 나무, 사람 그림검사의 질문을 참고로 하여 구체적 질문을 더 해볼 수 있다. 그림에 대한 질문이 모두 끝났으면 진단에 들어가게 되는데, 참고적으로 전체적인 구성의 내용과 인상, 일어난 일에 대해서 내담자가 느끼는 생각, 제시된 주제 외에 첨가된 부분이 있는지에 대한 여부와 각 그림들 간의 거리와 상호작용에 대해서 주의하여 평가한다.

나) KHTP에서 나타나는 양식들

전체적으로 밀착된 그림의 표상은 그린 사람의 생활 속에서 떼어낼 수 없는 중요한 사람과 공간의 반영이라고 할 수 있다. 이러한 반영은 분리불안에 의한 것으로 문제 상황에 직면했을 때 해결하지 못하여 만성적으로 불만족스럽고, 충족되지 않은 표상의 표현으로 해석될 수 있다.

(1) 밀착(두 개 이상의 그림)

밀착된 대상과의 공생관계에 있어서 이중적인 면이 있는 경우 나타나는 것으로 성장과정을 방해하는 요소로 작용한다.

(2) 밀착(세 개의 그림 모두)

두 개의 밀착된 그림의 표현보다 더 복잡한 부정적 관계의 표현으로 삶이 너무 복잡하고 걸리적거린다는 생각의 표현이다.

(3) 조감도

하늘에서 새가 내려다보는 것처럼 위에서 바라보듯이 그리는 그림이다. 가끔 평면도의 형식을 보이는 그림도 있다. 권위적이고 보수적인 성향의 그림으로 해석될 수 있다.

(4) 구분화

보통 싫은 사람은 멀리 그리는 경향이 있다. 싫고 무서우면 더 멀리 그리거나 혹은 안 그리거나 한다. 이때 무의식은 양가감정을 갖기도 하는데 그리자니 싫고 안 그리자니 죄스럽고 이런 양가감정이다. 그래서 아동은 그림을 그릴 때 자신과의 합의적 표현으로 구분화를 그린다. 선을 그어 자신과 구분하거나 공간에 가두어 구분을 짓는다. 발달과정에서 두정엽이 발달하기 전인 8세 미만의 아동들은 논리적인 사고의 부재로 직선을 사용하여 구분을 짓는다. 그러나 두정엽 발달시기의 아동들은 노골적인 직선의 표현은 당사자가 알아차릴 수도 있기에 교묘히 사물이나 공간을 이용하기도 한다. 구분화는 아동그림의 해석에서 중요한 진단기법이다.

(5) 가장자리

가장자리에 그려지는 그림들은 내적 자존감의 상실로 해석한다. 아동이 에너지가 약할 경우 아래로 처진 그림들을 그리곤 한다. 이런 아동들은 또래집단과의 관계에서도 부정적 정서를 보이는 경우가 많다.

(6) 포위

구분화에서도 나타나는 표상이다. 위협하는 개인들을 고립시키거나 제거할 때 나타나는 양식이다.

(7) 도화지에 잘려지는 대상

화지의 크기를 조절하지 못하여 그림을 다 못 그려서 잘려지게 나타나는 현상이다. 보통 나무그림의 수관이 잘려지고 사람그림의 다리가 잘려진다. 이것은 죄의식과 열등감이 있을 경우에도 나타나는데 현실지각과 조망이 잘되지 않아서 생기는 것이다. 힘의 욕구나 환상과 망상이 현실과 타협하지 못하고 게으르며, 성인의 경우는 현실적 조망능력의 부재로 볼 수 있다.

나) KHTP에서 그리는 순서

(1) 나무를 가장 먼저 그리는 경우

미래의 성장과 에너지를 중요하게 생각한다. 나무는 위로 자라는 식물이다. 그리고 나무는 오래 자라고 오래 산다. 이것은 성장에 대한 미래지향적인 의미이며 삶을 사는 사람들의 바램이다. 그림의 해석은 극과 극이 같다고 할 수 있다. 따라서 삶에 지치거나 포기하려는 사람들의 그림에서도 나무가 먼저 표현되기도 한다. 보다 신중하고 정확한 해석을 하기 위해서는 그리는 순서도 중요하기만 그림의 전체와 부분을 자세히 관찰해야 한다.

미술치료의 이론과 실제

(2) 집을 먼저 그린 경우

자신이 살아가는 세상에 소속되고자 하는 욕구로 생존을 위한 욕구, 신체욕구이다. 또한 사회에 소속되고자 하는 욕구의 상징으로 집은 화목한 공간, 혹은 성공에 대한 보상이다. 화목한 가정은 즐겁고 행복한 장소이다.

(3) 사람을 먼저 그린 경우

자신이 살아가는 세상에 대한 통제와 소속감을 나타내며, 신체를 드러내거나 혹은 숨긴다. 성공한 자신을 무의식적으로 표현한 것일 수 있으며, 한편으로 양육적인 사람의 표현일 수도 있다. 만일 타인을 묘사한다면 자신에게 의미 있는 존재로서 죽은 가족 구성원이거나, 사랑하는 사람, 또는 증오하는 사람이나 영웅 등의 표현으로 비현실적인 삶을 반영한다.

3) 동적 가족화(KFD: Kinetic Family Drawing)

가) 동적 가족화(KFD)의 이해

동적 가족화는 번즈(Burns)와 카우프만(Kaufman)에 의해 1970년에 발전되었다. 개개인의 표현들은 가족 구성원의 역동적 관계를 알아보기 위한 자료가 되며, 동적 가족화는 일반적인 가족화의 표현과는 다른 무의식으로 자유롭게 표현한 것이다. 그러므로 사회적 지위나 계급 혹은 연령순으로 표현하는 단점을 보완하고 가족 구성원의 감정과 태도 그리고 관계성을 투사하는 것이다.

나) 동적 가족화 실시방법

A4용지, 연필, 지우개, 채색도구를 준비한다. 화지는 내담자의 성향에 따라 크기를 조절할 수 있도록 준비하는 것이 좋다.

"당신을 포함해서 당신의 가족 모두에 대해서 무엇인가를 하고 있는 그림을 그려보세요. 만화나 막대기 같은 사람이 아니고 완전한 사람을 그려주십시오. 무엇이든지 어떤 행위를 하고 있는 그림을 그려야 합니다. 당신 자신도 그리는 것을 잊어서는 안 됩니다(Burns & Kaufman, 1970, 1972)."라고 제시하고 나머지 질문에서는 검사자가 무엇인가 암시하는 것과 같은 응답은 피하고, 비지시적이며 수용적인 태도를 취한다.

다) 그림 해석

동적 가족화는 인물상의 행위(actions), 상징(symbols), 역동성(dynamics), 양식(styles), 인물상의 특성(figure characteristics) 등 5개의 진단 영역으로 나누어진다. 특히 인물상 개개인의 해석 기준은 P(사람) 그림검사의 해석기준과 특징을 반영하여 해석한다.

① 인물묘사의 순위에 따라서 내담자의 가족 내의 일상적 서열을 나타낸다.
② 인물상의 위치는 용지의 상하일 경우 위쪽은 가족 내의 리더, 아래쪽일 경우 억울함이나 침체적 관계이다. 용지의 좌우에서 우측은 외향성과 활동성의 관계를 나타내고, 좌측은 내향성이나 침체성과의 관계이다. 용지의 중앙부에 가족의 중심인물로 아동의 경우 자기상을 중앙부에 그렸을 때 자기중심성이나 미성숙한 인격을 의미하기도 한다.
③ 인물상의 크기는 가족 내에서의 존재와 태도를 나타낸다. 가장 영향력 있는 구성원일수록 크게 나타난다.
④ 인물상의 거리는 내담자가 본 인물상들 간의 친밀성의 정도 또는 감정적인 거

미술치료의 이론과 실제

리를 의미한다.

⑤ 인물상의 방향은 인물상의 얼굴의 방향인 경우 내담자의 가족관계 방향을 표현한다. 정면은 긍정, 옆면은 반 긍정 또는 반 부정, 배면은 부정적인 인물로 지각하고 있다고 해석한다.

⑥ 인물상의 생략은 인물상이 지워진 흔적이 나타난 경우 그 인물과의 양가감정 혹은 갈등이 있음을 시사할 수 있으며 강박적, 불안정한 심리상태일 때도 나타난다.

⑦ 타인의 묘사에서 가족 내에 누구에게도 친밀함을 느낄 수 없을 때 가족구성원이 아닌 타인이 등장한다.

⑧ 그림의 표현이 음영으로 그려진 신체의 부분이 나타날 때는 그 부분에 대한 몰두, 고착, 불안을 시사하며 죄책감을 나타내기도 한다.

⑨ 윤곽선의 형태는 강박적 사고와 관련되어 진하고 두껍게 나타나는 경우 강박적 성향이 있을 수 있다.

⑩ 신체의 부분에 대한 확대 또는 과장은 기능에 대한 고통 및 집착을 나타낸다.

⑪ 신체 부분의 생략은 죄의식과 관련 있으며 불안을 의미하기도 한다.

⑫ 선의 굵기의 정도로 외향성과 내향성을 구분하기도 하고, 공격성과 우울을 구분하기도 한다.

4) 동그라미 중심 가족화(F.C.C.D: Family-Centered-Circle-Drawing)

동그라미 중심 부모 자녀 그림법(PSCD)은 번즈(Burns)에 의해 창안, 개발된 투사적 그림법이다. 대칭과 중심에 모은다는 생각을 이용하여 번즈(Burns)는 동그라미 중심 부모 자녀 그림법을 창안하게 되었다. 로샤(Rorschach)의 잉크 반점 패턴을 연구하여 대칭적 잉크 반점이 비대칭적인 잉크 반점보다 더 많은 반응과 더 무의식적인 소재를 제공한다는 것을 밝혔으며, 리차드(Richards)의 중심화에 대한 영향을 많이 받았다. 동그라미 중심 부모 자녀 그림은 원의 중심에 그려지는데, 각 인물은 그 인물 주위에 그려진 상징에 둘러싸여 있다. 이 상징은 자유연상을 기본으로 하고 있으며, 이를 통하여 추상화된 사고와 정서를 발견할 수 있다. 동그라미 중심 부모 자녀 그림은 부친상, 모친상, 자기상을 각각 따로 그리도록 하여 분석하는 방법과 부모상과 자기상을 같은 원안에 한꺼번에 그리도록 하여 분석하는 방법이 있다.

전자는 동그란 원형 안에 가족 구성원 중 한 사람을 그리고 그 사람 하면 떠오르는 상징물을 그리거나 글로 표현해 보라고 한다. 보통 긍정적인 관계나 부정적인 관계의 정점에 있는 대상을 떠올리고 그 대상에 대한 이미지를 그리거나 글로 표현하게 된다. 원형 안에 그려진 대상을 상징하는 표현들은 대상과의 관계를 설명하는 좋은 정보이다. 해석기준은 인물상의 해석기준을 따르며 표현된 표상들의 의미해석이 중요하다.

가) 실시방법

동그라미가 그려진 용지와 연필, 지우개, 그리고 그림을 그리는데 지장을 주지 않을 평평한 책상과 의자가 필요하다. 채색을 하면 좀 더 구체적인 진단해석이 가능하다. "원의 중심에 부모와 자신을 그리십시오, 막대기나 만화 같은 인물상이 아닌 전신상을 그려주십시오."라고 제시한다. 아동의 경우에는 조금 더 쉽게 풀어서 제시해준다. "그리고 아버지와 어머니, 자신의 그림 주변에 관계된 것 무엇이나 그려주세요. 생각나는 대로 그려주면 됩니다." 다른 그림에 대한 암시를 주어서는 안 되며, 내담자의 질문에 대해서는 자유롭게 할 수 있도록 한다.

검사자는 그림을 그리는 내담자의 행동을 관찰하며, 그림을 다 그린 후에는 각각의 인물상에 대한 질문을 한다. 상징에 대한 해석은 메모해두는 것이 효과적이다.

나) 상징적 해석

건강하게 내재된 부모 자녀 관계는 각 인물이 생략되거나 과장되어 나타나지 않으며, 각 인물의 신체 각 부위가 균형을 이루고 있으며, 밝은 표정을 하고 있고, 자신의 상이 중심에 있는 경우가 많다. 또한 인물상이 지나치게 접촉되어 있지 않

미술치료의 이론과 실제

고, 주위의 상징들이 긍정적이고 희망적인 것들이 나타나는 경우가 많다.

반면 건강하지 못하게 내재된 부모 자녀 관계의 그림 특성은 인물상의 신체 부위가 생략되었거나 지나치게 크거나 왜곡되게 나타난다. 또한 중심부가 비어 있거나, 부모상이 중심에 있고, 인물상들이 서로 떨어져 있으며, 주위의 상징이 대체로 부정적으로 나타나는 경우가 대부분이다. 그림속에서 자신이 살고 싶지 않은 듯한 세상을 그리고 있다고 볼 수 있다.

다) 동그라미 중심 부모 자녀 그림검사 장점
① 가운데 원이 있어 빈 공간일 때보다 편안한 마음으로 그림을 시작할 수 있고, 통일과 균형감, 원만함을 준다.
② 주제를 정확하게 주기 때문에 부담감을 줄여 주며, 검사자가 무엇을 원하는지가 모호하므로 누구에게나 쉽게 사용될 수 있다.
③ 현실의 부모가 아니라 심리적 부모상과 심리적 자신을 보게 해준다.
④ 인물상 주위의 상징물을 통하여 추상화된 사고와 감정의 탐색을 가능하게 해준다.
⑤ 부모 자녀 관계의 역동이나 구조를 파악할 수 있다.
⑥ 구체적 유형의 그림 자료가 남기 때문에 자신의 그림을 객관화시켜 볼 수 있다.
⑦ 부모에 대한 분노, 적대감정 등 정신적 손상 없이 해소할 수 있는 정화의 기능을 제공한다.
⑧ 작품을 통해 부모 자녀 관계에 대해 이야기할 기회가 제공된다.
⑨ 보관이 가능하므로 그림의 변화를 통해 자신의 변화과정을 이해할 수 있다.
⑩ 표현은 공간적인 것이며, 시간적 요소는 아니기 때문에 동시에 표현할 수 있다.

5) 물고기 가족화

물고기 가족화 역시 가족 내의 역동을 알아볼 수 있는 진단 기법이며, 인체를 전체적으로 표현하기 어렵고, 억압이 있는 내담자에게 물고기로 투사하여 접근에 용이하도록 한 것이다. 물고기 가족화는 어항이 그려진 화지를 주고 어항 속에 꾸미고 싶은 것을 최대한 표현할 수 있도록 한다. 물고기 가족화는 가족들의 역동성을 보여주며 현재 가족에 대한 자신의 심리적 상태를 파악함에 있어서 유용하다. 물고기 가족화는 그림을 그리는 과정에서 심리적 억압이 상대적으로 적기 때문에 그리는 사람의 무의식을 저항 없이 자유롭게 표현한다는 장점이 있다. 물고기의 크기, 위치, 색상, 수면의 높이, 어항의 구성물 등을 통하여 전체적으로 바라보고 해석이 이루어져야 한다.

가) 물고기 가족화 실시방법

어항의 도식이 그려진 A4용지, 연필, 지우개, 채색도구를 준비한다.

어항이 그려진 용지를 주고 "물고기 가족들이 무엇인가 하는 모습을 그려 보세요."라고 한다. 유아동인 경우에는 "물고기 가족이 즐겁게 노는 모습을 그려주세요."라고 제시하기도 한다. 내담자의 발달 수준에 따른 주제 제시가 필요하다. 상담자는 내담자가 어항속의 장식물은 스스로 하고 싶은 대로 꾸며도 좋으나, 실제 어항을 보고 그리는 것은 안 된다고 제시한다. 완성된 어항 그림은 반드시 설명을 듣도록 한다. 물고기를 그린 순서와 물고기의 명칭과 물고기들이 무엇을 하고 있는지에 대한 설명을 들어야 한다.

나) 물고기 가족화의 해석

(1) 어항의 형태

① 안정된 정서 : 어항의 표현과 물고기의 표현이 일반적으로 적당한 크기와 적당한 움직임이 있고 공간이 조화로운 상태이다.

② 불안정한 정서 : 외형적인 부분에서 어항의 변형, 또는 안전한 모양의 받침이

미술치료의 이론과 실제

나 기타 표상이 추가적으로 표시되는 경우는 외부 세계의 관심과 도움을 받고자 하는 욕구이다.

③ 대인관계 : 어항의 입구를 화려하게 장식하는 경우 외부 세계에 대한 동경이 있는 것이다. 반면 어항주변이나 내부 장식에 아무런 흥미를 보이지 않는 경우에는 관계의 부재로 원만한 대인관계에 어려움이 있는 경우이다.

(2) 물고기의 형태

가족 구성원의 물고기보다 나를 크게 그리거나 먼저 그리거나 위에 그리거나 혹은 나만 그렸을 경우 매우 권위적이거나 지배적이거나 폭력적일 수 있다. 수평적이거나 아래 그렸을 때는 친절한 관계를 상징한다. 물고기의 크기를 지나치게 크게 그렸을 경우에는 자기중심적, 외향적 성향이고, 지나치게 작게 그렸을 경우에는 자아축소, 내향적 성향을 나타낸다. 그리고 애정이 넘치는 성향의 아이들은 물고기들이 모여 있는 형태의 그림을 묘사하는데 아래로 묘사되면 사고중심적이며, 위로 묘사되면 행동중심 적으로 해석한다. 반면 무리 지어 있지 않고 혼자 있거나 어항 밖에 표현된 물고기는 가족 간의 불화와 탈출하고 싶은 욕구이다. 물고기의 그림에서 폭력성을 대표하는 표상은 이가 드러난 그림이다. 이것은 부정적인 억압의 누적으로 정서가 피폐한 것이다. 그리고 아기 물고기, 임신한 물고기, 새끼집의 표현은 유아기적 퇴행과 모성회귀욕구, 자신감이 결여된 상태이다. 또한 전체 화지의 중앙에 화려한 모양의 표현은 감각적인 표현이고 희미하게 표현되거나 그리다가 지운 흔적의 표현은 억압과 자신감의 결여로 해석한다.

(3) 물풀과 자갈

지나친 물풀의 표현과 자갈을 바위처럼 크게 그릴 때, 외부 세계로 부터의 불안함, 저항, 안정을 요하며, 열등감이 있는 경우의 표현이다.

물풀들의 표현이 크거나 물위로 떠오를 때 대인관계의 문제를 의심하고, 물풀사이로 물고기들이 가려지고 숨어 있는 표현은 대인관계에서 피하고 싶은 표현이다.

산소기의 표현과 외부로부터 물을 공급받거나 먹이를 공급받는 표현은 의존적으로 해석한다. 아동일 경우 본능적인 생육의 욕구가 채워지지 않는 것이고, 성인의 경우 경제적인 어려움의 표상이다.

(4) 기타

밖에서 어항을 감시하듯이 바라보고 있는 사람, 혹은 어항자체에 눈을 그리는 것은 타인을 의식하는 경향이 심한 것이며, 큰 돌을 그리면 근심을 표현한 것이다.

먹이는 기본 생존 욕구로 항상 내가 먹고 싶은 것을 만족스럽게 먹지 못하는 것을 표현한 것이다. 특히 아동의 그림에서 먹이를 먹는 모습은 양육에 대한 부적절한 채움을 상징한다.

어항에 적당하게 대략 2/3 정도로 채워진 물의 표현은 정서적 안정으로 해석하고, 물의 양이 절반 이하면 정서적 결핍이라고 해석한다. 일반적으로 물의 높이를 표현하지 않는 경우에는 물이 가득차 있다고 보며 정서적으로 안정이 되어 있다고 본다.

물고기의 입술의 강조는 애정에 대한 욕구가 강하며, 사랑하고 싶고 받고 싶어한다.

어항속의 무지개는 희망, 행복의 갈망을 표현한 것이다.

어항속의 물고기가 그물에 잡혀있는 모습의 표현에서 그물은 가족을 힘들게 하는 것이며, 가족이 화목하다면 그물을 끊으려고 노력하는 표상이 나타난다.

일반적으로 어항의 도식을 주지만 자유롭게 그릴 수 있도록 했을 때, 사각형 어항은 경직된 성격. 상처를 가만 두지 않으며, 칭찬에 민감한 성격을 나타낸다. 또한 어항의 입구가 유난히 좁은 모습은 대인관계의 어려움, 타인에 대한 과도한 경계 및 차단을 표현한 것이다. 어항 속에 들어가 있어서는 안 되는 태양이나 무지개 같은 표상은 마음속의 큰 희망, 현실 속에서 바라는 것이 있다.

6) 풍경구성법(LMT: Landscape Montage Technique)

1969년 나카이(中井久夫) 교수에 의해 창안되었으며, 정신병원의 정신분열증 환자의 모래놀이 치료를 위한 사전 검사도구로 개발되었다. 순서대로 투영적 해석을 하는 로샤 검사와는 대조적인 접근법으로 구조적으로 완성된 그림을 전체로 보고 구성물의 의미를 기초로 하여 해석하는 투사검사이다.

가) 풍경 구성법의 실시방법

스케치북, 혹은 도화지, 싸인펜(흑색을 사용), 채색도구(색연필이나 크레파스)를 준비한다.

상담사가 말하는 사물 10가지(강, 산, 밭, 길, 집, 나무, 사람, 꽃, 동물, 돌)를 차례로 그려 풍경이 될 수 있게 하고, 마지막으로 내담자의 자유의지로 그리고 싶은 사물들을 그리게 한다. 그 후 색을 칠한다.

① 상담사가 진한색으로 테두리를 그린 도화지와 펜을 내담자에게 준다."지금부터 풍경을 그릴 거예요. 그림을 잘 그리는 것을 보려는 것이 아니니까 자신이 원하는 대로 그려주세요. 단 제가 말하는 순서에 따라서 그려주세요. 다 그리시고 나면 한폭의 풍경화가 완성됩니다." 라고 부드럽게 말한다.
② 먼저 강을 그려주세요.
③ 강을 다 그리셨으면 다음은 산을 그려주세요.
④ 다음은 밭(논)입니다. 밭(논)을 그려주세요.
⑤ 밭을 다 그리셨으면 다음은 길입니다. 길을 그려주세요.
⑥ 길 다음은 집입니다. 집을 그려주세요.
⑦ 다음은 나무입니다. 나무를 그려주세요.
⑧ 나무를 다 그리셨으면 다음은 사람입니다. 사람을 그려주세요.
⑨ 자 다음은 꽃입니다. 꽃을 그려주세요.
⑩ 꽃 다음엔 동물입니다. 그리고 싶은 동물을 자유롭게 그려주세요.
⑪ 다음은 돌입니다. 돌을 그려주세요. 자 여기까지입니다. 혹 그려진 풍경을 보시고 부족한 부분이 있으시면 자유롭게 더 그려 넣으셔도 됩니다. 풍경을 완성시켜 주세요.
⑫ 채색도구를 제시하고 "자여기에 색칠을 해주세요." 채색이 끝난 후 상담사는 그림을 보고 몇 가지 질문을 한다 ex) 계절, 물이 흐르는 방향, 시간, 날씨, 그림 속의 사람이 누구인지 등.

나) 상징과 의미

강은 일반적으로 무의식의 흐름에 비유한다. 내담자들은 물 혹은 강물을 무의식의 흐름으로 표현한다. 강물이 무섭게 흘러서 범람하는 그림을 그리는 경우 무의식적 혼란이 있는 사람의 경우가 많으며, 강박증 혹은 무의식에 대한 경계가 약한 경우 강가를 안전한 부속물로 막는 표현의 그림을 그린다. 예를 들면 돌, 흙,

나무, 혹은 콘크리트로 벽을 세우거나 방파제를 만든다. 세로로 그려진 강은 샤머니즘적인 경향이 강한 내담자에게서 보여진다. 강은 흐르는 것이 일반적인 표현이며 호수처럼 고여 있는 강의 표현은 무의식의 흐름에 대한 억압, 정체됨이다.

산은 그리는 사람의 주어진 상황과 극복해야 할 문제의 수를 시사하며, 화지 바로 앞에 우뚝 서 있는 표현이나 앞길을 막고 있는 표현은 어떤 어려움이나 장애물이 있음을 의미하는 경우도 있다. 일반적으로 산은 그림의 뒷 배경으로 자리한다.

밭(논)은 삶의 터전을 의미함으로 밭에서 자라는 곡식의 표현이 중요하다. 마음이 어느 곳을 지향하고 있는지를 암시한다. 밭에서 일하는 사람의 모습의 표현은 학업과 관계가 있으며, 과제나 의무와의 관계를 내타내는 경우도 있다. 벼이삭을 하나하나 세심하게 그려 넣거나 쌀을 한톨, 한톨씩 바닥에 떨어뜨려 놓은 경우들은 강박경향이나 세심한 성격의 한 부분이기도 하다. 밭의 농작물이 성장하고 있는지 추수 뒤의 황량한 표현인지를 의미있게 해석할 필요가 있다.

길은 의식의 영역이며 강의 다리와 연결되어 있으면 안정된 상태이며, 여성의 경우 길의 차단은 결혼을 의미한다. 평균적으로 기혼 여성의 전체 그림에서 25% 정도의 그림이 길이나 다리가 절단되거나 차단된 표상을 보인다. 강가 길이 나란히 있는 모습이 일반적으로 많이 나타난다. 갈림길은 현재 선택해야할 기로에 놓여 있음을 의미하기도 한다.

집은 과거, 현재, 미래의 삶의 기본적인 공간으로서 자신이 성장하여온 가정환경을 나타낸다. 대체로 풍경 가운데 표현된 집은 자세하며 표현되지 않으나 기본 집 그림 해석의 기준을 따른다.

나무는 자아상을 나타내는 것으로 자신의 정신적 성숙도의 정도를 표시한다. 배경으로 표현된 경우가 많아 기본적 구성물의 표현이 세밀하게 나타나지 않는 그림이 많다.
사람은 자신의 현실과 이상에 대한 표상을 나타내며, 자신에게 의미 있는 사람

미술치료의 이론과 실제

혹은 사람에 대한 일반적인 인지를 나타내기도 한다. 그림 속의 주인공이며 자신의 모습이 나타나는 경우가 많다.

꽃은 아름다움과 사랑을 상징한다. 그 사람의 성장 발달의 상징이기도하며, 여성스러움을 강조하는 경우에 그리는 일이 많다. 채색을 하지 않는 경우 정서적으로 메마른 사람의 표본이기도 하다. 산에 있는 하얀 국화의 표현은 가까운 관계의 죽음을 타나내기도 한다.

동물은 그 자체가 상징성을 나타낸다. 생태, 신화, 특성, 전설 등에 맞추어서 해석한다. 사람보다 동물을 크게 그리면 현실에 대한 보상심리로 볼 수 있다. 현실 보상에 욕구가 있는 사람은 내면에 큰 에너지를 지니고 있으므로 어떻게 내면의 에너지를 이끌어 낼 것인가 하는 것이 치료의 목표가 될 수 있다. 분열증환자나 대인공포증 환자는 토끼를 많이 그리며, 가시가 있거나 이빨이나 발톱이 날카로운 동물을 표현하기도 한다. 학교에 가기 싫은 아동은 말이나 소를 그리며, 학교 폭력을 경험한 아동은 궁지에 몰려있는 쥐를 그리기도 한다.

돌은 속성이 단단함, 냉정, 불변성이다. 큰 돌이나 바위로 전방을 가로 막고 있으면 장애물과 큰 짐으로 해석되나 위치에 따라서 여러 의미로 해석이 된다.

다) 기대 효과

전체적인 풍경의 조화를 통하여 전체적인 조망능력과 각 구성물의 상징성을 통하여 내담자의 내적인 심리상태와 발달 상태를 알 수 있다.

라) 유의사항

그림 진단검사를 통하여 내담자의 심리적인 상태를 알 수 있지만, 표현된 그림 자체만을 가지고 모든 것을 확신할 수 없으며, 내담자의 생활환경과 경험, 그리고 이해정도에 따라 해석의 의미가 달라질 수 있다. 질문을 통하여 내담자의 의도를 파악하는 것이 중요하다. 추가로 채워 넣은 그림을 해석하는 것에도 의미가 있다.

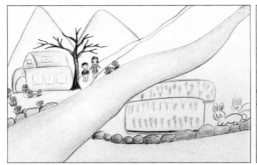

미술치료의 이론과 실제

11강

투사적 그림 검사의
사례

1 _____HTP 진단표의 이해

　그림의 해석에 첨부된 표는 그동안 HTP검사를 활용하여 연구한 논문들을 정리하여 정서적 부분으로 해석의 새로운 기반을 연구하여 발표한 백원대(2019)의 박사논문 〈HTP검사의 타당화〉에서 발췌하여 기록하였다. 그동안 많은 연구자들이 투사검사에 대한 타당도를 연구하였으나 무의식적로 가져가는 감정적인 부분으로 체계화시켜서 정리된 경우는 위의 논문이 처음이라고 할 수 있겠다. 위 논문은 객관화된 설문지와 투사검사의 결과를 함께 분석하여 타당도를 증명하였으며, 그에 따라 내용적 해석과 표상적 해석에 심층적인 정서적 해석을 수치화 하여서 정리하였다는 것에서 큰 의미를 두고 있다. 아래의 실제 사례들은 위 논문의 해석체계에 따라서 실제적으로 적용하여 채점하였으며, 이것을 객관적으로만 해석하여 사용할 수 있는 도구로 사용하기에는 아쉬움이 있어 실제 현장에서 쉽게 적용할 수 있는 기준을 재정리하여 사용하였다. 이것에 근원이 되는 채점표를 함께 수록하여 설명하였다. 위 연구에 참여한 해석틀을 마련한 이들은 미술심리상담의 현장에서 10년 이상의 임상경험이 있는 전문가들임을 밝힌다.

1) H(집) 그림 검사

미술치료의 이론과 실제

가) H(집) 그림 검사 해석 비교

H(집)	그림 표상	해 석
H4	화지를 꽉 채우거나 밖으로 벗어날 정도의 큰 집의 표현	충동적이며 공격적이다.
H5	1/4 이하의 크기로 그려진 작은 집의 표현	대인관계, 무력감, 열등감, 불안, 우울적 경향
H6	절단되었거나 파손되어 형태가 온전하지 않은 집의 표현	구성원에 대한 분열, 불안
H7	좌측에 위치한 집의 표현	내향적 열등감
H8	우측에 위치한 집의 표현	외향성 활동성
H9	절반 아래로 위치한 집의 표현	불안정감, 우울적 경향
H10	위에서 내려다보는 집의 표현(조감도)	가정 및 환경에 대한 거부
H11	아래에서 올려다보는 집의 표현(앙시도)	열등감, 위화감, 가족의 불협화음
H12	과도하게 큰 지붕이나 강하고 진한 지붕선의 표현	내적 인지 활동 강조, 공상적, 현실 조망 능력부족
H13	지붕무늬의 강박적이고 과도하고 상세한 표현	내적 인지 활동 부족, 회피 억제, 억압 정서적 빈약, 강박
H14	뾰족한 지붕의 표현. 세모지붕의 표현	불안한 신경증이 기조
H15	지붕의 덧칠과 뭉개는 채색	공상에 대한 과잉통제, 죄의식
H16	허술하거나 선이 명확하지 않은 벽면의 표현	자아 강도가 약함, 통제적 취약
H17	지나치게 견고한 벽돌이나 벽면의 표현	자아 통제에 대한 과도한 욕구, 강박, 완벽주의
H18	현관문이 집에 비해 과도하게 큰 표현	사회적 안정이나, 과잉보상, 환경 의존성
H19	현관문이 집에 비해 과도하게 작은 표현	수줍음, 까다로움, 사회성 결핍, 현실도피
H20	집의 측면에 그려진 현관문의 표현	대인관계에 대한 회피, 현실도피
H21	현관문의 덧칠이나 잠금장치의 표현	관계에 대한 불안, 양가감정
H22	현관문이 생략된 집의 표현	관계에 대한 회피, 고립, 위축
H23	창문이 생략된 집의 표현	폐쇄적 사고, 환경에 대한 관심의 결여와 적의
H24	3개 이상 많은 창문의 표현	불안의 보상심리, 개방과 환경적 접촉에 대한 갈망
H25	커튼으로 가려진 창문	대인관계에서 상처받지 않도록 자신을 보호, 강한 강박 증상
H26	지붕 위에만 창문의 표현	자폐적 성향과 분열
H27	굴뚝의 연기 표현 (어지럽게 말린 연기의 표현이나 무채색으로 칠해진 연기 표현)	마음속 긴장, 가정내의 갈등, 정서혼란
H28	화지에 잘려서 반만 나온 태양의 표현	자신감 부족, 성격 변화 심함(다혈질). 애정결핍.
H29	무채색으로 표현한 태양	자존감 저하, 거부감이 심하고, 반항심, 애정결핍
H30	주변에 아무것도 없는 깊은 산속이나 숲속의 집의 표현	도피와 안정을 추구하고, 방어적.
H31	울타리나 울타리 같은 지면의 표현	자기보호, 방어벽
H32	집 주변에 연못이나, 우물, 비 등 물의 표현	가정에 대한 우울한 정서 감정
H33	투시화의 표현	자아 통제력 상실, 퇴행, 병적 징조
H34	의인화된 집의 표현	퇴행, 자아 통제력 상실
H35	집의 음영이나 그림자 또는 지웠다 그렸다 반복표현	우울, 열등감
H36	평면도(설계도)로 그린 집의 표현	정서의 부족, 날카로움
H37	채색에서 덧칠한 표현	억압, 죄의식
H38	지면선의 넓고 자세한 강조, 여러 겹의 지면선 표현	강박, 의존적

번호	구분	항 목	점수	공격성	사회불안	우울	대인회피	자존감	정서불안	애정결핍	열등감	퇴행
1	전체 그림의 평가	보통이다	0	0	0	0	0	0	0	0	0
2		조금 부정적이다	0	1	0	0	1	1	0	0	1
3		완전 부정적이다	0	1	1	1	1	1	1	1	1
4	크기(중앙에 2/3정도 그리는 것이 정상)	지나치게 큰 집	1	1	0	0	0	0	0	0	0
5		지나치게 작은 집	0	0	1	0	1	1	0	1	1
6		절단된 집(파손된 집)	1	1	1	1	1	1	1	0	0
7	위치	좌측	0	0	0	0	1	0	1	0	0
8		우측	1	0	0	0	0	0	0	0	0
9		하단	0	0	1	0	1	1	0	0	0
10	방향	윗면(위에서 내려다보는 그림)	1	0	0	0	1	1	0	0	0
11		아랫면(아래에서 올려다보는 그림)	0	0	0	0	1	0	1	1	0
12	지붕	과도하게 큰 지붕, 강한선의 표시	1	0	0	0	0	1	1	0	1
13		과도한 지붕의 무늬 표현	0	0	1	0	1	1	0	1	0
14		뾰족한 지붕의 표현, 세모 지붕	1	1	0	0	1	1	0	0	0
15		지붕의 덧칠, 뭉개는 채색	1	0	1	0	1	1	0	1	0
16	벽	허술한 벽	0	0	1	0	1	0	0	1	0
17		지나치게 견고한 벽돌이나 벽면의 표현	1	1	0	1	0	1	0	0	0
18	현관문	현관문이 과하게 클 경우	0	0	0	0	1	0	1	0	0
19		현관문이 과하게 작을 경우	0	0	1	0	1	0	1	0	0
20		측면의 현관문	0	0	1	0	1	1	0	0	0
21		현관문의 덧칠, 잠금장치의 표현	0	1	0	1	1	1	1	0	0
22		현관문의 생략	0	1	1	1	1	1	1	1	0
23	창문	창문의 생략	0	0	0	1	1	0	0	1	1
24		3개 이상 많은 창문	0	1	0	0	0	0	0	1	0
25		커튼으로 가려진 창문	0	0	0	0	1	1	0	0	0
26		2층 이상의 지붕 위에만 창문의 표현	0	0	0	0	1	0	0	1	0
27	굴뚝	굴뚝의 연기	0	0	1	0	0	0	0	0	0
28	태양	반만 나온 태양	0	0	0	1	0	1	0	1	0
29		무채색으로 표현한 태양	0	0	1	0	1	1	1	0	1
30	기타	산속이나 숲속의 집의 표현	0	1	0	1	1	0	0	0	0
31		울타리의 표현, 울타리처럼 지면이 표현	0	1	0	1	1	1	0	1	0
32		연못이나, 우물, 비 등 물의 표현	0	0	1	0	1	0	0	0	0
33		투시화	0	0	1	0	1	0	1	0	1
34		의인화된 집	0	0	0	0	0	0	1	0	1
35		집의 음영, 그림자, 지웠다 그렸다 반복	0	0	1	0	1	1	0	0	0
36		평면도로 그린 집	0	0	0	0	0	1	0	0	0
37		채색에서 덧칠한 경우	1	0	1	0	0	0	0	0	1
38		지면선의 넓고 자세한 선의 강조	0	1	1	0	1	1	1	0	0
			9	12	18	8	29	24	13	16	11

다) H(집) 그림 검사 변경 채점표

번호	구분	항목	점수	공격성	사회불안	우울	대인회피	자존감	정서불안	애정결핍	열등감	퇴행
1	전체 그림의 평가	형태가 모두 나타났다	0	1	1	1	1	1	1	1	1	1
2		집의 형태에서 1개 부분이 생략되었다.	0	1	0	0	1	1	0	0	0	1
3		집의 형태에서 2개 이상 생략되었다.	0	1	1	1	1	1	1	1	1	1
4	크기(중앙에 2/3 정도 집 그리는 것이 정상)	화지 2/3 이상의 큰 집(가로18, 세로20cm 이상)	1	1	0	0	0	0	0	0	0	0
5		화지 1/4 이하의 작은 집 (가로 7, 세로 15cm 미만)	0	0	1	0	1	1	0	1	1	1
6		절단된 집(파손된 집)	1	1	1	1	1	1	1	1	0	0
7	위치	화지 중앙에서 좌측으로 위치	0	0	0	0	1	0	1	0	1	0
8		화지 중앙에서 우측으로 위치	1	0	0	0	0	0	0	0	0	0
9		화지 중앙에서 상단으로 위치	0	1	0	0	0	1	1	0	0	0
10		화지 중앙에서 하단으로 위치	0	0	1	0	1	0	1	0	1	0
11	방향	윗면(위에서 내려다보는 그림)	1	0	0	0	1	1	0	0	0	0
12		아랫면(아래에서 올려다보는 그림)	0	0	0	0	1	0	1	1	1	0
13	지붕	벽면 높이보다 더 높이가 높은 지붕	1	0	0	0	0	1	1	0	1	1
14		지붕의 격자무늬 표현	0	0	1	0	1	1	0	1	0	1
15		삼각형만 있는 지붕	1	1	0	0	1	1	0	1	0	0
16		생략된 지붕	0	1	0	0	0	1	0	1	0	0
17	벽	곡선이나 끊어진 선으로 표현	0	0	1	0	1	0	1	0	1	0
18		벽돌로 쌓거나 0.2cm 이상 두께 선으로 그려진 벽	1	1	0	1	0	1	0	0	0	0
19	현관문	현관문이 벽면의 1/4 이상 크기	0	0	0	0	1	0	1	0	1	0
20		현관문이 벽면의 1/8 이하의 크기	0	0	1	0	1	1	1	1	0	0
21		측면의 현관문	0	0	1	0	1	1	0	1	0	0
22		현관문의 덧칠, 잠금장치	0	1	0	1	1	1	1	1	0	0
23		현관문의 생략	0	1	1	1	1	1	1	1	1	0
24	창문	창문의 생략	0	0	0	1	1	0	0	0	1	1
25		3개 이상의 창문	0	1	0	0	0	0	0	0	0	0
26		커튼으로 가려진 창문	0	0	0	0	1	1	0	0	0	0
27		2층 이상의 지붕 위에만 있는 창문	0	0	0	0	1	0	0	0	1	1
28	굴뚝	굴뚝의 연기	0	0	1	0	1	0	0	0	0	0
29	태양	반만 나온 태양	0	0	1	0	1	1	0	1	1	0
30		전체 태양이 나옴	0	0	1	0	1	1	1	0	0	0
31	기타	산속이나 숲속의 집	0	1	0	1	1	1	0	0	0	0
32		울타리나 담장 있음	0	1	0	1	1	1	0	0	1	0
33		연못이나, 우물, 비 등 물의 표현	0	0	1	0	1	1	0	0	0	0
34		투시화	0	0	1	0	0	0	0	0	0	1
35		의인화된 집	0	0	0	0	0	0	1	1	1	1
36		집의 음영이나 집의 그림자	0	0	1	0	1	1	0	0	1	0
37		평면도로 그린 집	0	0	0	0	0	1	0	0	0	0
38		덧칠 한 경우	1	0	1	0	0	0	0	0	0	1
39		집 벽면 아래 받침이나 다리표현	0	1	0	0	1	0	1	0	0	0
40		0.2cm 이상 두께로 그려진 지면선	0	1	0	0	1	1	1	1	1	0
			8	16	17	9	30	26	15	19		12

2) T(나무) 그림 검사

가) T(나무) 그림 검사 해석 비교

T(나무)	그림 표상	해 석
T4	화지를 꽉 채우거나 밖으로 벗어날 정도의 큰 나무의 표현	충동적이며 공격적.
T5	1/4 이하로 그려진 작은 나무 표현	대인관계, 무력감, 열등감, 우울적 경향
T6	절단되었거나 파손되어 형태가 온전하지 않은 나무의 표현	자아 분열, 불안
T7	좌측에 위치한 나무의 표현	내향적 열등감 충동의 만족, 자의식이 강하고 부끄러움이 많거나 내향적인 성격으로 과거로 퇴행, 공상적, 여성적
T8	우측에 위치한 나무의 표현	외향적 성향이 기본이나 사람들의 시선에 민감하고, 환경에 영향을 받는다. 남성성을 과시하며 지나친 동일시와 부정적 사고와 적개심, 지적만족
T9	절반 아래로 위치한 나무의 표현	불안정감, 우울증적 경향, 부정적 감정, 패배주의적 태도
T10	위에서 내려다보는 나무의 표현(조감도)	가정 및 환경을 거부.
T11	아래에서 올려다보는 나무의 표현 (앙시도)	열등감, 위화감, 가족의 불협화음
T12	수관이 기둥에 비해 큰 나무의 표현	공상적 현실조망 부족, 환경에 대하여 적극적으로 행동하며 공격적
T13	수관이 기둥에 비해 작은 나무의 표현	정서적 빈곤
T14	어지럽게 말려진 수관 표현	환경에 압박, 자존감 결여, 의욕상실, 정서혼란, 관계불안
T15	수관이 늘어지는 수양버들 같은 표현	현실도피, 우울, 자폐, 퇴행의 심리상태를 의미
T16	마른 가지만 있는 수관의 표현(겨울나무)	자아 통제력 상실, 외상경험, 무력감 수동적 성향
T17	나무껍질의 상세한 표현	환경과의 관계에 강한 관심, 자신을 강박적으로 통제
T18	나무기둥의 두께가 전체 나무 크기에서 비해 얇은 표현	우울, 외로움
T19	나무기둥의 옹이 표현	트라우마(외상경험)
T20	땅속에 있는 뿌리를 강조하여 표현	현실적응의 장애, 예민함. 퇴행.
T21	지면 위로 뻗은 뿌리를 강조한 표현	생존에 대한 불안
T22	지면선 없이 뿌리가 모두 노출된 표현	유아기부터 지속된 불안, 우울의 표현 (자살의 현실성 주의)
T23	수관에서 나뭇가지의 수가 지나치게 많은 표현	하고 싶은 일이 많고, 대인관계가 활발하고 의욕이 과함
T24	수관에서 나뭇가지의 수가 4개 이하로 표현	세상과 상호작용에 억제적임, 위축과 우울감
T25	잘려졌거나 부러진 나뭇가지의 표현	좌절
T26	나뭇가지의 끝이 뾰족한 표현	공격성, 예민성, 관계부적응
T27	나무에 비해 수관이 빈약하게 표현	유아와 노인은 정상, 성인의 경우 정신적 퇴행(힘의 욕구 감소)
T28	수관의 잎이 구체적으로 과도하게 크게 표현	충동적, 정열, 희망적, 자신감(힘의 욕구 강화)
T29	소나무 등의 침엽수림의 잎을 표현	이중적 성격성향 대인관계 회피, 고집
T30	나무에 비해 지나치게 많은 열매의 표현	아동은 양육(의존)의 욕구, 성인은 다산의 욕구
T31	썩거나 떨어진 열매 표현	want의 좌절, 애정결핍
T32	종합과일 나무의 표현	일차적 생육의 부족, 애정의 결핍, 양육이나 애정의 강한 욕구
T33	기둥 및 나무 위의 새집이나 구멍이 뚫린 표현	좌절, 슬픔, 분노, 외로움, 애착장애
T34	새집에 알이나 새끼가 있는 표현	외로움의 표현
T35	많은 지면선의 표현	불안
T36	지면선의 생략	불안, 비논리, 본능적 욕구, 퇴행
T37	둥근 동산 같은 지면의 표현	구순욕구, 퇴행
T38	떨어지거나 떨어진 잎의 표현	우울, 외로움, 정서불안
T39	고목의 표현(나무의 수령이 100년 이상)	무력감, 자아불안, 죄의식(성적불안)
T40	그루터기만 있는 나무의 표현	자아에 대한 심한 좌절 상처 및 위축, 우울
T41	주변의 다른 사물의 표현(꽃, 잔디, 동물 등)	외로움의 표현
T42	2개 이상의 나무, 지웠다 그렸다 반복된 표현	외로움, 이중자아

나) T(나무) 그림 검사 채점표

번호	구분	항목	점수	공격성	사회불안	우울	대인회피	자존감	정서불안	애정결핍	열등감	퇴행
1	전체 그림의 평가	보통이다	0	0	0	0	0	0	0	0	0
2		조금 부정적이다	0	1	0	0	1	1	0	0	1
3		완전 부정적이다	0	1	1	1	1	1	1	1	1
4	중앙에 1/2 정도 그리는 것이 정상	지나치게 큰 나무	1	0	0	0	0	0	0	0	0
5		지나치게 작은 나무	0	0	1	1	1	1	0	1	1
6		절단된 나무	1	1	1	1	1	1	1	1	0
7	위치	좌측	0	0	0	1	0	0	1	0	0
8		우측	1	0	0	0	0	0	0	0	0
9		하단	0	0	1	1	1	1	0	1	0
10	방향	윗면(위에서 내려다보는 그림)	1	0	0	0	0	0	1	1	0
11		아랫면(아래에서 올려다보는 그림)	0	0	0	1	0	0	1	1	0
12	수관	기둥에 비해 지나치게 큰 수관	1	0	0	0	0	1	0	0	0
13		기둥에 비해 지나치게 작은 수관	1	0	1	0	0	1	1	1	0
14		어지러운 수관 표현	0	1	1	1	1	1	1	1	1
15		수관이 늘어지는 수양버들 같은 표현	0	0	1	1	0	1	1	0	1
16		수관의 생략(마른 가지만 있는 수관)	1	0	1	1	1	1	1	1	0
17	기둥	나무 껍질의 상세한 표현	0	1	0	0	0	1	0	0	0
18		나무 기둥의 두께가 지나치게 얇을 때	0	1	1	0	1	0	0	0	0
19		나무 기둥의 옹이	1	1	1	0	0	1	0	0	1
20	뿌리 (현실 지배력의 표현)	뿌리 - 땅속의 뿌리 강조	0	1	0	0	0	1	1	0	0
21		뿌리 -- 지면 위로 나오는 뿌리 강조	0	1	0	0	0	1	1	0	0
22		뽑힌 뿌리의 표현(지면선이 없이 뿌리 노출)	0	1	1	1	0	1	0	0	0
23	가지	나뭇가지의 수 - 많다	1	1	0	0	0	0	0	0	0
24		나뭇가지의 수 - 적다(4개 이하)	0	0	1	1	0	0	0	1	1
25		잘려진 나뭇가지	0	0	1	1	1	1	0	1	0
26		가지의 끝이 뾰족한 표현	1	1	0	0	0	1	1	1	0
27	잎	수가 적고 빈약한 잎의 표현	0	0	0	1	0	1	0	1	1
28		과도하고 큰 잎의 표현(충동성)	1	0	0	0	0	0	0	0	0
29		소나무 등의 침엽수	1	1	0	1	0	1	0	0	0
30	열매	지나치게 많은 열매	0	1	0	0	0	1	1	1	1
31		떨어진 열매	0	0	1	1	0	1	1	0	1
32		종합과일나무	0	1	1	1	1	1	1	0	1
33	둥지	기둥 및 나무 위의 새집, 구멍	0	1	1	1	0	1	1	0	0
34		알이나 새끼 새들이 있는 경우	0	0	1	0	0	1	1	0	1
35	지면선	많은 지면선의 표현	0	1	0	0	0	1	0	0	0
36		지면선의 생략	1	1	0	0	0	0	0	0	1
37		둥근 동산 같은 지면의 표현	0	1	0	0	0	1	1	0	0
38	기타	떨어진 잎의 표현	0	0	1	1	0	1	0	0	0
39		고목을 그리는 경우(100년 이상)	0	1	1	1	1	1	0	0	0
40		그루터기만 있는 나무	0	0	1	1	0	1	0	0	0
41		주변의 다른 사물	0	1	1	0	0	1	1	1	0
42		2개 이상의 나무, 지웠다 그렸다 반복	0	1	1	1	0	1	0	1	1
			13	22	22	22	11	33	20	14	16

다) T(나무) 그림 검사 변경 채점표

번호	구분	항목	점수	공격성	사회불안	우울	대인회피	자존감	정서불안	애정결핍	열등감	퇴행
1	전체 그림의 평가	형태가 모두 나타났다.	0	0	0	0	0	0	0	0	0	0
2		나무의 형태에서 1개 부분이 생략되었다.	0	1	0	0	0	1	1	0	0	1
3		나무의 형태에서 2개 이상 생략되었다.	0	1	1	1	1	1	1	1	1	1
4	크기(중앙에 1/2 정도 그리는 것이 정상)	전체 크기가 화지 2/3 이상 (기둥 11, 수관 15cm 이상)	1	1	0	0	0	0	0	0	0	0
5		전체 크기가 화지 1/4 이하의 크기	0	0	1	1	1	1	1	0	1	1
6		기둥이나 수관이 절단된 나무	1	1	1	1	1	1	1	1	1	0
7	위치	화지 중앙에서 좌측으로 위치	0	0	0	0	1	0	0	1	0	0
8		화지 중앙에서 우측으로 위치	1	1	0	0	0	0	0	0	0	0
9		화지 절반 아래 하단에 위치	0	0	1	1	1	1	1	0	1	0
10	방향	윗면(위에서 내려다보는 그림)	1	0	0	0	0	0	1	1	0	0
11		아랫면(아래에서 올려다보는 그림)	0	0	0	0	1	0	1	1	1	0
12	수관	수관의 크기가 가로 15, 세로 15cm 이상	1	1	0	0	0	0	1	0	0	0
13		수관의 크기가 가로 10, 세로 10cm 미만	1	0	0	0	1	1	1	1	1	0
14		어지럽게 칠해진 수관 표현	0	1	1	1	1	1	1	1	1	0
15		수관이 아래로 늘어지는 수양버들 같은 표현	0	0	1	1	1	0	1	1	0	1
16		가지만 있고 수관이 없는 표현	1	0	1	1	1	1	0	1	1	0
17	기둥	나무껍질에 무늬가 있는 경우	0	1	0	0	0	0	1	0	0	0
18		기둥의 두께가 11cm 이상	1	1	0	0	0	0	0	0	0	0
19		기둥의 두께가 5cm 미만	0	0	1	0	1	1	1	1	1	0
20		나무기둥의 옹이	1	1	1	1	1	0	1	0	0	1
21	뿌리 (현실 지배력의 표현)	땅속의 뿌리가 나타남	0	1	0	0	0	0	0	0	1	1
22		지면 위에 올라온 뿌리	0	1	0	0	1	1	1	1	0	0
23		지면선 없이 다 나타난 뿌리의 표현	0	1	1	1	1	0	1	0	0	0
24	가지	나뭇가지의 수가 6개 이상 표현	1	1	0	0	0	0	0	0	0	0
25		나뭇가지가 없거나 2개 이하 표현	0	0	1	1	1	0	0	0	1	1
26		나뭇가지가 잘려진 표현	0	0	1	1	1	1	0	0	0	0
27		가지의 끝이 뾰족한 표현	1	1	0	0	0	0	1	1	0	0
28	잎	작은 잎이 가지에 몇 장씩만 나타남.	0	0	0	0	1	0	1	0	1	1
29		떨어진 나뭇잎	0	0	1	1	1	0	1	0	0	0
30		소나무 등의 침엽수	1	1	0	0	1	0	1	1	0	0
31	열매	10개 이상의 열매	0	1	0	0	0	0	1	1	1	1
32		떨어진 열매, 검은색 열매	0	0	1	1	1	0	1	1	0	0
33		종류가 다른 과일이 한꺼번에 나타남	0	1	1	1	1	1	1	1	0	0
34	둥지	기둥 및 나무위의 새집이나 구멍	0	1	1	1	1	0	1	1	0	0
35		새집이나 구멍에 알이나 새끼 새들이 있음	0	0	1	0	1	0	1	1	0	0
36	지면선	두 겹 이상으로 표현된 지면선	0	1	0	0	0	0	1	0	0	0
37		지면선의 생략	1	0	0	0	0	0	0	0	0	0
38		둥근 동산 같은 지면선, 화지 아래서 1/3선 이상에 나타난 지면선	0	1	0	0	0	0	1	0	0	0
39	기타	주변에 물의 표현	0	0	1	1	1	0	0	0	0	0
40		수령이 자신의 나이보다 어린 나무	0	0	0	0	0	1	1	1	0	1
41		수령이 100년 이상 된 나무	0	1	1	1	1	1	1	1	0	0
42		그루터기만 있는 나무	0	0	1	1	1	0	1	0	0	0
43		주변의 다른 식물	0	1	1	0	0	0	1	1	1	0
44		나무의 그림자 표현	0	0	0	0	0	0	0	0	0	0
45		2개 이상의 나무	0	1	1	1	1	0	1	0	1	1
			13	25	23	23	13	35	23	15	17	

3) P(사람) 그림 검사

가) P(사람) 그림 검사 해석 비교

P(사람)	그림 표상	해 석
P4	화지를 꽉 채우거나 밖으로 벗어날 정도의 사람의 표현	충동적이며 공격적
P5	화지의 1/4 이하로 그려진 작은 사람의 표현	대인관계, 무력감, 열등감, 불안, 우울적 경향
P6	절단된 표상으로 나온 사람의 표현	자아분열, 폭력성, 불안장애
P7	좌측에 위치한 사람의 표현	내향적, 소극적(강박, 열등, 우울)
P8	우측에 위치한 사람의 표현	외향적, 이기적, 공격적, 불안감, 분노
P9	절반 아래로 위치한 사람의 표현	강한 심리적 억압(우울, 두려움, 불안, 열등감)
P10	뒷모습이 나타난 표현	죄의식 불안 분열
P11	측면을 나타낸 표현	현실과 접촉하려는 시도는 있으나 도피, 폐쇄 경향
P12	위에서 내려다보는 사람의 표현(조감도)	가정 및 환경을 거부
P13	아래에서 올려다보는 사람의 표현(앙시도)	열등감, 위화감, 가족의 불협화음
P14	몸에 비해 지나치게 큰 머리 표현	과대평가, 퇴행
P15	몸에 비해서 지나치게 작은 머리 표현	사회적 부적응(열등감)
P16	긴 머리카락의 표현	애정결핍
P17	얼굴의 눈, 코, 입이 생략된 표현	회피, 불안, 우울, 성적갈등
P18	얼굴이 화가 난 표정	분노, 억압, 불만, 갈등
P19	큰 입이나 입을 강조하여 표현	구강기적 퇴행, 언어폭력, 욕심
P20	얼굴에서 입만 생략	천식, 소통불안
P21	이(이빨)의 강조	공격성, 폭력성, 퇴행
P22	혀를 보이는 입의 표현	야뇨증, 성적퇴행(구순색정), 애착결핍
P23	얼굴에 비해 큰 눈의 표현	호기심, 경계, 과민성, 외향적
P24	얼굴에 비해 작은 눈의 표현	내성적, 자아도취, 관계회피
P25	머리카락이나 안경, 모자 등으로 가려진 눈의 표현	도피, 경계, 의심
P26	감고 있는 눈(웃는 모습으로 표현으로도 감은 눈)	과한 자기애, 공상, 회피
P27	눈동자가 없는 눈의 표현	갈등, 죄의식, 자기중심적
P28	큰 코 또는 강조된 코의 표현	공격적, 분노폭발, 예민, 성적 어려움
P29	코가 생략	분노의 억제
P30	얼굴에 비해 작거나 점으로 표현한 코	회피
P31	굵거나 짧은 목의 표현	공격성, 힘의 욕구
P32	얇거나 긴 목의 표현	병약하고, 자신감부족, 위축, 욕구통제, 의존적
P33	목의 생략	행동조절, 기능부족, 사고장애, 본능적 행동, 회피
P34	전체 상에 비해 좁은 어깨	열등감
P35	전체 상에 비해 넓은 어깨	남성적 힘의 욕구, 강한 책임감
P36	두 팔이 몸 뒤로 표현(열중쉬어)	회피
P37	강한 선이나 크기로 강조한 팔의 표현.	힘의 욕구
P38	팔이나 손의 생략	죄의식, 우울, 무력감, 대인관계 기피, 과도한 업무
P39	손에 음영을 표시	도벽, 지위, 죄의식의 표현
P40	한 손이나 양손을 주머니에 넣은 표현	도피, 회피, 의존
P41	꽉 쥔 주먹, 싸우려는 자세	공격성, 적대감, 불안
P42	손가락(손톱)의 자세한 표현	공격성, 망상
P43	발을 표시하지 않은 경우나 절단된 다리 표현	우울, 의기소침, 불안
P44	발가락의 자세한 표현 및 색칠	공격성, 망상
P45	옷의 주머니를 강조한 표현	의존적, 낮은 자존감과 정서.
P46	허리띠나 많은 단추의 강조한 표현	성적욕구, 성충동의 갈등
P47	가방의 표현	학문적 욕구, 자기현실 콤플렉스
P48	주변의 기타 사물 표현	강박, 의존적
P49	두 사람 이상의 표현, 지웠다 그렸다 반복	우울, 불안, 외로움
P50	앉아 있거나 누워 있는 사람의 표현	우울한
P51	강조된 여성성의 표현	의존성, 성충동
P52	손에든 도구의 표현	강박, 공격, 불안
P53	경직된 인체상, 기울어진 표현	불안, 회피

나) P(사람) 그림 검사 채점표

번호	구분	항목	점수	공격성	사회불안	우울	대인회피	자존감	정서불안	애정결핍	열등감	퇴행
1	전체 그림의 평가	보통이다		0	0	0	0	0	0	0	0	0
2		조금 부정적이다		0	1	0	1	1	1	0	0	1
3		완전 부정적이다		0	1	1	1	1	1	1	1	1
4	크기(중앙에 1/2 정도 그리는 것이 정상)	지나치게 큰 사람		1	0	0	0	0	0	0	0	0
5		지나치게 작은 사람		0	1	1	1	1	1	0	1	1
6		절단된 신체상		1	1	1	1	1	1	0	0	0
7	위치	좌측		0	0	0	0	0	0	1	1	0
8		우측		1	1	0	0	0	0	0	0	0
9		하단		0	1	1	0	1	0	1	0	0
10	방향	뒷면		0	1	1	1	1	0	1	0	0
11		측면		0	1	0	0	1	0	0	0	0
12		윗면(위에서 내려다보는 그림)		1	0	0	0	0	1	0	0	0
13		아랫면(아래에서 올려다보는 그림)		0	0	0	0	0	1	0	0	0
14	머리	몸에 비해 큰 머리 (3등신 이하)		1	0	0	0	0	0	1	0	1
15		몸에 비해 작은 머리		0	0	0	0	1	1	0	1	1
16		긴 머리카락		0	0	1	0	0	0	1	1	1
17	얼굴	얼굴의 눈, 코, 입 생략		0	1	1	0	1	1	1	0	0
18		화난 표정		1	0	0	0	0	0	0	0	0
19	입	큰 입 또는 입의 강조		1	0	0	0	1	1	1	0	1
20		입만 생략		0	1	0	0	0	1	0	0	0
21		이(이빨)의 강조		1	0	0	0	0	0	0	0	1
22		혀를 보이는 입		0	0	0	0	0	0	1	1	1
23	눈	큰 눈		0	1	0	0	0	1	0	0	0
24		작은 눈		0	1	0	0	0	0	0	0	0
25		가려진 눈(머리카락, 모자, 안경 등)		0	1	0	1	0	0	1	0	0
26		감고 있는 눈(웃으며 감은 눈 포함)		0	0	0	1	1	1	1	0	0
27		눈동자가 없는 눈		0	1	0	1	0	1	0	0	1
28	코	큰 코 또는 강조된 코		1	0	0	0	0	0	0	0	0
29		코의 생략		0	1	0	0	0	0	0	0	0
30		작은 코(점으로 찍은 코)		0	1	0	1	0	1	0	0	0
31	목(아동의 그림에는 목을 안 그린 것이 많다)	굵거나 짧은 목		1	0	0	0	0	0	0	0	0
32		얇고 긴 목		0	1	0	0	1	0	1	1	0
33		목의 생략		1	0	0	0	0	0	0	0	1
34	어깨	좁은 어깨		0	0	1	0	1	0	0	1	0
35		넓은 어깨		1	0	0	0	0	0	0	0	0
36	팔	팔이 몸 뒤로 표현(열중쉬어)		0	0	1	1	1	1	0	1	0
37		강조한 팔		1	0	0	0	0	0	0	0	0
38		팔이나 손의 생략		0	0	1	1	1	1	0	0	0
39	손	손에 음영을 표시하면		1	1	0	0	0	1	0	1	0
40		주머니에 넣은 손		0	1	0	0	0	0	1	0	0
41		꽉 쥔 주먹, 싸우려는 자세		1	1	0	0	0	0	0	0	0
42		손가락(손톱)의 자세한 표현		1	0	0	0	0	0	0	0	0
43	발	발을 표시하지 않은 다리, 절단된 다리		0	1	1	0	1	1	0	0	0
44		발가락의 자세한 표현 및 색칠		1	0	0	0	0	0	0	0	0
45	기타	주머니 강조		0	0	0	0	0	1	1	1	1
46		허리띠나 단추의 강조		0	0	0	0	0	1	0	0	1
47		가방을 들고 있는 경우		0	0	0	0	0	0	0	1	0
48		기타 사물표상의 표현		0	1	0	0	1	0	0	0	0
49		두 사람 이상의 표현, 지웠다 그렸다 반복		0	1	1	0	0	1	1	0	0
50		앉아 있거나 누워 있는 그림		0	0	1	0	0	1	1	0	0
51		강조된 여성성의 표현		0	0	0	0	0	0	1	0	1
52		손에 든 도구의 표현		1	1	0	0	0	1	0	0	1
53		경직된 인체상, 기울어진 표현		0	1	0	0	0	1	0	0	0
				18	25	13	12	16	26	17	15	18

미술치료의 이론과 실제

다) P(사람) 그림 검사 변경 채점표

번호	구분	항 목	점수	공격성	사회불안	우울	대인회피	자존감	정서불안	애정결핍	열등감	퇴행
1	전체그림의 평가	인물상의 형태가 1가지 생략되었다.	0	1	0	0	0	0	1	0	0	0
2		인물상에서 2가지 이하 생략되었다.	0	1	0	1	1	1	0	0	1	
3		인물상에서 3가지 이상 생략되었다.	0	1	1	1	1	1	1	1	1	
4	크기(중앙에 1/2 정도 그리는 것이 정상)	인물상 전체가 가로 18, 세로 20cm 이상	1	0	0	0	0	0	0	0	0	
5		인물상 전체가 가로 10, 세로 15cm 미만	0	1	1	1	1	1	0	1	1	
6		절단된 신체상	1	1	1	1	1	1	0	0	0	
7	위치	화지 중앙에서 좌측으로 위치	0	0	0	0	0	0	1	1	0	
8		화지 중앙에서 우측으로 위치	1	1	0	0	0	1	0	0	0	
9		화지 중앙에서 하단으로 위치	0	1	1	0	1	1	0	1	0	
10	방향	전체 뒷모습	0	1	1	1	0	1	1	0	0	
11		측면 모습	0	1	0	0	1	0	0	0	0	
12		정면상	0	0	0	0	0	0	0	0	0	
14	머리	인물상 전신이 3등신 이하	1	0	0	0	0	0	1	0	1	
15		인물상 전신이 8등신 이상	0	0	0	0	1	1	0	1	1	
16		허리 밑으로 내려온 머리카락	0	0	1	0	0	1	1	0	0	
17	얼굴	얼굴의 눈, 코, 입, 전체 생략	0	1	1	1	1	1	1	0	1	
19	입	입의 길이가 2cm 이상	1	0	0	0	1	1	1	0	0	
20		입의 생략	0	1	0	0	0	0	0	0	0	
21		이가 보이는 입	1	0	0	0	0	0	0	0	1	
22		혀를 보이는 입	0	0	0	0	0	0	1	1	0	
23	눈	눈의 가로세로로 크기가 각 1cm 이상	0	1	0	0	0	1	0	0	0	
24		눈의 가로세로로 크기가 각 0.5cm 미만	0	1	0	0	0	0	0	0	0	
25		머리카락이나 도구로 가려진 눈	0	1	0	1	0	0	0	1	0	
26		감고 있는 눈	0	0	0	1	1	1	1	0	0	
27		눈동자가 없는 눈	0	1	0	1	0	1	0	0	1	
28	코	전체 길이가 1cm 이상	1	0	0	0	0	0	0	0	0	
29		코의 생략	0	1	0	0	0	0	0	0	0	
30		점으로 표현된 코	0	1	0	1	0	1	0	0	0	
31	목(아동의 그림에는 목을 안그린것이많다)	전체 길이가 0.5cm 미만	1	0	0	0	0	0	0	0	0	
32		전체 길이가 1cm 이상	0	1	0	0	1	0	1	1	0	
33		목의 생략	1	0	0	0	0	0	0	0	1	
34	어깨	얼굴 너비보다 좁은 어깨	0	0	1	0	1	0	0	1	0	
35		얼굴 너비에 3배 이상 되는 어깨	1	0	0	0	0	0	0	0	0	
36	팔	팔이 몸 뒤로 표현(열중쉬어)	0	0	1	1	1	1	0	0	0	
37		몸통의 1/2 이상의 팔 두께	1	0	0	0	0	0	0	0	0	
38		팔이나 손의 생략	0	0	1	1	1	1	0	0	0	
39	손	손에 음영을 표시	1	1	0	0	0	1	0	1	0	
40		주머니에 넣은 손	0	1	0	0	0	0	1	0	0	
41		쥔 주먹	1	1	0	0	0	0	0	0	0	
42		뾰족한 손가락, 손톱	1	1	0	0	0	0	0	0	0	
43	다리	발을 표시하지 않은 다리, 절단된 다리	0	1	1	0	1	1	0	0	0	
44		발가락의 자세한 표현 및 색칠	1	0	0	0	0	0	0	0	0	
45	기타	3개 이상의 주머니	0	0	0	0	0	1	1	1	1	
46		허리띠나 5개 이상의 단추	0	0	0	0	0	0	1	0	1	
47		가방을 들고 있는 경우	0	0	0	0	0	0	0	1	0	
48		기타 사물 표상의 표현	0	1	0	0	1	0	0	0	0	
49		두 사람 이상의 표현	0	1	0	0	0	1	1	0	0	
50		앉아 있거나 누워 있는 사람	0	0	1	0	0	1	1	0	0	
51		강조된 여성성의 표현	0	0	0	0	0	0	1	0	1	
52		손에든 도구의 표현	1	1	0	0	0	1	0	0	1	
53		모자 쓰고 있는 사람	0	1	0	0	0	0	0	0	0	
54		기울어진 인물상	0	1	0	0	0	1	0	0	0	
			17	27	13	13	16	26	17	15	18	

2 _____사례 A 아동 6세, 남 - 애정결핍

동생을 본 내담 아동은 모든 관심이 동생에게 집중되자 애착에 대한 퇴행 증상으로 센터에 의뢰되었다. 아이들은 부모에게 관심 받기 위해 많은 일들을 한다. 그러나 그런 일들은 부모에게 엉뚱한 짓으로만 보인다. 아이들은 상심하여 정서적 퇴행을 시작하고 애착장애까지 겪게 된다. 부모는 그때서야 아이에게 관심을 갖게 되는데 시간은 되돌리기 어려운 것이다. 아동에게 관심을 갖고 돌봐주어야 될 때가 있다. 그때를 놓치지 말아야 한다.

[그림 해석]

2세 동생이 있으며 동생에 대한 미움과 질투가 많고, 엄마는 우울감이 있다. 가족이 모두 싫어서 물고기 가족화에 내가 없다. 동생이 없었으면 좋겠다는 아동이다. 아이들은 그림에서 싫은 사람은 멀리 그리고 고동색으로 표현한다. 이것이 1단계이고 2단계는 싫은 사람은 안 그린다. 3단계는 가족구성원에서 나를 빼 버린다. 어항그림에서 색이 의미하는 표상으로는 무서운 할아버지, 싫은 동생과 할머니, 우울한 엄마, 따뜻한 아빠로 표현하고 있다. 아동 그림에서 내가 생략된 것은 가장 부정적인 표현이다. 그러나 가족들은 동생에 대해서 긍정적 관심을 가지고 있고 나에 대한 정서가 긍정적이지 않기 때문에 지속적으로 지적당하거나 억압당했을 가능성이 높다. 이런 경우 가족 구성원에서 자신은 빠진 모습이 종종 나타난다. 모두 자신을 싫어한다고 생각한다. 동생이 태어나기 전에 자신이 받았던 관심을 회복하고 싶다. 동생만 없으면 그렇게 된다고 생각하여 동생이 없었으면 좋겠다고 말하는 것이다. 아동 그림에서 내가 생략된 것은 가장 부정적인 표현이다.

가족들은 내담자의 정서를 이해하고, 지속적인 관심과 반응이 필요하다. 동생에 대한 돌봄이 필요하듯이 애착에 대한 상실감을 경험하고 있는 내담자에 대한 지지와 관심이 필요하다 특히 애착의 주요대상인 엄마의 역할이 중요하겠다. 내담자는 엄마에 대해 여전히 관심과 보호적 대상임을 보여주고 있는 모습이다. 긍정적 수용이 필요하며 가족들은 엄마의 스트레스를 나눌 필요가 있다. 그리고 아이가 꽃을 그릴 때 엄마를 가시가 많은 장미로 표현한 것과 꽃잎을 칠하고 검정색으로 뭉개면서 채색한 것으로 보아 엄마에 대해 좋기도 하지만 싫고 무섭기도 한 양가감정을 갖는다는 것을 알 수 있다. 엄마는 아동이 보이는 증상들에 대하여 크게 느끼지 않고 자신이 이제 좀더 노력하면 좋아질 것이라고 하면서 상담을 진행하기를 거부하였다. 아동의 그림진단 결과 애착에 대한 욕구가 채워지고 자신에 대해 생각하는 에너지를 긍정적으로 올리기 위해서는 수용과 지지의 과정이 필요하다. 그런 과정을 전문가와 함께 진행하면서 직접 대상인 모의 양육방법에 대한 정보가 지속적으로 필요한 내담자였으나 양육자의 거부로 진행하지 못한 아쉬움이 남는 사례이다.

3 _____사례 B 아동 11세, 남 - 불안, 대인관계 부적응

내담자는 평소에 모범생으로 공부도 잘했다. 아이들은 부모에게 잘 보이기 위해서 최선을 다한다. 부모의 기대치가 커서 아이들에게 과도한 과제를 주게 되면 아이들은 조금씩 병들어간다. 자신의 불안한 상황을 회피하면서 방어기제의 수단으로 인터넷과 책을 선택한다. 학교에서도 정해진 과목의 책 대신 읽고 싶은 책을 읽으면서 현실적 불안을 회피하는 모습을 보여 내방하게 되었다. .

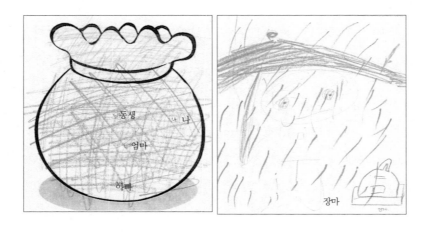

[그림 해석]

11세 정도가 되면 사물에 대한 정확한 표현이 일반적이지만 어항 그림에서 보이는 것처럼 어항경계를 벗어난 어지러운 색칠과 가족 구성원과 대치하는 모습의 불분명한 표상이 아동의 심리상태를 말해준다. 아동이 생각할 때 동생은 아마도 이 가정에서는 왕인가 보다. 동생 물고기의 위치가 최상위인걸 보면 내담자는 동생과의 사이도 좋지 않은 것 같다. 빗속의 사람 그림은 아동이 외부에서 전해오는 여러 가지 상황에 어떻게 대처하는가를 알아보는 검사이다. 굵은 큰비가 내리는 표현은 아동이 처한 환경이

미술치료의 이론과 실제

힘들다는 것이고, 비를 막는 우산의 표현은 환경을 이겨내는 대처기술의 크기이다. 가방도 내려놓고 장마라고 표시한 내담자가 갖는 학업의 스트레스가 어마어마한 것을 알 수 있다. 부모상담 시 어머니에게 사소한 것도 격려하고 칭찬해 주길 부탁드렸으나, 머리로는 이해하고 격려와 칭찬해야 된다는 걸 알고 있지만 그 쉬운 일이 쉽지 않다고 한탄한다. 보통의 사람들은 자신이 이루지 못한 꿈을 자식에게서 기대한다. 그런 이유로 무리수를 두는 경우가 생기는 것이다. 아이를 부모의 소유물이 아닌 하나의 인격체로 바라봐 주는 것이 중요하다. 현실적인 상황에 대한 조언에도 받아들이기 어려운 부모의 양육적 태도는 쉽게 변하지 않는다. 내담자는 지금 보이는 불안의 상황을 해소하지 못하고 지속적인 스트레스가 작용하게 된다면 부모와의 갈등이 더 커지게 된다. 아동기에 발생한 심리적 불안은 치료의 시기가 빠를수록 효과적인 결과를 얻을 수 있다.

4 _____사례 C 아동 13세, 여 - 애착, 불안

　평소 밝고 명랑하던 아동이 어느 날 갑자기 불안을 호소하며, 엄마와 떨어지지 않으려는 분리불안 증세를 보여 내방하게 되었다. 부모는 사는 게 바빠 아이들과 의미 있는 시간을 보내지 못했다고 한다. 내담자는 5살 아래 남동생을 부모님을 대신하여서 돌봐야 하는 일이 일상이었는데, 이것이 심리적으로 몹시 부담이 컸던 것으로 보인다. 어머니는 초기 면담에서 이렇게 동생을 돌보던 일은 늘 하던 것인데 최근에 갑자기 아이가 불안해 한다고 설명한다. 아동은 자신이 상담실에 오게 된 상황에 대해서 크게 어려워하지 않았으며, 상담사와 이야기를 나누는 것에서도 어려움이 없었다. 기본적인 검사를 통하여 아동의 심리상태를 진단하고 상담을 진행하였다. 아동은 사춘기에 접어들면서 또래들과의 활동에 에너지를 많이 쏟고 싶고, 자신 위주의 생활을 하고 싶은 욕구가 강하게 올라오는데 가정의 환경이 그것을 보존해 주지 못하자 심리적으로 많은 억압을 가지게 되었다. 주변에서 자신이 하던 일들에 대해서 무척 꼼꼼하게 잘하고, 무엇이든 열심히 하면서 잘하는 아이로 인정받고 있는 상태였으나 점점 시간이 지나면서 그런 것들이 부담으로 다가오게 되었던 것이다. 특히 가정에서 자신을 부모님의 역할을 대신하는 딸로서의 존재로만 보는 것에 대한 부적응과 불안이 컸다. 아동은 상담을 진행하면서 자신이 정말 원하는 욕구가 무엇이며, 부모님을 대신하는 역할이 아닌 자녀의 역할을 찾아가는 과정을 함께 경험하였다. 부모님들 또한 자녀의 변화에 대해서 인정하고, 그동안 잘한다는 말로 모든 것을 맡기고 '원래 너는 그렇게 잘하잖아'가 아니라 지금부터라도 양육하고 보호해야 할 자녀의 입장을 이해하고 존중해 주도록 상담을 진행하였다. 아동 내담자는 상담을 진행하면서 자신의 자존감을 회복하면서 자신의 역할을 즐겁게 잘 감당하는 모습을 되찾게 되었다. 부모님과의 분리불안에 대해서도 서로의 입장에 대한 이해의 시간과 대화의 시간을 통하여 역할분담을 조절할 수 있게 되었으며, 가정에서 자녀의 역할을 찾을 수 있게 되었다.

1) C 아동 초기 H(집) 그림

가) C 아동 H(집) 그림 질문사항

번호	질문사항	내용(자유롭게 적어주세요.)
1	이 집의 위치는 어디 있나요? (예: 시내, 시골, 산속, 전원주택지 등)	산속
2	이 집 주변에는 무엇이 있을까요?	나무
3	현재 이 집이 있는 곳의 날씨와 계절은?	봄
4	이 집에 살고 있는 가족은 누구인가요?	나와 친구 강아지
5	이 집의 분위기는 어떤가요?	좋다.
6	이 집을 보는 당신의 느낌은 어떠한가요?	좋다.
7	더 추가해서 그리고 싶은 것이 있다면?	없다.

나) C 아동 H(집) 검사 채점표

번호	구분	항 목	점수	공격성	사회불안	우울	대인회피	자존감	정서불안	애정결핍	열등감	퇴행
2	전체 그림의 평가	집의 형태에서 1개 부분이 생략되었다.	1	0	1	0	0	1	1	0	0	1
6	크기	절단된 집(파손된 집)	1	1	1	1	1	1	1	1	0	0
8	위치	화지 중앙에서 우측으로 위치	1	1	0	0	0	0	0	0	0	0
32	기타	울타리나 담장 있음	1	0	1	0	1	1	1	0	1	0
				2	3	1	2	3	3	1	1	1

다) C 아동 H(집) 그림 해석

집 그림은 가족에 대한 역동성과 내담자가 가족에 대해서 가지고 가는 정서를 알아볼 수 있으며, 대인관계를 알아볼 수 있는 투사적 검사이다. 화지 가운데 울타리를 넓게 치고 마당에 강아지 집과 세 마리의 강아지가 있으며, 사람들의 집은 오른쪽으로 절단된 채 나타난 것을 볼 수 있다. 강아지가 뛰어노는 마당과 울타리를 가장 정성스레 표현하였으며, 내가 살고 있는 공간에는 크게 신경을 쓰고 있지 않은 모습으로 나타났다. 가족의 구성원 가운데서 자신이 가족 전체를 책임지고 있는 모습인 것인 양 보이고 있는 그림의 표상이다. 자신은 그 구성원 안에 함께 할 수 없으면서도 책임감으로 그들을 돌봐야 하는 그런 사람이라는 것에 대한 무의식적 부정적 감정을 표현한 것으로 보인다. 가정에 대한 무의식적 불안이 높으며, 자녀로서 부모로부터 양육을 받는 것이 아니라 자신이 부모와 동생을 모두 책임져야 한다는 부담감이 무척 스트레스가 될 것으로 보인다. 대인관계에서도 적극적이지 못하고 위축된 형태를 취할 것으로 보이며, 고집이 세고 피해의식을 높게 가지고 있을 것으로 보인다. 초기 면담에서 나타난 상황이 집 그림검사에서 그대로 나타난 것이라고 볼 수 있겠다.

2) C 아동 T(나무) 그림

미술치료의 이론과 실제

가) C 아동 T(나무) 그림 질문지

번호	질문사항	내용(자유롭게 적어주세요.)
1	이 나무는 어떤 나무인가요?	울창하고 큰 나무
2	이 나무는 어디에 있을까요?	집 옆에
3	이 나무 주변에는 무엇이 있나요?	나무들과 풀
4	현재의 계절과 날씨는 어떤가요?	봄
5	이 나무의 현재 수령은 얼마인가요?	50살
6	이 나무를 보고 누가 떠오르나요?	나
7	더 추가해서 그리고 싶은 것이 있다면?	없다.

나) C 아동 T(나무) 그림 채점표

번호	구분	항 목	점수	공격성	사회불안	우울	대인회피	자존감	정서불안	애정결핍	열등감	퇴행
14	수관	어지럽게 칠해진 수관 표현	1	0	1	1	1	1	1	1	1	1
24		나뭇가지의 수가 6개 이상 표현	1	1	1	0	0	0	0	0	0	0
27	가지	가지의 끝이 뾰족한 표현	1	1	1	0	0	0	1	1	1	0
41	기타	주변에 다른 사물	1	0	1	1	0	0	1	1	1	0
				2	4	2	1	1	3	3	3	1

다) C 아동 T(나무) 그림 해석

나무 그림은 자아상을 나타내는 표상이다. 나무 아래에서 쉬고 있는 나와 동생과 강아지를 함께 그렸다. 위의 집 그림의 경우에도 집에 살고 있는 가족 구성원이 자신과 강아지 3마리로 나타났다. 수관이 어지럽게 칠해져 있으며, 끝이 뾰족한 많은 가지들이 나타났다. 현재 아동 내담자의 정서가 무척 혼란스럽고 어지러우며, 하고 싶은 일들은 많으나 갈등하고 있는 예민하고 날이 선 모습을 볼 수 있다. 또한 자신 아래에서 쉬고 있는 강아지나 동생은 자신이 돌봐야 하는 대상으로 현재 자신에게 주어진 역할에 대해서 무척 스트레스가 많다는 것을 알 수 있겠다. 자신의 현재 상황에 옆에 지속적으로 붙어 있어야 하는 누군가는 지속되는 책임감을 요구하고, 자신의 욕구를 표현하기보다는 억제하고 배려해야 한다는 것으로 무척 스트레스가 될 수 있는 요인이 된다.

3) C 아동 P(사람) 그림

가) C 아동 P(사람) 그림 질문지

번호	질문사항	내용(자유롭게 적어주세요.)
1	이 사람은 누구인가요?	나
2	이 사람의 나이는 몇 살인가요?	12살
3	현재 무엇을 하고 있는 모습인가요?	강아지 생각을 하고 있다.
4	이 사람의 직업은 무엇인가요?	학생
5	이 사람의 컨디션은 어떤가요?	좋다
6	이 사람의 소망은 무엇인가요?	강아지를 키우고 싶다.
7	더 추가해서 그리고 싶은 것이 있다면?	강아지

나) C 아동 P(사람) 그림 채점표

번호	구분	항 목	점수	공격성	사회불안	우울	대인회피	자존감	정서불안	애정결핍	열등감	퇴행
1	전체 그림의 평가	인물상의 형태가 1가지 생략되었다.	1	0	1	0	0	0	1	0	0	0
12	방향	정면상	1	0	0	0	0	0	0	0	0	0
14	머리	인물상 전신이 3등신 이하	1	1	0	0	0	0	0	1	0	1
54	기타	기울어진 인물상	1	0	1	0	0	0	1	0	0	0
				1	2	0	0	0	2	1	0	1

다) C 아동 P(사람) 그림 해석

인물상은 자신의 자아상을 그대로 나타낸 것이라고 할 수 있다. 화지 가운데 위치한 정면상의 인물이나 기울어져 있는 것으로 현실적 불안감을 볼 수 있으며, 경직되어진 표상은 현실에 대한 억압적인 상황을 나타낸다고 볼 수 있다. 전체 비율에서 머리가 크게 나타난 것으로 퇴행적 요인을 볼 수 있으며, 자기 중심적인 사고가 또래관계에서 부정적인 역동을 끼칠 수 있다. 짧은 목은 공격적이거나 충동적인 성향을 나타내는 것으로 해석할 수 있는데 생각하는 것보다는 행동하는 부분이 발달되었으며, 현실에서 자신이 원하는 것을 잘할 수 있는 환경을 만나지 못한 것을 볼 수 있다.

5 _____사례 D 아동 13세, 남 - ADHD, 공격성

    병원에서 ADHD 진단을 받았으며, 또래관계에서도 지속적으로 다툼이 생기고 자신의 감정을 조절하지 못하여 분노의 표출이 행동으로 나타나서 또래관계에서도 부적응을 경험하고 있다. 학교에서 담임선생님께서 상담을 권유하셨으며, 집에서 동생과 다투면서도 욕설을 심하게 하는 모습에 어머니가 상담을 진행하였으나 크게 변화가 없어서 상담실을 옮기시게 되었다. 어머니와 여동생과 함께 거주하고 있으며, 최근에 자녀들의 양육을 주도적으로 도와주셨던 외할머니께서 사망하셔서 온 가족들이 힘든 시간을 보내었다. 내담자는 신체적으로 또래에 비해서 작고 마른 모습이며, 초기 면담에서도 매우 산만하고 집중하지 못하는 모습을 보였다. 상담사와 시선을 맞추는 것을 어려워하였고 상담실 공간에 앉아서 무엇인가를 하는 것 자체에 대한 억압을 가지고 있었다. 자신이 상담을 받아야 하는 것에 대한 불만을 가지고 왔으나 상담사와 기본적인 의사소통에는 어려움이 없었다. 그러나 대화에 집중하지 못하는 모습을 보였으며, 상대의 이야기에 크게 관심을 보이지 않고 자신의 호기심을 해결하는 것에 더 관심을 가지는 것을 볼 수 있었다. 어머니는 상담을 통하여 외할머니에 대한 슬픈 감정을 잘 정리하고, 일상적인 학교생활에서 산만한 것과 공격적인 모습이 줄어들고 자신의 감정을 긍정적으로 표현할 수 있도록 하는 것에 목표를 두고 싶다고 하셨다. 내담자는 상담실을 내방하기 전에 다른 곳에서도 상담을 받은 경험이 있어서 상담실에 대해서 가지고 가는 느낌은 부정적이지 않았다. 그러나 자신이 상담을 통하여 특별히 달라질 것이라는 것에 대한 기대감을 가지고 있지 않고, 단지 상담 선생님은 자신이 하고 싶은 놀이를 도와주고 같이 해주는 사람이라는 생각을 가지고 있었다. 생각하고 말하기보다는 행동하는 것이 더 잘 발달되어 있으며, 자신은 놀이 활동에만 관심이 있으니 그렇게 진행되었으면 좋겠다고 표현하였다. 상담사는 상담의 과정을 통하여 내담자의 성급한 행동과 결정으로 인하여 반복되는 비난이나 실수를 줄여갈 수 있는 방법을 배울 수 있으며, 공격적인 행동표현을 조절할 수 있는 방법을 함께 생각하면서 조절할 수 있게 될 것을 충분히 설명해 주었다. 내담자와 함께 행동을 수정해야 하는 부분에 대해서 구체적인 목표를 세워서 진행하였다. 상담은 1년간 지원서비스를 통해 진행되었으며, 초기 관계형성을 위하여서 내담자가 즐겁게 흥미를 보이고 있는 신체활동을 함께 진행하였다. 내담자는 상담이 진행되면서 자신에게 있는 잠재력을 발견하는 시간들을 가졌으며, 집중력이 많이 향상되고, 자신의 분노의 감정을 몸이 아니라 말로 표현하는 방법을 배울 수 있는 시간이 되었다. 상담은 지원서비스의 종료와 함께 마무리되었다. 마무리하면서 내담자에 대한 평가적 부분에서 초기의 목표했던 부분들이 많이 성취되었으나, 모의 양육적 태도와 환경의 변화가 없는 것에 대한 아쉬움을 남겼다. 가정에서 여전히 폭력적모습을 보이는 엄마와 동생과의 갈등을 잘 해소하기 위해서는 아동의 양육에 대한 부모교육과 내담자 자신이 감정을 통제하고 조절하는 것에 대한 지속적인 행동연습이 필요하다. 마무리 소견에 지속적인 관찰과 관심이 필요한 내담자임을 명시해 주었다.

1) D 아동 H(집) 그림

[사전]

[사후]

가) H(집) 그림 검사 질문지

사전

번호	질문사항	내용(자유롭게 적어주세요.)
1	이 집의 위치는 어디 있나요? (예: 시내, 시골, 산속, 전원주택지 등)	시내 한가운데
2	이 집 주변에는 무엇이 있을까요?	마트, 집들
3	현재 이 집이 있는 곳의 날씨와 계절은?	여름
4	이 집에 살고 있는 가족은 누구인가요?	엄마, 아빠, 아들, 딸
5	이 집의 분위기는 어떤가요?	아주 좋아요.
6	이 집을 보는 당신의 느낌은 어떠한가요?	빌딩같다, 근육같다.
7	더 추가해서 그리고 싶은 것이 있다면?	근처에 사는 사람들

번호	질문사항	내용(자유롭게 적어주세요.)
1	이 집의 위치는 어디 있나요? (예: 시내, 시골, 산속, 전원주택지 등)	시내
2	이 집 주변에는 무엇이 있을까요?	마트, 집들
3	현재 이 집이 있는 곳의 날씨와 계절은?	더운 여름
4	이 집에 살고 있는 가족은 누구인가요?	엄마, 아빠, 형, 여동생, 남동생
5	이 집의 분위기는 어떤가요?	매우 좋다. 평화로운 분위기
6	이 집을 보는 당신의 느낌은 어떠한가요?	이런 집에서 살고 싶다.
7	더 추가해서 그리고 싶은 것이 있다면?	와이파이 안테나

나) H(집) 그림 검사 채점표

사전

번호	구분	항 목	점수	공격성	사회불안	우울	대인회피	자존감	정서불안	애정결핍	열등감	퇴행
15	지붕	삼각형만 있는 지붕	1	1	1	0	0	1	1	0	0	0
20	현관문	현관문이 벽면의 1/8 이하의 크기	1	0	0	1	0	1	1	1	0	0
25	창문	3개 이상의 창문	1	0	1	0	0	0	0	0	1	0
39	기타	집 벽면 아래 받침이나 다리 표현	1	0	1	0	0	1	0	0	1	0
				1	3	1	0	3	2	1	2	0

사후

번호	구분	항 목	점수	공격성	사회불안	우울	대인회피	자존감	정서불안	애정결핍	열등감	퇴행
14	지붕	지붕의 격자무늬 표현	1	0	0	1	0	1	1	0	1	0
15	지붕	삼각형만 있는 지붕	1	1	1	0	0	1	1	0	0	0
22	현관문	현관문의 덧칠, 잠금장치	1	0	1	0	1	1	1	1	0	0
28	굴뚝	굴뚝의 연기	1	0	0	1	0	1	0	0	0	0
30	태양	전체 태양이 나옴	1	0	0	1	0	1	1	1	0	1
36	기타	집의 음영이나 집의 그림자	1	0	0	1	0	1	0	0	1	0
38		덧칠한 경우	1	1	0	1	0	0	0	0	0	1
				2	2	5	1	6	5	2	2	2

다) H(집) 그림 검사 해석 비교

집 그림은 가족에 대한 역동성과 내담자가 가족에 대해서 가지고 가는 정서를 알아볼 수 있으며, 대인관계를 알아볼 수 있는 투사적 검사이다.

사전 집 그림은 시내 한가운데 있는 집의 지면 아래 뿌리가 달려 있으며, 그 본체와 연결된 집이 하나 더 있는 모습이며, 여기에 자신의 가족들이 살고 있다고 설명한다. 그림 전체가 불안정하게 공중에 떠 있는 모습으로 표현된 것으로 가정에 대한 무의식적 불안감이 매우 높다는 것을 알 수 있겠다. 단색으로 표현한 것을 집중하기에 어려움을 보이며, 그림을 그리는 시간이 무척 짧은 것도 내담자의 성향을 그대로 표현한 것이라고 볼 수 있겠다. 모두 그려 넣고 근육처럼 보인다는 표현으로 보아 내담자는 힘에 대한 욕구가 높으며, 창문의 표현은 엄마의 잔소리가 많이 영향을 주는 것으로 볼 수 있겠다. 양육의 환경이 엄격하고 권위적이며 억압적일 수 있으며, 공격적이고 예민한 성향을 가지고 있는 것으로 보인다.

사후 집 그림은 화지 가운데 그려진 집으로 세모지붕에 덧칠한 색상과 굴뚝에서 연기가 나고 있으며, 벽면에서 무채색으로 색상을 칠하고 검정색으로 격자무늬를 넣은 모습을 볼 수 있으며, 현관문이 나타났으며, 해와 구름이 배경으로 나타난 모습이다. 엄격하고 보수적인 양육의 환경이 여전히 나타나고 있으며, 현재 정서적으로 무척 혼란스럽고 억압되어 있으며, 분노감이 가득 차 있는 것을 볼 수 있다. 또래관계에서도 충분히 긍정적인 관계형성이 안 되어서 우울한 표상을 보이며, 강박적 성향이 있음을 볼 수 있다. 최근에 여자친구와 헤어진 계기가 그림의 표상으로 나타나게 된 것으로 보여진다. 가족 내에서 안정감과 자신에 대한 자존감, 정서적인 지지가 충분히 이루어지지 못하고 있는 그림의 표상을 보이고 있다. 이런 갈등들이 내담자의 성격을 더 급하고 산만하게 만들었을 것으로 보이며, 정서적 지지가 되어주어야 할 부모로부터 충분한 애착이 형성되지 못한 것을 볼 수 있다. 이 집에 살고 있는 사람은 원래 자신의 가족보다 '아빠와 형'을 더 추가로 넣어서 함께 살고 있다고 표현한 것으로 가족에 대한 개념을 내적으로는 갈등하고 있음을 알 수 있겠다. 현실에서 함께 하지는 않지만 가족 구성원이 있고, 자신은 그들을 가족이라고 함께 표현하고 싶은 욕구가 내재되어 있다는 것을 알 수 있다. 또한 집안의 분위기는 '싸움이 없는 평화로운 분위기'라고 하면서 이런 집에 살고 싶다고 소망을 적은 것으로 현실적으로는 가정에서 자주 다툼이 일어나고 있으며, 평화롭지 못한 분위기에서 지내고 있다는 현실을 반영한 것이며, 자신의 무의식적 욕구는 가족이 한 집에서 평화롭게 잘 지내고 싶다는 것을 알 수 있겠다. 초기에 비해 필압이 선명하고 상세한 표현들이 나온 것을 통하여 집중하는 시간과 그림에 대해 거부감이 많이 안정되었으며 색상을 다양하게 사용할 수 있는 것은 그림의 현장에서지지 받고 있음에 대한 표현으로 볼 수 있겠다.

2) D 아동 T(나무) 그림

[사전]　　　　　　　　　　　　　[사후]

가) T(나무) 그림 검사 질문지

사전

번호	질문사항	내용(자유롭게 적어주세요.)
1	이 나무는 어떤 나무인가요?	참사과 나무
2	이 나무는 어디에 있을까요?	과수원
3	이 나무 주변에는 무엇이 있나요?	나무들
4	현재의 계절과 날씨는 어떤가요?	여름
5	이 나무의 현재 수령은 얼마인가요?	5년
6	이 나무를 보고 누가 떠오르나요?	나
7	더 추가해서 그리고 싶은 것이 있다면?	없다.

사후

번호	질문사항	내용(자유롭게 적어주세요.)
1	이 나무는 어떤 나무인가요?	바오밥나무
2	이 나무는 어디에 있을까요?	산 앞
3	이 나무 주변에는 무엇이 있나요?	민들레, 나뭇가지, 태양
4	현재의 계절과 날씨는 어떤가요?	봄날 따뜻하다.
5	이 나무의 현재 수령은 얼마인가요?	95년
6	이 나무를 보고 누가 떠오르나요?	나
7	더 추가해서 그리고 싶은 것이 있다면?	구름 2개

미술치료의 이론과 실제

나) T(나무) 그림 검사 채점표

사전

번호	구분	항 목	점수	공격성	사회불안	우울	대인회피	자존감	정서불안	애정결핍	열등감	퇴행
6	크기	기둥이나 수관이 절단된 나무	1	1	1	1	1	1	1	1	1	0
17	기둥	나무껍질에 무늬가 있는 경우	1	0	1	0	0	0	1	0	0	0
24	가지	나뭇가지의 수가 6개 이상 표현	1	1	1	0	0	0	0	0	0	0
27		가지의 끝이 뾰족한 표현	1	1	1	0	0	0	1	1	1	0
40	기타	수령이 자신의 나이보다 어린 나무	1	0	0	0	0	1	1	1	0	1
				3	4	1	1	2	4	3	2	1

사후

번호	구분	항 목	점수	공격성	사회불안	우울	대인회피	자존감	정서불안	애정결핍	열등감	퇴행
13	수관	수관의 크기가 가로10, 세로10cm 미만	1	1	0	1	0	0	1	1	1	0
17	기둥	나무껍질에 무늬가 있는 경우	1	0	1	0	0	0	1	0	0	0
19		기둥의 두께가 5cm 미만	1	0	1	1	0	1	0	0	0	0
21	뿌리	땅속의 뿌리가 나타남	1	0	1	0	0	0	1	1	0	1
27	가지	가지의 끝이 뾰족한 표현	1	1	1	0	0	0	1	1	1	0
38	지면선	둥근 동산 같은 지면선, 화지 아래서1/3선 이상에 나타난 지면선	1	0	1	0	0	0	1	1	1	0
43	기타	주변의 다른 식물	1	0	1	1	0	0	1	1	1	0
				2	6	3	0	1	6	5	3	2

다) T(나무) 그림 검사 해석 비교

나무 그림은 자아상을 나타내는 표상이다. 내담자의 사전 나무 그림은 화지 가운데 기둥이 잘린 채 등장한 나무는 기둥 옆으로 작은 가지들이 있고, 나뭇잎이 있는 모습과 수관에 열매가 있는 모습을 볼 수 있으며, 기둥에 채색이 된 형태이다. 이 나무는 참사과 나무로 5년 정도 되었으며, 어디에서나 살 수 있는 면역이 높은 나무이다. 계절은 여름이고, 컨디션이 좋아 보인다고 설명해주었다. 전체적으로 화지 가운데 위치하나 불완전한 모습으로 그려진 나무 표상은 현실적 불안과 전체적 조망능력의 부재라고 볼 수 있다. 또한 기둥의 채색을 어지럽게 한 것으로 피부에 가려움증이 있는 예민함이라고 볼 수 있으며, 기둥에 붙어 있는 가지들은 자신이 무엇인가 시도해서 성공했던 경험에 대한 표현이라고 볼 수 있으며, 수관에 있는 열매는 자신의 애착 고리로 볼 수 있다. 뾰족한 가지는 공격적인 모습을 볼 수 있으며, 예민함의 표현은 자신의 감정에 대해서 잘 조절하기 어려울 수 있는 상황을 표현해 주고 있다. 자신의 연령보다 어린 수령의 나무는 인지 정서적 퇴행으로 볼 수 있으며, 현실조망능력의 부재와 자기중심적 사고가 또래에 비해 높이 형성되어 있을 가능성이 높다. 그 결과로 여름에 빨갛게 익은 사과의 모습을 설명하면서 자신의 오류를 잘 인지하지 못하는 모습의 조망력의 부재를 볼 수 있다. 또한 나무가 면역기능이 좋다는 표현은 내담자가 무의식적으로 신체적 건강에 대한 염려를 가지고 있다는 것이라고 볼 수 있겠다. 자신이 생각하고 있는 것과 표상적인 것의 차이를 인지하지 못하고, 자신의 생각대로 설명하는 것은 현실적 객관성이 떨어진다는 것을 알 수 있으며, 면역기능이라는 구체적 표현은 자신의 생활환경에서 자주 접했던 경험의 표현이라고 할 수 있겠다.

사후 검사에 나타난 그림의 나무는 높은 지면에 단단히 뿌리를 내리고 있는 95년 된 바오밥나무이다. 키가 무려 3m나 되며, 산 앞에 입구에 위치해 있으며, 현재는 봄이고 따뜻한 날씨라고 소개하였다. 주변에 다른 꽃들의 표현은 외로움에 대한 표상이라고 볼 수 있다. 태양이 반쪽 나타난 것으로 아버지의 부재를 설명할 수 있으며, 구름이 자신의 위에 가지런히 있는 것을 볼 수 있다. 가지는 초기 그림과 마찬가지로 세 개 나타났으며 진하게 채색하다가 기둥을 다 채색하지 못한 모습을 볼 수 있으며, 나무의 형태는 전체적으로 안정감 있게 표현된 것을 볼 수 있다. 지면선을 진하게 높게 채색하여 표현하는 것으로 현실적 존재에 대한 불안감이 있으며, 기둥의 두께로 자존감이 약한 상태인 것을 알 수 있다. 현실적 불안감은 여전히 있지만, 인지조망능력이 또래의 수준에 이르기까지 많이 향상되고 안정되어 가는 것을 볼 수 있으며, 초기에 비하여 자신에 대해서 생각이 많아지고, 관계에 대해서나 자신의 감정을 조절하는 것에 대한 연습이 많이 이루어진 것을 볼 수 있다.

미술치료의 이론과 실제

6 ＿＿＿＿사례 E 청소년 17세, 여 - 불안, 진로, 무기력

아빠와의 관계가 너무 부정적인 관계로 아빠와 관계 개선을 위해서 가족들과 함께 내방한 17세 여고생이다. 상담을 적극적으로 권유한 사람은 엄마이며, 자신은 자녀들과 사이가 좋은데, 아빠는 너무 다툼이 빈번하여 자신이 중간에서 무척 곤란한 상황이라고 호소하였다. 내담자는 보통의 키에 통통한 외모를 지녔으며, 새로운 상황에 대한 거부감이 크게 없고, 자신이 생각한 것을 말로 표현하는 데 어려움이 없을 정도로 무척 표현력이 발달되어 있었다. 손톱을 물어뜯는 버릇이 있어 현재도 손톱이 매우 짧은 상태이며, 자신의 상황에 대해서 아무런 문제가 없다는 방어적 표현이 자주 하였다. 처음 의뢰된 이유에 대해서는 회피하는 모습을 보였으며, 자신은 상담실을 내방하게 된 경위가 자신의 미래에 대해서 부모님을 설득하고 싶어서이지 아빠와 가까워지거나 좋은 부녀지간의 모습을 원하는 것은 아니라고 하였다. 내담자는 2살 터울의 남동생이 있으며, 부모님은 모두 자영업을 하시는 맞벌이셨고, 어린 시절부터 늘 경제활동을 하셨던 부모님의 직업 때문에 어린이집과 학원을 다니고, 부모님의 영업장에 함께 머무는 시간이 많았다. 부모님은 어린 시절에 내담자를 출산하였고, 경제적인 기반을 갖추지 못한 채로 부모의 역할을 수행하면서 무척 고된 시간을 보내었으며, 자녀들에게도 크게 관심을 보이지 못할 정도로 분주한 시절을 보냈다고 하신다. 고등학생이 되면서 하고 싶던 자신의 욕구를 하나씩 주장하고 있는데, 부모님과 가장 큰 부딪힘은 진로에 대한 문제와 아빠에 대한 공격적인 태도이다. 자신은 대학을 가고 싶지 않고, 부모님은 강하게 대학을 가야 한다고 억압하시고 계시며, 부모님은 잦은 다툼과 폭력적 모습을 자녀들 앞에서 보이시고 있었다. 자신은 자유롭게 아르바이트를 하면서 여행을 다니면서 여행지를 소개하는 여행 작가가 되는 것이 꿈인데, 부모님은 일반적으로 자격을 취득할 수 있는 전문적인 학업을 진행하기를 원하신다. 이런 간격으로 인하여 자신의 이야기를 부모님은 거의 수용해 주지 않고 있어 답답한 마음에 친구들과의 일탈을 꿈꾸고 있는 상황이라고 한다. 어린 시절 부모로부터 충분한 관심을 받지 못했다고 생각하고 있는 내담자는 현재 자신의 삶은 스스로 만족스러운데 부모님의 개입이 자신을 불편하게 하고 있으며, 아빠는 자신이 한 번도 좋아해 본 적이 없는 관계인데 새삼스레 좋은 관계를 원한다는 것에 대해서 의아하다는 듯한 무심한 반응을 보였다. 자신은 상담을 통하여 자신의 진로에 대해서 확신을 가지고 싶다고 한다. 부모의 상담의뢰와 내담자의 상담에 대한 기대감과 목표가 다르게 나타난 경우이다.

상담을 진행하면서 내담자 스스로는 자신에 대해서 잘 알고 있고, 자신이 생각하는 세상은 지금 현실만 벗어나면 훨씬 자유롭고 좋을 것이라는 막연한 이상적인 기대감을 가지고 있으면서 현실에서 자신이 감당해야 할 학업에 대해서는 회피하고 싶은 욕구를 가지고 있다는 것을 자각할 수 있게 되었다. 자신이 진로를 선택함에 있어서도 자신이 하고 싶은 것만 하겠다는 자기만의 논리를 펼치고 있었으며, 현실적인 조언이나 책임감에 대한 이야기는 회피하는 것이 당당하고 자연스러운 것이라고 주장하였으나 상담이 진행되면서 자신의 욕구를 직면하게 되었다. 또한 가정에서도 무의식적 부적응을 보이고 있으면서도 외적으로는 관심이 없는 것처럼, 또한 부모의 관심을 받고 싶으면서도 괜찮은 척하는 자신을 알게 되었다. 가족 구성원들이 소통되지 못하는 있는 것을 알지만 회피하고 싶고, 단지 자신에게만 집중하고 싶은 욕구와 그런 자신을 이해하고 받아들여 주어야 하는 부모에 대해서 저항하고 있는 자신을 인지하면서 자신이 어떻게 행동해야 할지에 대한 고민을 함께 진행하였다.

자신의 진로에 대한 상담을 진행하면서 대학에 대한 자신의 생각과 앞으로 자신의 삶에 대한 생각을 나누면서 자신이 생각하고 있는 세상이 단지 현실에서 책임지고 견뎌야 하는 시간이 싫어서 회피하는 수단으로 선택한 것은 아닌지에 대한 점검을 하게 되었다. 그러면서 내담자는 자신이 중학생 시절에 성적이 우수하였던 것과 고등학생이 되면서 현실적으로 뒷받침을 해줄 수 없는 가정의 상황이 맞물리면서 학업에 대한 꿈을 자연스럽게 접게 된 상황을 이야기했다. 상담사는 내담자의 진로에 대해서 구체적으로 계획을 세울 수 있는 다양한 정보를 제공하였으며, 내담자는 자신에게 가장 적절한 상황을 선택하면서 그 세부적인 계획을 스스로 세워가는 부분을 도울 수 있었다. 부모상담에서 자녀와 소통에 있어서 부모로서의 역할의 중요성에 대한 정보가 제공되었으며, 자녀의 의견을 물어보고 대화를 하는 방법에 대한 상담이 이루어졌다. 상담은 진로에 대한 구체적 계획의 변경을 가져올 수 있었으며, 부모님이 자녀의 진로에 대해서 동의할 수 있는 수준에까지 이르러서 마무리되었다.

1) E 청소년 H(집) 그림

가) H(집) 그림 검사 질문지

번호	질문사항	내용(자유롭게 적어주세요.)
1	이 집의 위치는 어디 있나요? (예: 시내, 시골, 산속, 전원주택지 등)	시내 주택가
2	이 집 주변에는 무엇이 있을까요?	다른 집들, 마트
3	현재 이 집이 있는 곳의 날씨와 계절은?	봄, 따뜻함
4	이 집에 살고 있는 가족은 누구인가요?	30대 초반의 나 혼자
5	이 집의 분위기는 어떤가요?	좋을 것 같다
6	이 집을 보는 당신의 느낌은 어떠한가요?	좋다
7	더 추가해서 그리고 싶은 것이 있다면?	자동차

나) H(집) 그림 검사 채점표

번호	구분	항 목	점수	공격성	사회불안	우울	대인회피	자존감	정서불안	애정결핍	열등감	퇴행
4	크기	화지 2/3 이상의 큰 집 (가로18, 세로20cm 이상)	1	1	1	0	0	0	0	0	0	0
6		절단된 집(파손된 집)	1	1	1	1	1	1	1	1	0	0
25	창문	3개 이상의 창문	1	0	1	0	0	0	0	0	1	0
32	기타	울타리나 담장 있음.	1	0	1	0	1	1	1	0	1	0
38		덧칠한 경우	1	1	0	1	0	0	0	0	0	1
			3	4	2	2	2	2	1	2	1	

다) H(집) 그림 검사 해석 비교

집 그림은 가족에 대한 역동성과 내담자가 가족에 대해서 가지고 가는 정서를 알아볼 수 있으며, 대인관계를 알아볼 수 있다. 화지 가운데 그려진 집으로 세모지붕에 힘을 주어서 덧칠한 빨간 색상이 나타났으며, 현관문에 검정색 손잡이와 현관 위에 노란색 전등이 나타났다. 집안에 차고가 비어 있으며, 벽으로 둘러싸여 있는 집에 외부로 나가는 대문이 잘려져서 나타났다. 이 가정의 양육환경은 엄격하고 보수적일 수 있으며, 자신이 가지는 정서적 강박과 억압이 높을 것으로 보며, 가정이 따뜻하고 편안한 곳이었으면 좋겠다는 바람도 보이고 있다. 가정에 대한 무의식 불안이 높으며, 대인관계에서도 억압이 있는 부적응적인 모습을 볼 수 있다. 또한 혼자 살고 있는 자신의 집이라고 표현한 것에서 독립하고 싶고, 간섭받고 싶지 않은 현재의 자신의 소망이 나타난 것으로 볼 수 있겠다. 부모님과 소통이 되지 않는 것에 대한 부적응적 정서와 자신이 꿈꾸는 가정에 대한 바람의 양가감정이 존재하고 있는 것으로 볼 수 있다.

2) E 청소년 T(나무) 그림

미술치료의 이론과 실제

가) T(나무) 그림 검사 질문지

번호	질문사항	내용(자유롭게 적어주세요.)
1	이 나무는 어떤 나무인가요?	단풍나무
2	이 나무는 어디에 있을까요?	들판 한가운데 혼자
3	이 나무 주변에는 무엇이 있나요?	잔디
4	현재의 계절과 날씨는 어떤가요?	봄, 따뜻하다.
5	이 나무의 현재 수령은 얼마인가요?	40~50년
6	이 나무를 보고 누가 떠오르나요?	나
7	더 추가해서 그리고 싶은 것이 있다면?	먼 곳에 보이는 나무와 숲

나) T(나무) 그림 검사 채점표

번호	구분	항목	점수	공격성	사회불안	우울	대인회피	자존감	정서불안	애정결핍	열등감	퇴행
4	크기	전체 크기가 화지 2/3 이상 (기둥 11, 수관 15cm 이상)	1	1	0	0	0	0	0	0	0	0
6	위치	기둥이나 수관이 절단된 나무	1	1	1	1	1	1	1	1	1	0
12	수관	수관의 크기가 가로 15, 세로 15cm 이상	1	1	0	0	0	0	1	0	0	0
18	기둥	기둥의 두께가 11cm 이상	1	1	1	0	0	1	1	1	0	1
20	기둥	나무기둥의 옹이	1	1	1	1	1	0	1	0	0	1
27	가지	가지의 끝이 뾰족한 표현	1	1	1	0	0	0	1	1	1	0
34	둥지	기둥 및 나무 위의 새집이나 구멍	1	0	1	1	1	0	1	1	0	0
			6	5	3	3	2	6	4	2	2	

다) T(나무) 그림 검사 해석 비교

나무 그림은 자아상을 나타내는 표상이다. 화지 가운데 위치한 나무의 표현은 긍정적인 자아상이라고 볼 수 있으나 지나치게 크게 그려서 수관이 잘려지게 된 경우는 그렇게만 볼 수 없다. 수관은 정서적인 부분을 나타내는 것으로 절단은 부적응적인 표상이기 때문이다. 자신에 대해서 스스로 만족감이 높다고 할 수 있으나 아직은 현실을 객관적이고 논리적으로 조망하는 능력은 부족한 것으로 볼 수 있으며, 어린 시절 부모로부터 양육적 보살핌이 부족하여 애착에 대해서 부적응적인 요인을 볼 수 있다. 또한 관계나 자신의 욕구에 대해서 많은 에너지를 보이나 오래 지속하거나 끈기 있는 모습은 어려울 수 있다. 기둥의 옹이는 성장기 외부로부터 받은 상처의 흔적이라고 볼 수 있다. 초등학교 입학 즈음에 부모로부터 받은 상처에 대해서 무의식적으로 지각하는 있다고 할 수 있겠다.

3) E 청소년 P(사람) 그림

가) P(사람) 그림 검사 질문지

번호	질문사항	내용(자유롭게 적어주세요.)
1	이 사람은 누구인가요?	나의 미래
2	이 사람의 나이는 몇 살인가요?	20대 초반
3	현재 무엇을 하고 있는 모습인가요?	집에 가고 있다.
4	이 사람의 직업은 무엇인가요?	대학생
5	이 사람의 컨디션은 어떤가요?	살짝 피곤하다.
6	이 사람의 소망은 무엇인가요?	잠을 자고 싶다.
7	더 추가해서 그리고 싶은 것이 있다면?	자동차

나) P(사람) 그림 검사 채점표

번호	구분	항 목	점수	공격성	사회불안	우울	대인회피	자존감	정서불안	애정결핍	열등감	퇴행
12	위치	정면상	1	0	0	0	0	0	0	0	0	0
19	입	입의 길이가 2cm 이상	1	1	0	0	0	1	1	1	0	1
34	어깨	얼굴 너비보다 좁은 어깨	1	0	0	1	0	1	0	0	1	0
			1	0	1	0	2	1	1	1	1	

다) P(사람) 그림 검사 해석 비교

인물화는 자아상에 대한 표상이 그대로 노출된 것으로 볼 수 있다. 전체 비율상 머리가 큰 인물상의 표현이다. 인물화에서는 자신을 가운데 정면을 보는 모습으로 표현한 것으로 20대 초반의 학생으로 살짝 피곤해 보이는 모습이나 좋은 것 같다고 설명하는 것으로 보아 자신도 대학생이 되고 싶은 무의식적 욕구가 있으나 공부에 대해서 부담스럽고 하기 싫은 상태임을 알 수 있겠다. 또한 피곤해 보이는 모습은 현재의 자신의 모습에 대한 표현으로 볼 수 있으며, 과도한 입의 표현은 구강기적 기본 애착에 대한 욕구를 표현한 것으로 볼 수 있다.

큰 머리는 현실논리 조망력이 부족한 자신에 대한 이상적 자아와 공상적 영역이 과도하게 발달하였으며, 유아기적 요인을 보일 수 있다. 이것은 충분히 정서적으로 성장할 시기에 채워지지 못하고 성장한 경우에 나타날 수 있다. 따라서 또래에 비해서 현실 조망능력이 자기중심적으로 과도하게 몰려 있으며, 이상적이고 비현실적인 꿈과 주장을 할 가능성이 높겠다.

7 _____사례 F 청소년 19세, 남(지적장애) - 분노

일반적 의사소통은 원활하나 관계 역동적 의사소통의 어려움을 호소하며 본 센터에 의뢰된 지적장애가 있는 청소년 내담자이다. 내담자는 또래보다 덩치가 크며 위생상태가 양호하지 못하며 자신의 신체 사이즈보다 작은 옷을 착용하고 있었다. 시선을 맞추고 대화하기 어려워했으며 말이 어눌하고 긴장된 상태이며 불안하며 공격적인 태도가 인상적인 내담자이다. 내담자는 중학생 무렵 부모가 이혼하고 현재는 어머니, 동생과 함께 살고 있다. 외도와 폭력을 행사했던 아버지에 대한 원망, 분노가 커서 아버지에 대한 이야기를 나누면 과격하고 공격적인 언어적 표현과 정서적으로 흥분된 상태가 동반되어 조절이 쉽지 않았다.

어머니는 우울과 무기력함으로 자녀 둘을 양육하기 어려워했다. 자신을 둘러싼 주변 환경을 원망하거나 억울함을 호소하였으며 자녀들 앞에서도 자신의 억울한 감정과 폭력적 성향을 표현하는 편이다. 내담자는 이런 어머니의 모습을 보면서 자신과 어머니를 동일시하기도 하고 어머니에 대한 양가감정으로 혼란스러운 감정을 표현하였다. 이렇듯 내담자는 부모와의 관계가 부정적으로 형성되어 타인에 대한 적대적 감정이 자연스럽게 형성된 것으로 보인다. 타인은 자신을 위험에 빠뜨리는 존재이며 타인에 대한 경계나 심리적 긴장상태가 지속되었다.

내담자의 기본적 사회적 관계를 형성하기 위해 우선 위생 상태를 개선을 위한 동기부여가 중요하다. 행동의 원인과 결과에 대한 연계성을 주어 땀이 나면 당연히 씻어야 되는 하나의 세트 동작으로 받아들이고 행동할 수 있도록 상담을 시작하였다. 치료과정에 들어가면서 어머님께 내담자에 대해 정서적 안정을 줄 수 있는 양육 태도의 일관성을 지키도록 당부의 말씀을 드리고 미술치료를 시행했다.

1) F 청소년 물고기 가족화

[사전]

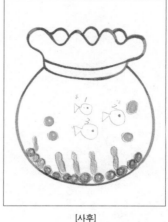

[사후]

물고기 가족화는 가족 상호간의 관계역동을 알아보는 미술치료의 투사적 진단 검사이다. 그림상에 물고기는 세 마리로 가족이 3명인 것을 알 수 있다. 보통 물고기 가족화를 그리면 원가족의 수만큼 그리는 것이 일반적 패턴이다. 초기 그림검사에서 보듯이 엄마 물고기와 본인 물고기의 표상은 폭력적으로 묘사되었다. 특히 어머니에 대한 무의식적 분노가 컸다. 어머니에 대한 언어적 표현은 보호해야 되는 존재로 자주 언급하나 물고기 가족화에 표현된 부분은 분노의 감정이 그대로 표출되었다. 심리치료 프로그램을 완료 후 사후 검사한 그림에서는 힘의 욕구를 볼 수 있는 물고기의 크기가 적당해졌으며, 폭력적 성향의 표상인 이빨도 보이지 않았다. 그러나 여전히 가족 상호간에 화목한 대화의 표상은 그려지지 않은 것으로 보아 어머니의 간섭과 잔소리가 있는 것으로 보여진다.

2) F 청소년 H(집) 그림

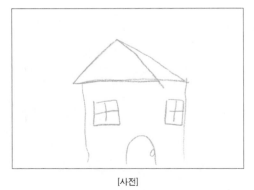

[사전]

[사후]

가) H(집) 그림 질문지

사전

번호	질문사항	내용(자유롭게 적어주세요.)
1	이 집의 위치는 어디 있나요? (예: 시내, 시골, 산속, 전원주택지 등)	시내
2	이 집 주변에는 무엇이 있을까요?	다른 집이나 화단, 아파트
3	현재 이 집이 있는 곳의 날씨와 계절은?	가을비
4	이 집에 살고 있는 가족은 누구인가요?	엄마, 나, 동생
5	이 집의 분위기는 어떤가요?	화목함
6	이 집을 보는 당신의 느낌은 어떠한가요?	보통 집같이 보임
7	더 추가해서 그리고 싶은 것이 있다면?	없음

사후

번호	질문사항	내용(자유롭게 적어주세요.)
1	이 집의 위치는 어디 있나요? (예: 시내, 시골, 산속, 전원주택지 등)	전원주택지
2	이 집 주변에는 무엇이 있을까요?	다른 집들
3	현재 이 집이 있는 곳의 날씨와 계절은?	해, 봄
4	이 집에 살고 있는 가족은 누구인가요?	엄마, 나, 동생
5	이 집의 분위기는 어떤가요?	화목함
6	이 집을 보는 당신의 느낌은 어떠한가요?	좋음
7	더 추가해서 그리고 싶은 것이 있다면?	없음

나) H(집) 그림 채점표

사전

번호	구분	항목	점수	공격성	사회불안	우울	대인회피	자존감	정서불안	애정결핍	열등감	퇴행
6	크기	절단된 집(파손된 집)	1	1	1	1	1	1	1	1	0	0
15	지붕	삼각형만 있는 지붕	1	1	1	0	0	1	1	0	0	0
17	벽	곡선이나 끊어진 선으로 표현	1	0	0	1	0	1	0	0	1	0
35	기타	의인화된 집	1	0	0	0	0	0	0	1	1	1
				2	2	2	1	3	2	2	2	1

사후

번호	구분	항목	점수	공격성	사회불안	우울	대인회피	자존감	정서불안	애정결핍	열등감	퇴행
15	지붕	삼각형만 있는 지붕	1	1	1	0	0	1	1	0	0	0
35	기타	의인화된 집	1	0	0	0	0	0	0	1	1	1
				1	1	0	0	1	1	1	1	1

다) H(집) 그림 해석

집 그림에서 보이듯 내담자의 나이에 비해 퇴행의 표현이 있으며 전체적인 조망능력이 부족하여 지붕의 크기와 집 몸체의 크기를 계획적으로 처리하지 못하고 있으며 시지각 협응이 유연하지 못하여 지붕과 집 몸체의 연결도 서툰 편이다. 허술해 보이는 집은 내담자의 자아강도가 약하며 통제가 취약하여 자신의 분노나 감정을 원만하게 조절하기 어려운 상태임을 보여준다. 가정이라는 공간은 가장 편안하고 안정감을 주는 공간이나 지붕의 표상으로 보아 통제가 많으며 억압을 주는 공간으로 가정을 인식하고 있음을 보여준다. 사후 검사에서는 여전히 시지각 협응 능력은 떨어지나 초기의 허술해 보이는 집에서 비교적 안정적인 형태의 집을 표현할 수 있게 되었다. 완전한 형태의 집의 모양과 채색의 표현으로 변화된 것을 볼 수 있다.

3) F 청소년 T(나무) 그림 검사

[사전]　　　　　　　　　　[사후]

가) T(나무) 그림 검사 질문지

사전

번호	질문사항	내용(자유롭게 적어주세요.)
1	이 나무는 어떤 나무인가요?	소나무
2	이 나무는 어디에 있을까요?	길가
3	이 나무 주변에는 무엇이 있나요?	
4	현재의 계절과 날씨는 어떤가요?	봄 맑음
5	이 나무의 현재 수령은 얼마인가요?	3년
6	이 나무를 보고 누가 떠오르나요?	그늘, 물
7	더 추가해서 그리고 싶은 것이 있다면?	햇빛

사후

번호	질문사항	내용(자유롭게 적어주세요.)
1	이 나무는 어떤 나무인가요?	소나무
2	이 나무는 어디에 있을까요?	길가
3	이 나무 주변에는 무엇이 있나요?	
4	현재의 계절과 날씨는 어떤가요?	겨울, 해
5	이 나무의 현재 수령은 얼마인가요?	15년
6	이 나무를 보고 누가 떠오르나요?	가족
7	더 추가해서 그리고 싶은 것이 있다면?	없음

미술치료의 이론과 실제

나) T(나무) 그림 검사 채점표

사전

번호	구분	항 목	점수	공격성	사회불안	우울	대인회피	자존감	정서불안	애정결핍	열등감	퇴행
13	수관	수관의 크기가 가로 10, 세로 10cm 미만	1	1	0	1	0	0	1	1	1	0
19	기둥	기둥의 두께가 5cm 미만	1	0	1	1	0	1	0	0	0	0
24	가지	나뭇가지의 수가 6개 이상 표현	1	1	1	0	0	0	0	0	0	0
30	잎	소나무 등의 침엽수	1	1	1	0	1	0	1	1	0	0
37	지면선	지면선의 생략	1	1	1	0	0	0	1	0	0	1
				4	4	2	1	1	3	2	1	1

사후

번호	구분	항 목	점수	공격성	사회불안	우울	대인회피	자존감	정서불안	애정결핍	열등감	퇴행
16	수관	가지만 있고 수관이 없는 표현	1	1	0	1	1	1	1	1	1	0
19	기둥	기둥의 두께가 5cm 미만	1	0	1	1	0	1	0	0	0	0
24	가지	나뭇가지의 수가 6개 이상 표현	1	1	1	0	0	0	0	0	0	0
30	잎	소나무 등의 침엽수	1	1	1	0	1	0	1	1	0	0
37	지면선	지면선의 생략	1	1	1	0	0	0	1	0	0	1
				4	4	2	2	2	3	2	1	1

다) T(나무) 그림 검사 해석 비교

　　지적장애 내담자의 경우 사물에 대한 인식이 조직화되어 있지 않으며 각각 분리되어 있다고 인식하는 경우가 있다. 내담자는 나무 그림에서 보여지듯 나무의 줄기와 가지가 서로 연결되어 있는 하나의 사물이기보다 독립되어 있다고 인지하고 있다. 나무의 크기나 위치는 일반적인 표현이며 무의식적 자아상이 크게 밀려있지 않은 모습이다. 나무의 붉은 줄기는 내담자의 분노와 공격성에 대한 표현이며 눈으로 볼 수 없는 뿌리에 대한 표현이 생략된 것으로 보아 전체적인 조망능력의 한계를 알 수 있다. 사후 그림에서는 일반적 색상을 사용하여 나무의 줄기를 표현하여 분노와 공격적인 부분은 완화되었으나 수관을 생략하고 가지의 표상이 강박적으로 표현되어 정서적 결핍과 불안감은 남아 있는 상태이다.

4) F 청소년 P(사람) 그림 검사

[사전]

[사후]

가) P(사람) 그림 검사 질문지

사전

번호	질문사항	내용(자유롭게 적어주세요.)
1	이 사람은 누구인가요?	
2	이 사람의 나이는 몇 살인가요?	11살
3	현재 무엇을 하고 있는 모습인가요?	서 있다.
4	이 사람의 직업은 무엇인가요?	
5	이 사람의 컨디션은 어떤가요?	보통
6	이 사람의 소망은 무엇인가요?	공부 열심히 해서 대학에 가자.
7	더 추가해서 그리고 싶은 것이 있다면?	없음

사후

번호	질문사항	내용(자유롭게 적어주세요.)
1	이 사람은 누구인가요?	
2	이 사람의 나이는 몇 살인가요?	20살
3	현재 무엇을 하고 있는 모습인가요?	웃고 있다.
4	이 사람의 직업은 무엇인가요?	
5	이 사람의 컨디션은 어떤가요?	건강해서 나랑 다른 것 같다.
6	이 사람의 소망은 무엇인가요?	친구
7	더 추가해서 그리고 싶은 것이 있다면?	없음

미술치료의 이론과 실제

나) P(사람) 그림 검사 채점표

사전

번호	구분	항 목	점수	공격성	사회불안	우울	대인회피	자존감	정서불안	애정결핍	열등감	퇴행
1	전체 그림의 평가	인물상의 형태가 1가지 생략되었다.	1	0	1	0	0	0	1	0	0	0
4	크기	인물상 전체가 가로 18, 세로 20cm 이상	1	1	0	0	0	0	0	0	0	0
8	위치	화지 중앙에서 우측으로 위치	1	1	1	0	0	0	1	0	0	0
12		정면상	1	0	0	0	0	0	0	0	0	0
23		눈의 가로세로 크기가 각 1cm 이상	1	0	1	0	0	0	1	0	0	0
25	눈	머리카락이나 도구로 가려진 눈	1	0	1	0	1	0	0	0	1	0
26		감고 있는 눈	1	0	0	0	1	1	1	1	0	0
28	코	전체 길이가 1cm 이상	1	1	0	0	0	0	0	0	0	1
44	기타	발가락의 자세한 표현 및 색칠	1	1	0	0	0	0	0	0	0	0
				4	4	0	2	1	4	1	1	1

사후

번호	구분	항 목	점수	공격성	사회불안	우울	대인회피	자존감	정서불안	애정결핍	열등감	퇴행
1	전체 그림의 평가	인물상의 형태가 1가지 생략되었다.	1	0	1	0	0	0	1	0	0	0
7	위치	화지 중앙에서 좌측으로 위치	1	0	0	0	0	0	0	1	1	0
12		정면상	1	0	0	0	0	0	0	0	0	0
27	눈	눈동자가 없는 눈	1	0	1	0	1	0	1	0	0	1
				0	2	0	1	0	2	1	1	1

다) P(사람) 그림 검사 해석 비교

일반적으로 HTP를 진행함에 있어 사람 그림은 가장 어렵게 느끼는 부분이다. 내담자의 사전 그림에서는 화지에 가득 차게 인물을 그려 전체적인 인지적 조망의 어려움이 있음을 알 수 있다. 정서적으로 불안정한 상태로 사람의 형상을 제대로 표현하기 어려우며 공격적인 모습이 그대로 표현되어 있다. 강조된 손가락, 발가락과 짧고 굵은 목은 공격성과 통제가 어려운 상태이다. 감고 있는 눈은 내담자의 대인관계에 대한 어려움을 보여주는 것으로 불편한 상황에서 회피를 주 방어기제로 사용함을 알 수 있다. 사후 그림에서는 퇴행의 모습이기는 하나 화지에 알맞게 사람의 형상이 갖춰져 있다. 공격성을 보여줬던 크고 노출된 발가락은 신발을 신고 있는 모습으로 표현되어 공격성이 완화된 모습이다. 감고 있는 사람의 눈은 동그랗게 눈의 형태만 그려서 불안한 모습이기는 하나 대인관계에 대한 희망적 모습을 보여주고 있다. 전체적으로 치료 후 정서적 불안과 공격성이 완화되어 사물과 사람에 대한 인지적 조망도 다소 안정되었으며 대인관계에 대한 불안이 감소된 상태로 치료는 마무리되었다.

8 ____사례 G 청소년 19세, 남 - 게임 과몰입

    고등학교 3학년 남학생으로 기숙사에서 생활하고 있으나 집에 있을 때에나 학교에서 게임에 지나치게 몰입하여 걱정이 되어 아버지와 함께 내방한 경우이다. 아버지는 자녀가 공부에 집중하여서 대학을 가기를 원하시며, 내담자도 대학에 대한 계획을 세워 놓고 있지만 현재 자신의 상황에서 더 공부를 한다고 해서 성적이 올라갈 수 없다며, 현재에 만족하고 자신의 성적에 맞추어 대학을 가겠다고 하면서 갈등이 되고 있다. 내담자는 집에 주말에 오게 되는데, 게임을 하기 위해서 주말 내내 잠을 미루면서까지 집착하는 모습을 보이고 있으며, 부모님은 알고 있으면서도 이야기로 해결되지 않자 현재는 컴퓨터를 모두 집에서 사용하지 못하도록 차단한 상태이다. 내담자는 외출하는 것을 귀찮아해 게임을 참고 있으나 핸드폰으로 여전히 하고 있으며, 주말에는 아버지가 집안을 가꾸는 일에 함께 일하기를 원해서 도와주고 있으나, 그것이 무척 힘들고 피곤한 일이라고 한다. 내담자에게 기본적인 투사검사를 진행하고, MMPI-A검사를 실시하자고 권하여 검사를 진행하였다. 결과적으로 임상척도가 모두 상승한 것을 볼 수 있었는데, 내담자는 인정하려고 하지 않았다. 자신이 모두 정직하게 대답하지 않아서 그렇게 나온 것 같기도 하고, 한편으로는 자신의 상황에 대해서 모두 잘 나타낸 것 같기도 하다면서 이중적인 모습을 보이기도 하였다. 또한 투사검사에서 나타난 결과들도 평이하지 않았는데, 내담자가 그림을 그리는 것을 좋아하고 재능이 있는 부분이 함께 내포되어 나타났기 때문에 감안하여 해석을 할 필요가 있었다. 내담자는 상담을 받는 것에 대해서 크게 저항하지 않았으나 자신의 이야기를 주로 상담사가 이해하지 못할 것이라는 전제를 가지고 있다고 하였다. 상담시간을 잘 지켰으며, 상담에 임할 때에는 주로 연습장을 달라고 하여서 그림을 그리면서 자신의 이야기를 해주고 상담사의 반응을 살피는 모습을 보였다. 주로 꿈을 꾸면서 기억에 남는 장면이 떠오르는 것이 '살인을 저지르고 있는 영화의 한 장면이나, 피를 흘리고 있는 사람의 모습, 흉기를 가지고 있는 가면을 쓰고 있는 사람의 모습'이 대부분이었으며, 반 친구들이 자신이 그린 그림을 보고 감탄하고 칭찬해 주었다는 말을 보탠다. 친구들과의 관계가 편안하지 않고 혼자 지내는 것을 좋아한다고 하였지만, 여전히 또래들로부터 관심을 받고, 그들과 함께 소통하기를 원하는 청소년의 모습을 내담자에게서 볼 수 있었다. 자신이 하는 말과 행동이 반대로 나타나는 경우들을 상담을 진행하면서 자주 발견하게 되었고, 일반적인 정서적 부분과 도덕적인 부분에서 오류가 있는 것을 발견하면서 내담자에게 직면시키는 과정을 통하여 자신을 돌아볼 수 있는 계기를 만들 수 있게 되었다. 상담에 의뢰된 기본적인 문제인 게임 과몰입에 대해서는 자신이 진로를 소프트웨어 학과로 정하였기 때문에 문제될 것이 없다고 주장하였으며, 자신이 게임에 대해서 가지고 있는 신념은 바꿀 수 없다고 방어하였다. 내담자의 자기중심적이고, 자기 신화적 사고가 지속되는 것을 보면서 인지적 재조명이 필요하다고 느꼈으나 중간고사가 시작되면서 학업에 대한 부담감을 부모님이 주셔서 중간에 상담을 종료하게 된 사례이다. 아동 청소년 상담에서 자주 일어나는 일로 학업과 상담이 함께 겹쳐졌을 때 대부분의 부모들은 자녀가 조금씩 변화되는 모습을 보게 되면 문제가 해결되었다고 학업 쪽으로 많이 기울여서 판단을 하게 되는 것을 보게 된다. 아동 청소년 상담의 한계이기도 한 부분이며, 현장에서도 자주 경험하는 부분이지만 안타까움은 많이 남는다.

1) G 청소년 H(집) 그림

미술치료의 이론과 실제

가) H(집) 그림 질문지

번호	질문사항	내용(자유롭게 적어주세요.)
1	이 집의 위치는 어디 있나요? (예: 시내, 시골, 산속, 전원주택지 등)	시내 학교 기숙사
2	이 집 주변에는 무엇이 있을까요?	학교와 집들
3	현재 이 집이 있는 곳의 날씨와 계절은?	겨울
4	이 집에 살고 있는 가족은 누구인가요?	학교 학생들
5	이 집의 분위기는 어떤가요?	그냥 그렇다.
6	이 집을 보는 당신의 느낌은 어떠한가요?	그냥 그렇다.
7	더 추가해서 그리고 싶은 것이 있다면?	없다.

나) H(집) 그림 채점표

번호	구분	항목	점수	공격성	사회불안	우울	대인회피	자존감	정서불안	애정결핍	열등감	퇴행
3	전체 그림의 평가	집의 형태에서 2개 이상 생략되었다.	1	0	1	1	1	1	1	1	1	1
4	크기	화지 2/3 이상의 큰 집 (가로18, 세로20cm 이상)	1	1	1	0	0	0	0	0	0	0
6		절단된 집(파손된 집)	1	1	1	1	1	1	1	1	0	0
16	지붕	생략된 지붕	1	0	1	0	0	0	1	0	1	0
23	현관문	현관문의 생략	1	0	1	1	1	1	1	1	1	0
36	기타	집의 음영이나 집의 그림자	1	0	0	1	0	1	1	0	1	0
38		덧칠한 경우	1	1	0	0	0	0	0	0	0	1
			3	5	5	3	4	5	3	4	2	

다) H(집) 그림 해석

집 그림은 가족에 대한 역동성과 내담자가 가족에 대해서 가지고 가는 정서를 알아볼 수 있으며, 대인관계를 알아볼 수 있는 투사적 검사이다. 내담자가 그린 그림은 학교 기숙사에서 석양이 지는 모습을 바라보고 있는 자신의 모습을 그렸다고 하였다. 석양이 지고 있어서 색상을 보라색과 붉은색, 파란색으로 섞어서 표현하였다고 한다. 주로 자신은 음악 듣는 것을 좋아하기 때문에 음악을 들으면서 지는 해를 볼 때 가장 행복하다고 느낀다고 덧붙였다. 그림 전체를 보면, 기숙사 자신의 방의 테라스에 서 있는 자신만을 표현하였으며, 벽면에 보라색으로 음영을 주었다. 벽면에 나타난 음영은 자아에 대한 부정적이고 색상이 우울감을 같이 표현한 것이라고 볼 수 있다. 또한 자신이 서 있는 모습인데, 상체까지만 표현되고 하체는 생략된 것으로 자신이 원하는 것을 마음대로 할 수 없음에 대한 부정적 표현이라고 볼 수 있겠다. 텅 빈 눈과 생략된 코, 주머니에 넣은 손은 인물화 검사의 해석이 그대로 적용된다고 볼 수 있다. 대인관계에 회피적이고, 공허하며, 분노가 내재되어 있으나 억제되어 있어서 표현하지 않는 사람이라고 볼 수 있다. 이것은 자존감이 낮고, 정서적으로 우울감이 있는 것으로 볼 수 있는데, 기본적으로 불안이 높고, 타인들과의 관계의 부적응은 자신감의 결여와 관계에 대한 불안에서 발생되는 것이라고 할 수 있겠다. 집을 그렸을 때 가족이 함께 올라오지 못한 것은 자신의 가족과 긍정적으로 관계형성이 잘되어 있지 못하고, 외로움에 대한 표상으로 볼 수 있겠다. 가족들과 긍정적 애착이 형성된 경우 집에 대한 역동은 가족에 대한 역동으로 연결되어 나타나는 경우가 대부분이기 때문이다. 가정은 자신이 원하는 것을 자유롭게 할 수 있는 공간이 되지 못하고, 가족 구성원들 사이에서도 자신이 설 자리가 없다고 느끼고 있을 가능성이 높겠다.

2) G 청소년 T(나무) 그림

미술치료의 이론과 실제

가) T(나무) 그림 검사 질문지

번호	질문사항	내용(자유롭게 적어주세요.)
1	이 나무는 어떤 나무인가요?	아름드리 느티나무
2	이 나무는 어디에 있을까요?	산 속
3	이 나무 주변에는 무엇이 있나요?	다른 나무들
4	현재의 계절과 날씨는 어떤가요?	봄. 따뜻하다.
5	이 나무의 현재 수령은 얼마인가요?	500년
6	이 나무를 보고 누가 떠오르나요?	나
7	더 추가해서 그리고 싶은 것이 있다면?	나뭇잎

나) T(나무) 그림 검사 채점표

번호	구분	항 목	점수	공격성	사회불안	우울	대인회피	자존감	정서불안	애정결핍	열등감	퇴행
2	전체 그림의 평가	나무의 형태에서 1개 부분이 생략되었다.	1	0	1	0	0	1	1	0	0	1
4	크기	전체 크기가 화지 2/3 이상 (기둥 11, 수관 15cm 이상)	1	1	0	0	0	0	0	0	0	0
6		기둥이나 수관이 절단된 나무	1	1	1	1	1	1	1	1	1	0
12	수관	수관의 크기가 가로 15, 세로 15cm 이상	1	1	0	0	0	0	1	0	0	0
17		나무껍질에 무늬가 있는 경우	1	0	1	0	0	0	1	0	0	0
18	기둥	기둥의 두께가 11cm 이상	1	1	1	0	0	0	0	0	0	0
20		나무기둥의 옹이	1	1	1	1	1	0	1	0	0	1
22	뿌리	지면 위에 올라온 뿌리	1	0	1	0	0	0	1	0	0	0
25	가지	나뭇가지가 없거나 2개 이하 표현	1	0	0	1	1	0	0	0	1	1
29	잎	떨어진 나뭇잎	1	0	0	1	1	0	1	0	0	0
41	기타	수령이 100년 이상 된 나무	1	0	1	1	1	1	1	0	0	0
44		나무의 그림자 표현	1	0	0	0	0	0	0	0	0	0
				5	7	5	5	3	8	1	2	3

다) T(나무) 그림 검사 해석 비교

나무 그림은 자아상을 나타내는 표상이다. 화지 가운데 커다란 기둥이 나타났으나 수관은 전체적으로 다 나타나지 못하고 잘린 모습이며, 나무의 뿌리가 드러나 있고, 지면선이 생략된 나무의 표상을 볼 수 있다. 이것은 위에서 아래로 내려다보는 나무의 표상이라고 볼 수 있는데, 이것은 무척 권위적이고, 강박적인 모습에서 나타나기도 한다. 또한 지면선이 생략된 것은 현실 조망능력이 부족하고, 현재 자신의 발달단계에 맞는 정서적 발달과업을 충분히 이루지 못한 상황이라고 볼 수 있겠다. 또한 수관은 정서를 나타내는 부분으로 잘리워졌다는 것은 부정적 정서의 표현이며, 이것은 애착에서 근원적인 이유를 찾을 수 있겠다. 불안이 높고, 자신의 감정에 대해서 긍정적 수용의 경험이 적을수록 정서적으로 부적응을 경험하며, 과도하게 자기의 이상에 집착하는 모습을 볼 수 있다. 또한 기둥에는 음영을 두어 불안을 표현하였으며, 나무 기둥의 그림자가 표현된 것을 볼 수 있다. 역시 그림자도 자신에 대한 부정적 정서에서 나타나며, 불안이 높은 경우에 표현이 된다. 뿌리는 나무의 생명력을 나타내는 것으로 지면에 그대로 다 노출되었다는 것은 현실에서 자신의 생존에 대한 기본적 불안이 높다는 것을 알 수 있다. 자신에 대해서 가지고 가는 이상과 현실적 조망능력의 부재가 내담자의 자기중심성과 자기신화성을 설명해 주고 있는 부분이라고 볼 수 있겠다. 또한 떨어지는 낙엽의 표현으로도 자신의 정서적인 부분의 좌절을 볼 수 있다. 내담자는 자신에 대해서 지나치게 높은 이상을 가지고 있으며, 자기고집적 성향이 높으며, 현실적인 부분에 대해서 이성적인 사고를 하기에 어려움이 있어 관계에서 융통성을 발휘할 가능성이 낮다고 볼 수 있겠다.

3) C 아동 P(사람) 그림

미술치료의 이론과 실제

가) P(사람) 그림 검사 질문지

번호	질문사항	내용(자유롭게 적어주세요.)
1	이 사람은 누구인가요?	나
2	이 사람의 나이는 몇 살인가요?	19세
3	현재 무엇을 하고 있는 모습인가요?	방 안에서 멍하게 서 있는 모습
4	이 사람의 직업은 무엇인가요?	학생
5	이 사람의 컨디션은 어떤가요?	좋다.
6	이 사람의 소망은 무엇인가요?	그냥 멍하니 있다.
7	더 추가해서 그리고 싶은 것이 있다면?	집안에 있는 구성물들

나) P(사람) 그림 검사 채점표

번호	구분	항목	점수	공격성	사회불안	우울	대인회피	자존감	정서불안	애정결핍	열등감	퇴행
12	방향	정면상	1	0	0	0	0	0	0	0	0	0
25	눈	머리카락이나 도구로 가려진 눈	1	0	1	0	1	0	0	0	1	0
31	목	전체 길이가 0.5cm 미만	1	1	0	0	0	0	0	0	0	0
40	손	주머니에 넣은 손	1	0	1	0	0	0	0	1	0	0
45	기타	3개 이상의 주머니	1	0	0	0	0	0	1	1	1	1
53		모자 쓰고 있는 사람	1	0	1	0	1	0	0	0	0	0
				1	3	0	2	0	1	2	2	1

다) P(사람) 그림 검사 해석 비교

인물화 검사도 자아상을 볼 수 있다. 자신에 대해서 가지고 가는 에너지와 자존감을 볼 수 있는 검사이다. 화지 가운데 적당한 크기로 정면을 보고 있으나 눈동자는 측면을 보고 있으며, 주머니에 손을 넣고 있는 인물상을 표현하였다. 눈동자가 표현되었으나 공허한 표상은 대인관계에 대한 공허함을 이야기한다고 볼 수 있으며, 주머니에 넣은 손도 대인관계의 회피를 이야기한다. 대인관계에 대한 부적응은 자신감의 부재와 사회적 불안의 정도가 높을수록 많이 나타난다. 머리에 모자를 쓰고 있는 모습에서도 정서적인 억압을 볼 수 있다. 내담자는 자신에 대해서 가지고 가는 에너지 자체가 작은 것은 아니지만, 현실에서 자신이 관계적인 부분에 대해서 부적응을 가지고 있다는 것에 대해서 자신이 회피하고, 자신이 그렇게 선택하였기 때문에 크게 문제가 되지 않으며, 자신이 주도적인 입장에 있는 것이라고 바라보는 모습이다. 현실을 있는 그대로 받아들이고 객관적으로 조망하는 것이 아니라 자신의 상상 속에서 이상적인 삶을 살고 싶은데, 현실이 따라주지 않는 것에 대해서 부정적인 정서를 표출하고 있다.

12강

만다라

1 _____ 만다라(Mandala)의 정의

만다라(曼茶羅, Mandala)의 어원은 완전한 세계, 치유능력을 가진 원이라는 의미로 고대 인도의 범어(梵語, Sanscrit)에서 유래되었다. 만다(Manda, 曼茶)라는 용어는 "중심" 혹은 "본질"을 의미하고, 라(la,羅)라는 용어는 "소유" 혹은 "성취"를 의미한다. 이 두 용어가 합쳐진 말이 만다라이며, 따라서 만다라의 정의는 중심과 본질을 얻는 것이며 참된 마음, 원만한 본질의 의미이다. 이런 본질적 의미를 가지고 치료적인 과정에 인용하였을 때 만다라를 그리거나 이를 보며 명상함으로써 자신의 감정을 알아내고 수용하는 경험을 할 수 있다(정여주, 2007). 또한 자신의 영적 의식을 드러내며, 자신을 인식하고 파악하게 되는 과정을 통하여 만다라를 그리는 사람은 자신의 영적인 강화와 자신을 변화시킬 수 있는 도구로 활용할 수 있게 된다(Judith Cornell, 2006).

불교에서는 만다라를 주로 밀교적 용어로 사용하였다. 밀교에서는 만다라 명상을 통하여 중심과 본질을 얻는 깨달음의 길을 안내하는데, 이를 가시적 만다라와 비가시적 만다라로 구분하고 있다.

만다라의 어원은 비록 고대 인도에서 유래되었지만, 전 세계적으로 고대인들의 암각화에서 만다라를 연상시키는 디자인이 공통적으로 나타나고 있는 것으로 보아 고대 인류의 삶 속에 이미 존재하고 있었다고 볼 수 있겠다. 또한 기독교의 십자가, 원불교의 일원상, 불교사찰의 표시인 만자, 인간 정신 속에 있는 자기를 나타내는 여러 가지 상징들에서 그 모습을 찾아볼 수 있다. 이런 측면에서 만다라는 심리적인 치유와 종교적인 구원 사이를 오가는 중심적이고 우주적인 상징이라 할 수 있다(김진숙 역, 1998).

현대에 들어서는 심층심리학자 융(C.G.Jung)에 의해 만다라 연구가 본격적으로 시작되면서 만다라를 불교미술로만 보던 시각에서 벗어나 우리가 살고 있는 일상생활의 문화와 깊이 연결되어 있고 전체 우주와도 관련이 있다는 것을 인식시켜 주었다. 융은 만다라를 심리학적 입장에서 "개성화 과정의" 그림이라고 정의하였으며, 모든 인간이

미술치료의 이론과 실제

자기실현의 성취과정에서 야기되는 혼란을 심리적으로 치유하려는 동기에서 발생한 것이라고 주장하였다.

1) 가시적 만다라

시각적인 부분을 강조한 것으로 고대 티벳의 불교문화의 영향을 받아 그림을 포함한 예술과 고대 건축양식에 사용되었으며, 명상의 도구로 사용되었다. 가시적 만다라의 구조는 중심과 원주로 이루어진 원의 형태로 표현한다. 중심과 원주에 의해 의식의 안과 밖, 성역과 속세를 나타내며 영성 체험에 의한 깨달음의 경지를 시각적으로 형상화한 것이다(홍윤식, 1996 : 김윤환, 1998). 또한 천주교의 고딕 성당에 있는 원화창도 만다라형상으로 종교적 명상의 도구가 된다(홍윤식, 1996 : 김윤환, 1998).

2) 비가시적 만다라

인간의 마음과 육체를 하나의 작은 우주라고 생각하는 만다라로 내적 만다라라고 한다. 자연과 모든 창조의 근원적 형상인 만다라는 신과 인간, 생명창조와 우주 상호 작용을 나타내는 상징적 표현이며 인간의 정신과 육체에 내면화되어 비가시적으로 존재하게 된다(홍윤식, 1996 : 김윤환, 1998).

2 ＿＿＿＿만다라의 의미

만다라는 세 가지 영역으로 이해된다.

첫 번째는 개인적인 삶의 영역과 소우주의 영역을 나타낸다. 만다라를 바라보며 깊은 명상을 하는 사람은 본질적 자기를 알게 된다. 동시에 자신이 삼라만상과 연결된 성스러운 우주에 속해 있음을 깨닫게 된다. 융에 의하면 만다라는 원형적 통일체를 상징한다(Jung, 1962). 원형적 통일체가 갖는 의미는 만다라가 고대의 여러 문화에서 다양한 형상으로 존재하였고 이러한 것들이 현대인의 꿈이나 무의식적 그림을 통해 원형적 상징 언어로 나타난다고 보고 있다(홍윤식, 1996 : 김윤환, 1998).

두 번째는 대우주 영역을 나타낸다. "만다라는 무한 공간과 시간을 포괄하는 영원성의 상징"인 대우주 영역을 나타낸다. 자연의 신비를 상징적으로 표현하며 조화로운 우주의 질서와 신비 속에서 자신을 찾으려 한다.

세 번째는 신의 영역의 의미를 나타낸다. 가시적으로 나타난 만다라는 신성과 초월적 삶을 경험하고 묘사하는 것이다. 그러므로 만다라는 내면적인 관조와 묵상을 투영하고 내면에서 오는 경이로움을 체험하게 한다.

3 _____만다라의 존재와 상징

만다라는 둥근 원을 기본 형태로 한다. 만다라의 형상은 근본적으로 인간세계를 감싸고 있는 삼라만상의 원리이며 우주의 흐름을 표현한 것이다(이경휘, 2007). 인간은 자연의 규칙적인 변화와 질서를 의식적으로, 또는 무의식적으로 체험하며 살아왔고 그것을 만다라의 형태로 표현하는 것이다(홍윤식, 1996 : 김윤환, 1998).

인간의 발달과정에서 그림을 그리기 시작하는 어린이가 가장 먼저 나타내는 형태는 원이다(정여주, 2014). 원은 인간 무의식에 자리 잡은 원형으로서 수많은 종족의 문화에 흔적을 남기고 있다(정여주, 2014). 만다라는 우주와 창조 신화를 표현한다. 원으로 표시한 12지간, 사계절, 천체 운행, 아즈텍 달력, 크레타의 미로, 스톤헨지 등이 대표적인 만다라 형상이다(정여주, 2014).

또 다른 역할로는 만다라가 치유의 힘을 상징한다. 나바호 인디언들은 의사 겸 무당이 색 모래로 만다라를 그림으로써 병을 치유하는 전통이 있다(홍윤식, 1996 : 김윤환, 1998). 이와 같이 만다라가 여러 가지 목적을 위하여 그려진다 하더라도 인간은 만다라를 통하여 궁극적으로는 자연과 우주의 합일을 체험하게 된다(이경휘, 2007).

만다라의 색 상징에서 Fincher(1991)는 "만다라에 조화로운 색상들이 나타난다는 것은 내면의 균형이 이루어지고 있으며 마음의 평화 혹은 치유가 되고 있다는 메시지를 내포하고 있다."고 하였다. 예를 들어 빨강이 만다라에서 유세하게 나타날 경우 심리적·정신적 상태를 의심해 볼 수 있으며 빨강색이 지나치게 적게 나타나면 심한 수동성이나 자기주장을 위한 의지력이 결핍되어 있다고 볼 수 있다. 인디언 의학에서는 두려움이 없음, 권력, 이웃사랑, 이상주의, 지혜 등으로 빨강색을 해석하였다. 신체의 에너지가 통과하는 특정한 채널을 의미하는 인도의 차크라 중에서 첫 번째 차크라가 가진 색상이 빨강이며 신체부위 중에서 생식기(뿌리)에 해당하고 생명과 생존을 나타낸다.

주황은 자의식과 자기회의를 동시에 표현하는 양면성을 지니고 있으며 방심과 부주

의한 성향이나 에너지가 넘치는 목적지향성과 공명심을 나타낼 수 있다. 인디언 의학에서는 자아조절, 활발함, 직관 등으로 해석하였다. 신체부위 중에는 비장에 해당하는 두 번째 차크라의 색상으로 에너지, 성을 의미한다.

숫자에 대한 상징에서 "피타고라스는 수와 측도는 모든 사물의 본질이며 모든 존재의 질서를 주기 때문에 사물을 주관한다."라고 한 것과 관련하여 만다라의 형태에서 리듬감 있고 정돈된 분할을 위해 중요한 요인이 된다고 할 수 있다(정여주, 2001)

예를 들어 숫자 1은 형태상으로 사람이 바로 서 있는 모습이며 시작, 근원, 유일성, 자기중심 등의 의미를 나타낸다고 할 수 있다. 숫자 2는 친밀감, 창조, 대립, 갈등 등의 의미를 나타내며, 숫자 3은 운동, 활력, 비약, 완성 등의 의미를 나타낸다고 할 수 있다. 숫자 4는 완벽함, 대립의 통일, 조화와 질서 등을 나타내며, 숫자 5는 일체성, 완전성 추구 등의 의미를 나타낸다고 할 수 있다.

만다라의 형태는 색과 마찬가지로 선택한 사람의 정신적이고 영적인 상태를 표현한다. 기본 구조들 가운데서 원은 신의 상징과 완전성을 의미하며 중앙에 중심점이 있는 원에서 중심점은 신적인 본질이나 자기를 상징한다고 할 수 있겠다. 십자형은 대칭의 결합이나 고통 등을 의미하며, 삼각형은 리비도와 창의성 등을 나타낸다고 할 수 있다. 사각형은 조화와 균형을 나타내는 숫자 4에 상응하며 합리적 사고와 목적 지향적 행동 등을 의미한다고 할 수 있다(김진숙, 1998).

4 _____ 만다라를 통한 깨달음의 영성세계

만다라를 통하여 진리에 다가가고 다양하고 오묘한 자신을 보게 된다. 우주와 삼라만상과 인간 자신의 상호관계에 대한 직관적인 예지, 정관적 자각의 계기가 되며, 이는 곧 정신 치료적 기능이 된다(이경휘, 2007). 또한 만다라를 통하여 인식 내용과 인식 대상과 의례수행자의 일체감을 경험하는 전체적인 조감능력이 생긴다(이경휘, 2007).

만다라의 그림은 인간의 내면세계를 구상적으로 표현하여 진리를 파악하기 위하여 오감을 적극적으로 활용하는 태도를 가지게 된다(이경휘, 2007). 이것은 총체적인 시각을 가지게 하며, 여러 종교의 상징적 표현의미를 해독할 수 있다(이경휘, 2007).

만다라의 교육적 의미와 효과는 정신집중의 훈련을 통하여 긴장이 이완되며 불안을 완화시키는 과정을 통하여 분열된 것이 하나로 모아지는 일체감을 경험한 것을 잘 통합시켜 자신에게 침잠하여 고요해질 수 있다. 이렇게 자기중심에서 나온 힘을 얻음으로써 인간적인 따스함을 경험하며, 원만한 성격을 가진다. 그러한 과정의 여유와 민감성(까다로움과 구분되는)을 겸비하며 적극적인 자세와 창의적인 생각을 갖게 된다.

" 만다라를 하루에 한 장씩 그리는 사람은
결코 심리적 문제에 시달리거나
정신병에 걸리지 않는다."

5 _____ 미술치료에서의 만다라

만다라 그림은 그림을 그리는 사람의 정신을 반영하며 그들의 내면적 상태를 형상화한다(박동순, 2006). 이를 통해 자신을 바로 알게 되고 변화의 기회를 주게 된다. 만다라는 원을 그림으로써 시작되는데 이 원 안에 상징적인 다양한 문양이 들어가 있다. 원형의 공간을 우주로, 안의 문양과 점을 정수로 상징한다. 만다라를 그리게 되면 균형과 조화를 이루는 만다라의 구조로 인해 에너지의 흐름을 느끼게 되고 인간은 이를 의식화하며 흐름을 느끼게 된다. 즉 만다라를 통해 균형을 회복하게 되는데, 이는 일상에서의 내면적 안정과 명상을 위한 역할을 하며 치료에서 중요한 영역으로 작용하게 된다(정여주, 2003,2007).

만다라는 미술치료의 기법 중 하나로 분열된 자신을 통합하는 치료적 효과를 가진다. 또한 삶의 본질과 자신의 중심인 자기 자신을 만나며 자신을 완성시키는 자아치료의 과정에 참여하게 된다. 규칙적인 원 안에서의 작업은 원만한 마음과 자기문제의 대면을 유도한다(김지향, 2014).

만다라 기법의 규칙과 틀이 따로 정해져 있지는 않지만 시작 전 미술재료와 작업일지를 준비한 뒤 개인적이고 편안한 공간을 만든다. 몸을 이완하고 마음을 집중한 뒤 만다라 그리기를 시작하며, 만다라를 완성해 가는 동안 내면적 대화에 마음을 열고 자신을 관찰한다.

만다라 미술치료는 다른 미술치료와 다르게 원으로 시작하게 되는데, 우울증이 있는 사람에게 빈 공간에 그림을 그리는 것은 압력으로 받아들여질 수 있지만 원의 구조를 가지기에 균형감과 원만함으로 우울증을 극복하는 데 유의미한 효과가 있다(김진화, 2003).

또 만다라의 원은 기본적 안정감으로 부담감을 줄이고 작업할 수 있으며 이로 성취감과 자신감을 경험할 수 있다. 따라서 만다라 작업은 의식적으로 시작하더라고 몰입의 순간 내면을 표출하게 되고 이로 인하여 자신의 자아를 발견하게 된다. 작업에 부담이 없고 의식의 검열을 적게 받기에 빠른 문제행동양식의 의식으로 집단의 문제인식에 용이하다. 또한 표출의 정도가 위협적이지 않다고 인식되기에 정신적 안정감을 줄 수 있다(최효숙, 2012).

미술치료의 이론과 실제

6 _____만다라 작업의 준비

1) 명상적 분위기

심신을 이완할 수 있는 장소와 분위기가 조성될 때, 명상적이고 직관적 만다라가 표현된다(이경휘, 2007). 만다라의 작업은 정리된 공간에서 하며, 외부 세계로부터 독립되어야 한다. 명상 음악, 초와 향 등이 준비되어 있으면 더욱 효과적이다.

2) 호흡연습과 이완연습

외적인 준비가 끝나면 고요하고 명상적인 이완을 연습한다. 이완을 위해서는 호흡이 선행되어야 한다. 다음은 후이저(Huyser)에 의한 이완연습이다. 이 연습은 접지연습과 투명 보호막의 계란 상상연습으로 이루어진다.

- 접지연습 : "당신의 골반에서부터 커다란 뿌리가 땅속 깊이 뿌리를 내린다고 상상합니다. 뿌리가 깊이 내리면 내릴수록 더욱 좋습니다. 이 뿌리는 모든 물질을 관통해 갑니다. 당신은 땅과 깊이 연결되어 있어서 이 연습을 하는 동안은 땅과 떨어질 수 없습니다. 이 뿌리가 충분히 단단한지 확인해 보세요"

- 투명 보호막 계란 상상연습 : "이제는 투명한 계란의 막이 당신의 몸 전체를 감싸고 있다고 상상해 봅니다. 이 막은 외부의 어떠한 나쁜 영향에서도 당신을 안전하게 보호합니다."

3) 상상 여행

"이제 당신은 편안하고 고요해졌습니다. 당신은 매우 편안한 마음이 되었습니다. 자, 이제 푸르름이 가득하고 편안한 산길을 천천히 걷고 있는 당신을 상상해 보십시오. 햇살이 눈부시게 아름다운 봄날입니다. 숲 속의 공기는 신선하고 상쾌합니다. 태양은 밝게 비치며 여기저기 새들이 지저귀는 소리가 들립니다. 산길을 따라 천천히 걷습니다. 천천히 산책하다 보니 커다란 나무가 나타납니다. 나무는 나에게 사랑스러운 마음을 줍니다. 나무에서 보니 산딸기가 무리 지어 있는 작은 길이 보입니다. 그 길의 끝에는 넓고 큰 바위가 있습니다.

천천히 바람과 햇살을 느끼며 바위가 있는 곳을 향해 갑니다. 그 바위는 너무도 편안해 보여서 당신은 그 위에 앉아 봅니다. 이 나선형의 길은 당신의 마음으로 가는 길이며, 당신이 앉은 바위는 당신 마음의 중심입니다. 시간을 잊은 채로 편안하게 바위에 앉아서 천천히 주변을 둘러봅니다. 그때 누군가가 당신에게 옵니다. 그는 당신에게 매우 중요한 사람이므로 당신은 그를 반갑게 맞이합니다.

그는 당신에게 무슨 말을 합니다. 그가 하는 말은 당신에게만 하는 말입니다. 그의 말을 잘 들어봅니다. 그는 당신에게 하고 싶은 이야기를 하고는 돌아갑니다. 그가 천천히 사라질 때까지 보고 있습니다. 이제 시간이 되었고 당신은 천천히 일어나 지나왔던 길을 가볍고 조심스럽게 되돌아갑니다. 천천히… 코끝을 스치는 바람을 느끼며… 이마를 간질이는 햇살을 느끼며… 천천히… 그렇게 큰 나무에 도착합니다. 나무에게 작별 인사를 하고 산길을 내려옵니다. 이제 셋을 세면 당신은 원래 있었던 곳으로 돌아옵니다. 하나, 둘, 셋.″

4) 자연 산책

자연을 직접 산책하며 자신의 모든 감각을 깨우며 준비하는 방법도 있다. 모든 긴장을 이완시키고 규칙적인 호흡과 함께 천천히 걸으며 주변에 있는 자연의 모든 것을 받아들인다. 산책 중, 자연에 있는 꽃과 나무와 그들의 형태, 색들을 눈여겨 바라보며 시각적 감각을 깨운다. 자연의 소리(새소리, 바람소리, 나뭇잎 흔들리는 소리, 물소리, 동물의 바스락거림…)에 귀 기울여 청각을 깨운다. 냄새에 주의를 기울여 후각을 깨우며 나뭇잎, 작은 돌 등을 만져보며 촉각을 깨운다. 이러한 자연 체험 후 집으로 돌아와 산책에서의 느낌을 그린다. 캠프나 단체 여행에서 쉽게 적용할 수 있는 방법이다.

13강

색채심리

1 _____색의 상징적 의미

1) 삼원색의 상징적 의미

심리적으로 기본이 되는 색은 삼원색이다. 이 삼원색은 빛 속에 있는 기본 색상이며, 이것에 상응하는 우리 눈의 수용기 속에는 3가지 빛을 감지하는 망막이 있다.

빨강	신체적	역동
노랑	심리적	정서
파랑	정신적	사고, 판단

2) 유채색

색은 무채색과 유채색으로 구분되는데 흰색, 회색, 검정색 같이 색상이나 채도가 없는 색을 무채색이라 하며 그 외의 색을 유채색이라 한다(김기범, 2009).

유채색은 난색, 중색, 한색으로 나뉜다. 난색은 빨강, 주황, 노랑이며 외향적 심리를 의미한다. 난색계열의 상징적 의미는 분노, 활력 역동, 에너지, 발랄, 행복, 생명 등이다. 중색은 초록, 청록이며 구심적 심리를 의미하고 상징적 의미로는 정화, 안정, 면역, 대인관계, 순수, 소통 등을 상징한다. 한색은 파랑, 보라, 분홍으로 내향적 심리를 의미하고 긴장, 이완, 냉정, 평화, 안정, 신비, 고귀, 신성함, 우아함, 기품, 행복 등을 상징한다.

3) 무채색

무채색은 통제적 심리를 의미하며, 흰색, 회색, 검정색이다. 상징적 의미는 순수, 정화, 두려움, 무기력, 슬픔, 긴장, 품위, 절제, 두려움, 부정적, 죽음 등이다.

4) 보색

유채색은 빨강·노랑·주황과 같은 순색과 갈색·분홍색과 같이 순색에 무채색을 섞을 때 생기는 혼합색으로 구분한다. 그리고 색환에서 서로 마주 보고 있는 색을 보색이라고 한다. 보색은 색환에서 색상 거리가 가장 멀고 색상 차이도 가장 크다. 색환에서 정반대의 위치에 있는 색을 정보색이라고 한다. 그리고 정보색의 양옆에 있는 색을 약보색이라고 한다. 예를 들어 빨강과 초록, 노랑과 보라, 파랑과 주황은 보색관계이다. 보색을 혼합하면 어느 경우이든지 무채색이 되며 색광에 의한 보색의 혼합은 백색광이 된다. 반면에, 물감의 보색을 혼합하면 검정에 가까운 어두운 회색이 된다. 색팽이에 보색 관계에 있는 두 가지 색을 칠하여 돌리면 회색으로 보인다(김기범, 2009).

5) 배색

두 색 이상의 색을 섞어서 한 색만으로는 만들어낼 수 없는 색채 심리적, 색채 생리적 효과를 만들어 내는 것을 배색이라 하며 배색의 종류에는 색상에 의한 배색, 명도에 의한 배색, 채도에 의한 배색이 있다(김기범, 2009). 3가지 이상의 색상들을 배색할 때, 흔히 색상들을 기본색, 주조색, 강조색의 3가지로 구분한다(주리애, 2017).

① **기본색(Base Color)** : 일반적으로 배색 대상이 되는 부분이자 가장 큰 면적을 차지하는 색이며 바탕색으로 많이 사용하기 때문에 튀는 색보다는 무난한 색으로 자주 사용된다.

② **주조색(Dominant Color)** : 기조색에 이어 면적비율이 큰 색으로 보통 기조색을 보조하는 역할을 하며 기조색과는 동일, 유사, 대비, 보색 등의 관계를 나타내는데 이를 부차적 컬러라고도 한다.

③ **강조색(Accent Color)** : 배색 중에서 가장 작은 면적을 차지하지만 눈에 제일 띄는 포인트 컬러로 전체 색조를 마무리하거나 집중시키는 효과를 낸다.

파랑색이 보라색과 배색되면 상상력을 연상시키고, 파랑색이 검정색과 배색되면 남성적이고 위대하게 느껴진다. 빨강색의 경우 분홍색과 만나면 순수한 사랑을 나타내고, 보라색과 만나면 유혹적으로 느껴진다. 빨강색이 검정색과 만나면 공격적이고 폭력적이게 된다.

2 _____색채심리의 심리학적 배경

1) 알슐러 & 하트윅(Alschulor, R. H. & Hattwick, L. W, 미국 1947)

로즈 하스 알슐러
(Alschuler, Rose Haas 1887~1979)

"4세 미만의 아동은 자신의 감정적 체험을 비사실적이고 추상적으로 표현한다."는 가설을 두고 아동화를 연구했다. 정신분석학적으로 5세 아동들에게서 색채 선호경향이 바뀌고 있음을 알아냈는데, 이는 빨강색에 대한 선호가 줄고 파랑색을 좋아하는 경향이 나타난다는 것을 의미한다. 3세에서 5세 사이에는 따뜻한 색(빨강, 오렌지, 노랑)이 줄어들고 차가운 색을 좋아하는 경향이 커지는데 이 시기는 자유분방한 자기중심적 행동에서 가족과 어울리는 통제된 행동으로 전환되는 시기이다(주리애, 2017).

2) 조이 폴 길포드(Joy Paul Guilford, 1897~1987)

색채는 일종의 언어로 인간들의 감정표현을 대신한다고 주장하였으며, 색채의 배합을 연구하면서 두각을 나타냈다. 색채의 선호와 감정을 연구하여 본질적인 의미를 알기 위해 연구하였으며 색채선호의 개인차와 공통성은 생리학적 요인과 관련이 있다고 주장했다.

3) 한스 아이젠크(Hans J. Eysenck, 1916~1997)

히포크라테스의 4기질설과 맞물려 자신의 성격 차원과 유형을 성립시킨 학자로서 사람들의 선호색채와 심리를 연구했다.

4) 펠릭스 도이취(Felix Deutsch, 1884~1964)

물리학자로서 의학에서의 색채연구뿐만 아니라 색채심리학의 연구 분야에서도 중요한 길잡이의 역할을 했다. 정신병리학적으로 빛과 색채를 연구한 학자이다. 빛의 작용은 육체뿐만 아니라 정신에도 영향을 준다고 했다.

3 _____색채치료

심리적인 효과는 시각이 가져오는 색감각과 다른 감각의 공상성(intermodality)에 의한 것이 크다. 공상성이란 서로 다른 감각 상호간의 대응성을 말한다. 색의 3속성과 색의 심리효과가 나타나는 것은 물체의 표면색이 가지고 있는 3속성인 색상, 명도, 채도에 크게 의존하는 경우가 많다(현성숙, 2014).

1) 색과 심리

색은 말의 도움을 받지 않고, 직접 보는 사람의 마음에 작용하여 마음을 흔든다는 특징이 있다. 색의 상징어의 대부분이 우리들의 감각이나 감정과 연동한 말에 의해 지배되는 것도 색이 지니는 이러한 힘에 의한 것이다. 그러나 구체적 연상이나 상징어는 시대나 사회, 문화에 의해 차이를 보이고 있으며, 이는 심리적 효과나 그 영향을 피할 수 없기 때문이다(현성숙, 2014). 색의 심리적 효과에는 크게 나누어 감정에 관한 효과와 그 이외의 감각에 영향을 주는 효과가 있다. 감정이란 눈, 귀, 코, 혀, 피부 등의 감각기관을 통해서 외부로 부터 자극을 받고, 그 자극이 마음에 영향을 주어 "뜨겁다", "차갑다" 또는 "기쁘다", "슬프다" 같은 정서(emotion)적인 반응을 포함하는 복잡한 개념이다. 또한 어떤 감각기관에 주어진 자극에 의해 생기는 특유의 반응 외에 다른 계통에 속한 감각기관에도 감성적 반응을 일으키는 경우가 있는데, 이를 공감각이라 한다. 한 예로, 음을 듣고 색을 느끼는 색청(color hearing)이라는 현상이 있다(현성숙, 2014). 또한 빨강, 오렌지, 노랑 같은 색의 감각이 불꽃의 색과 닮아서 뜨겁다는 피부감각과 연동하는 경우도 있다(주리애, 2017).

2) 색의 3속성과 심리적 효과

가) 색상의 효과

색상은 감정의 유형이다. 유채색으로 각 색에 대한 감정적 의미를 경험적이고 일반적으로 관찰하고 탐색한다. 색의 따뜻함과 차가움의 한난감은 3속성 중에서 색상에 의존하는 정도가 높은데, 일반적으로 빨강, 오렌지, 노랑을 난색으로 파랑, 보라, 분홍을 한색으로 그 중간인 초록과 청록을 중성색으로 보고 있다. 어떤 색상을 취하고 반응하는지에 따라서 심리적인 역동을 유추할 수 있는데, 예를 들면 노란색은 따뜻함을 상징하고, 빨강색은 역동적인 면을 상징하며, 파랑은 차갑고 내향적인 것을 나타내는 것이라고 할 수 있다.

나) 명도의 효과

명도는 감정의 성격 또는 방향을 나타내며, 무채색과 유채색을 모두 포함한다. 각색이 지닌 밝고 어두운 정도인 명도는 색의 경중감에 큰 영향을 주며, 수평한 직선의 양 끝에 같은 크기의 원을 배치하여 균형을 잡아 시각적 중심을 찾는 실험을 해보면 명도가 높은 색일수록 가볍고, 명도가 낮은 색일수록 무겁다고 판정된다(주리애, 2017). 색의 딱딱함과 부드러운 정도도 명도와 관계가 깊다. 예를 들면 베이비용품의 대부분이 명도가 높은 파스텔톤의 색이 사용되는 것은 아기 피부가 부드럽다는 이미지에 연결시킨 것으로 볼 수 있다(주리애, 2017). 또한 밝은 노랑은 발랄함을 상징하며, 어두운 노랑은 퇴행을 나타내는 의미로 사용되며, 밝은 파랑은 편안함을 나타내고, 어두운 파랑은 우울의 이미지로 해석되는 것을 볼 수 있다.

다) 채도의 심리적 효과

채도는 감정의 깊이와 관련이 있다. 검정색과 흰색을 섞으면 채도가 낮아지는데 저채도는 색의 화려함과 관련이 깊다. 화려하다는 말은 색, 행동, 성격 등이 눈에 띄어 특히 사람의 눈을 끄는 것이다. 색이 사람의 눈을 끄는 기능을 유목성이라고 하는데, 채도가 높거나 난색계인 것이 유목성을 높이는 조건이 된다. 예를 들면 고채도의 초록은 안정감을 주고, 저채도인 초록은 불안과 우울을 주어 에너지가 다운되는 결과를 줄 수 있다.

3) 색을 이용한 미술치료의 실제

가) 색종이조형

색상을 이용하여 내담자의 심리적인 역동과 무의식적 정서를 탐색해 볼 수 있는 방법으로 색종이와 채색 활동을 주로 활용한다. 색종이는 색상이 다양하게 준비될수록 자신이 원하는 색상을 찾기에 용이하며, 잘 표현하여 설명할 수 없는 색상에 대해서 주어진 색상 가운데 선택할 수 있어 갈등을 줄일 수 있다는 장점이 있다. 반면 정확하게 이미지화한 자신만의 색상을 만들기 어렵고 색상을 섞어서 다른 색상을 만들어 낼 수 없다는 단점이 있다. 색종이 활동은 대상에 따라서 다양하게 활용될 수 있는데, 색종이 찢기, 오려서 문양 만들기, 구기거나 접기 등이 있다. 미술치료에서 색종이를 이용한 활동에는 자신이 좋아하는 색상 소개하기, 자신의 현재 감정이나 기분을 색종이를 이용하여 나타내기, 오리거나 찢어서 새로운 작품 구성하기 등이 있다. 자신이 좋아하는 색상은 긍정적인 경험의 기억이 함께 어우러져서 나타나는 경우가 많으며, 감정적으로 우울감이나 혼란스러움을 경험하고 있는 경우 무채색이나 보라색으로 자신의 현재를 나타내기도 한다. 미술치료사는 내담자의 치료적 목표에 맞게 주제를 설정하고, 색종이의 질감이나 사이즈를 선택해야 하며, 색상이 가지고 있는 본질적인 상징적 의미를 충분히 숙지하고 접근하여야 한다.

나) 자유화

채색을 통하여 미술치료적으로 접근하는 방법이 다양하게 있다. 주어진 도안을 채색하거나 자유롭게 그려서 채색하거나 하는 과정을 통하여 내담자의 심리적인 상황에 대해서 이해할 수 있으며, 내담자는 채색의 과정과 행위자체를 통하여서도 내적인 치료를 경험할 수 있는 장점이 있다. 또한 색상을 섞어서 자신이 원하는 색상을 만들어 낼 수 있으며, 언어로 표현하지 못하는 감정을 색으로 표현하고 감상하고 덧칠하고 하는 과정을 통하여서도 치료적인 효과를 얻을 수 있다.

미술치료의 이론과 실제

14강

아동 미술치료의 이해

사람은 태어나면서 급격한 신체의 발달과 정서적 변화를 경험하며 성장한다. 유아기에는 세상을 탐색하고 받아들이는 신체감각기관이 활성화되며, 양육자의 양육환경이 유아의 정서적 발달과 신체발달에 주도적인 역할을 하게 된다. 유아는 자신의 욕구를 올리고 주장하기보다는 부모에게 사랑받고 싶은 욕구를 선택하는 경향이 많다. 이런 성장의 과정은 아동기로까지 이어진다. 초기 아동기 시기에도 부모의 양육환경에 더 영향을 받으며 성장하다가 점점 또래 집단의 영향력이 더 커지는 시기로 발달하게 된다. 유아기에서 양육자와 긍정적인 애착 형성이 되지 않은 경우 아동기에서 부적응적인 모습이 자신의 신체와 또래관계에서 뚜렷이 나타나기 시작한다. 반면 긍정적인 애착이 형성되어 있는 경우 아동들은 자신을 둘러싸고 있는 환경에 대해서 호기심이 많으며, 또래 관계에 대해서 긍정적인 욕구를 올리면서 배려하고 자신의 주장을 할 수 있게 된다. 이 시기의 미술표현은 현재 아동의 발달과 정서적인 상태를 나타내준다. 아동이 나타낸 미술적 표상을 통하여 아동의 발달 상태를 진단할 수 있으며, 외현으로 표현되지 않는 아동의 내면의 모습을 진단할 수 있다.

아동의 발달단계는 개인차가 있기 때문에 일률적으로 규정하기는 어렵지만, 발달단계의 특징들을 이해하고 있어야 아동이 나타낸 미술적 표현들을 통하여 아동의 현재 상황을 이해할 수 있게 된다. 상담사는 이런 아동기의 특징을 충분히 이해할 수 있어야 한다.

아동들은 자신의 감정을 자유롭게 그림으로 그려서 표현하거나 다양한 점토들을 이용하여 조형작품을 만들거나 색상을 이용하여 자신의 감정을 표현하고, 자신의 경험을 떠올리고 표현하는 것에 대해서 성인들이 비하여 익숙하며 자유롭다. 그렇기 때문에 자신의 내적인 억압이나 불안, 공포나 두려움을 작품 활동을 통하여 풀어내고 자신의 감정을 시각적으로 보는 과정들을 경험하면서 자신의 더 잘 이해할 수 있게 된다. 이렇게 아동에게 적용되는 미술치료는 아동의 현재에 대한 진단의 목적으로만 사용되는 것이 아니라 치료적으로 활용하기에도 효과적이다.

미술치료의 이론과 실제

1 ___아동의 심리 이해와 특성

1) 프로이트의 심리성적 발달 이론

　프로이트는 아동기의 발달단계는 잠복기시기로 자신의 신체에서 성적만족감을 찾기를 잠시 중단하는 시기라고 보았다. 이 시기에는 또래집단에서의 관계형성에 더 많은 에너지를 쏟게 된다. 부모와 자신의 관계나 자신의 내적인 상황에 대한 관심보다는 또래 집단과의 관계에 더 많은 관심을 가지게 되며, 환경의 변화를 크게 겪으면서 아동은 개방된 새로운 경험을 많이 하게 된다. 아동은 학습에 대해서 적극적으로 배움을 시작하는 시기로 지적인 탐구활동이 활발하게 일어나게 된다. 또한 또래관계를 통한 사회화 과정을 거치하면서 자신에게 몰려있던 성적인 충동은 또래의 동성과의 친밀감을 형성하고 우정을 나누고, 학교의 활동과 취미 생활이나 신체운동 등으로 승화된다.

2) 에릭슨의 심리사회적 발달이론

　심리사회적 발달단계에서 아동기에는 근면성대 열등감을 형성하는 시기로, 자신이 새로운 과제를 수행하여 성공하였을 때는 근면성을 획득하게 되고, 실패의 경험을 지속적으로 하게 되었을 때 열등감을 가지게 된다. 초등학교 학령기는 본격적인 학습이 이루어지므로 새로운 학문적 과제를 수행하게 되는데, 자신이 스스로 문제를 해결한 성공의 경험과 자신을 둘러싸고 있는 환경적인 지지를 건강하게 받았을 때 자신이 스스로 할 수 있다는 자신감을 가지게 된다. 이 아동기시기에 학습을 통하여 실패의 경험과 부정적인 피드백을 지속적으로 받게 되었을 때 자신에 대해서 비관적인 사고를 형성하게 되며, 열등감을 가지게 된다.

3) 피아제의 인지발달이론

　이전의 발달단계인 유아기시기와 가장 의미 있는 차이는 아동기 시기에는 문제를 해결해 나가는 과정에서 자신의 관심보다는 객관적이고 논리적인 조작이나 규칙을 적용하기 시작한다는 것이다. 이 시기를 피아제는 구체적 조작기라고 하였으며, 아동은 사물의 조작 순서를 자신의 의도대로 자유롭게 전환하여 수행하는 것이 가능하다. 또한 조작된 사물은 조작하기 전의 상황의 특성으로 회복될 수 있다는 것을 이해하는 것이 가능한 보존개념이 형성된다. 실례로 수학에서 다루는 기본적인 셈을 할 수 있는 능력을 들 수 있다. 아동기시기의 사고는 자신이 직접 경험한 구체적인 세계에 한정되어 나타나며, 자기중심적 사고에서 벗어나 타인의 입장이나 감정 및 인지 등을 추론하고 이해할 수 있는 조망수용능력을 습득하게 된다. 또한 물체를 공통의 속성에 따라 분류하고 한 대상이 하나의 유목에 속하는 것으로 분류할 수 있으며, 사물을 영역별로 차례대로 배열하여 나열할 수 있는 능력을 획득하게 된다.

4) 반두라의 사회학습이론

반두라는 아동의 인지발달이 아동 성장의 주변 환경만큼이나 발달에 있어 매우 중요한 요인이라고 하였다. 부모나 가족보다 또래집단의 영향을 많이 받는 시기의 아동기에는 직접적으로 볼 수 있는 모델을 통한 긍정적 행동의 습득이 효율적으로 이루어진다. 이렇게 습득한 행동을 실제 자신이 기억해서 현실에서 시연해 보는 과정을 통하여 주변의 긍정적인 지지를 받았을 때 긍정적인 행동은 지속적으로 학습될 수 있다. 주변의 긍정적인 자극과 보상이 아동의 행동에 큰 영향을 끼치는 시기이다. 따라서 아동은 자신을 위하여 도덕적이고 긍정적인 기본적인 목표를 세우고, 그 목표에 부합하거나 능가했을 때는 자기 자신을 보상하게 되고, 그 목표에 미달하였을 때는 자신을 벌을 해야한다는 주장을 하게 되는데, 이것이 아동기에 형성하게 되는 자기통제의 과정이다.

5) 콜버그의 도덕성 이론

콜버그는 아동을 대상으로 도덕성연구를 진행하였는데, 그의 연구의 핵심 이론은 인지발달이다. 도덕성의 발달단계는 일정한 수준을 가지고 있으며, 그 근거에는 인지능력이 필요하기 때문이다. 아동기 이전의 발달단계에서의 도덕적 판단은 자기중심적이다. 보편적인 도덕적 규범을 따르기 위해서는 타인에 대한 입장을 이해할 수 있어야 하는데, 유아기에는 그런 인지적 사고가 불가능하다. 반면 아동기 시기에는 조작적 사고가 가능하며, 탈중심적 사고가 발달되어 타인에 대한 견해나 입장을 받아들 수 있

　　　　　　　　　　　　　　　　　　　미술치료의 이론과 실제

다. 콜버그는 이런 인지적 발달을 근거로 도덕성 발달이론을 체계화하여 설명하였다. 아동기는 인습적 수준의 도덕성이 발달하는 단계로 다른 사람으로부터 인정받기 위해서 착한 아이로 행동하는 착한 아이 지향의 도덕성이 발달한다. 이 단계에서는 동기나 의도가 중요하며, 신뢰, 충성, 존경, 감사의 의미가 중요하다(정옥분, 2012).

2 _____아동 미술치료의 특징

1) 로웬펠트의 아동미술 발달단계

가) 난화기(scribble stage) | 2세~4세

선을 이용하여 무엇인지 알 수 없는 것을 그리는 것을 난화라고 한다. 난화기는 무분별한 긁적거리기가 대개 1세 정도가 되면 나타나서 2세에서 2세 반까지 지속된다. 이 시기에는 긁적거리기에 대한 시각적 통제를 거의 못하는 착화단계로 방향감각이 없이 자유롭게 긁적거려 놓는다. 의미를 가지고 무엇을 그린다기보다는 단지 손의 근육운동과 그 결과가 생긴 선을 발견하고 즐기는 것뿐이다. 이 시기에 해당하는 유아들에게 어떤 특정한 형태를 요구하는 것은 발달단계를 충분히 이해하지 못한 결과이며, 오히려 유아발달에 부정적인 해를 끼칠 수 있다. 유아는 자신이 의도적으로 운동신경 조절과 시각적 통제를 할 수 없어 거칠고 불규칙한 선들이 나타나게 되는 것이 자연스러운 현상이다.

이 시기가 지나면서 조절된 긁적거리기인 무질서한 난화를 그린다. 이런 긁적거리기를 시작한 지 약 6개월 정도가 지나면 유아는 자기의 손이나 팔의 움직임과 종이 위에 흔적을 깨닫기 시작한다. 유아가 인지적으로 발달하고 있는 것이다. 이것의 결과로 나타난 난화는 선의 질감이나 모양 등 그림 자체는 앞의 단계와 별 차이가 없지만 손목이 유연해지고 자신의 동작에 대한 통제를 발견한 것이므로 매우 중요한 단계라고 할 수 있다. 유아가 손과 눈의 협응을 깨닫기 시작하면서 움직임을 다양하게 시도하다가 3세가 되면 사각형은 못 그리지만 원을 그리는 정도까지 발달하게 된다. 이 시기에 의미 없이 그려지는 선들은 수평-수직-파형-혼합형-회전 원형으로 발전하게 된다. 비록 유아의 긁적거리기가 정교화되어 가지만 아직까지는 자신이 나타내고자 하는 시각적 표상에는 크게 관계가 없는 그림들이다. 이런 의도적 긁적거리기는 명명단계로 유아가 3세에서 4세가 되면 "이건 엄마"라든지 "이건 친구" 하면서 이름을 붙이는 단계가 된다. 이 단계는 유아의 사고가 변한 것이기 때문에 매우 중요한 의미를 갖는다고 볼 수 있다. 사물에 대한 인지와 도식이 잡혀져 가고 있고 그것을 표현할 수 있다는 것은 유아의 사고의 발전을 볼 수 있는 부분이다. 이 시기의 유아는 난화를 자신의 주변세계와 연결시키게 되므로 근육 운동적 사고에서 추상적 상징적인 사고로 바뀌게 되는 것이다. 이 새로운 사고를 한 것에 대해서 자신감과 격려를 해 주는 것이 필요하다.

나) 전도식기(pre-schematic stage) | 4세~7세

유아는 보통 4세쯤 되면 확실한 형태를 알아보기는 어려워도 그림에서 형태가 나타나기 시작하며 5세 때에는 사람, 집, 나무 같은 확실한 형태가 나타나게 되고 6세 때에는 주제에 따라 확실한 윤곽을 가진 그림을 그릴 수 있을 정도로 발달한다. 유아 자신의 욕구에 따라 원과 수평선, 수직선을 사용할 수 있게 되는데 전도식기에는 주로 사람의 형태를 나타내며 팔과 다리가 모두 머리에 붙어서 나타나는 두족인의 표현을 하게 된다. 이 시기에는 좋아하는 것을 자유롭게 표현하게 하고 그림의 소재를 확장해 주는 조력자의 역할이 중요하다. 아동의 그림에 손을 대는 것은 피해야 하며, 다른 종이에 그려 주고 모사하게 하는 방법을 쓰는 것이 아동의 흥미를 유발하는 데 효과적이다. 이 시기에 교사나 부모의 간섭 없이 미술활동을 자유롭게 한 아동은 예술가로 남을 가능성이 많다고 할 수 있겠다.

다) 도식기(schematic stage) | 7세~9세

아동이 사물의 개념을 습득하는 시기이다. 사물에 대한 감각이 지식을 이루게 되고, 이러한 경험이 여러 번 반복되면서 하나의 개념으로 명확히 형성되고 그것이 그림에서 도식적, 상징적으로 표현된다. 즉 나무는 기둥이 있고 거기서 줄기가 나고 그 끝에 잎이 붙어 있는 것으로 개념화하여 표현한다는 것이다. 그리고 사과는 빨갛고 하늘은 푸르게 나타내며, 공간 개념이 형성되기 시작한다. 그로 인하여 땅의 지면과 바다의 수면을 나타내는 기저선이 등장했다가, 이 시기가 끝날 무렵에는 사라진다. 아동들의 디자인 감각이 조금씩 나타나는 시기로 볼 수 있다. 로웬펠트는 도식이란 아동이 의도적으로 자기가 지각한 개념을 바꾸려 하지 않는 한 반복해서 같은 표상으로 그리게 되는 형상이라고 했다. 사람도식은 아동의 심리적 성장을 반영하는 개별화된 개념을 아동의 생각과 느낌, 가치, 주변세계를 지각한 바가 그대로 사람도식에 투사되어 나타난다고 할 수 있다. 따라서, 가족의 그림은 상담자에게 아동의 가족에 대한 개념을 알아볼 수 있는 유익한 단서가 된다. 또한 개인이 어디에 초점을 두고 있느냐에 따라서 어떤 신체부위나 사물을 지나치게 크게 그리거나 생략하는 등 비논리적이고 비현실적 그림을 그릴 수도 있다.

라) 여명기 혹은 또래 집단기 | 9세~11세

자신에 대한 자각이 높아지는 시기이다. 주변에 많은 또래 친구를 만나게 되고 외부 세계를 인식하기 시작하면서, 좀 더 도식적 표현이 사라지고 자기 일방적이고 주관적인 판단이 보류되는 시기이다. 이 기간 동안 도식적 표현과 사실적 표현이 엇갈려 동시에 나타나는 게 보통의 특성이다. 율동적이고 주변을 꾸미거나 장식하려는 표현에 집착하려 하며, 지각이 발달하여 열등감을 느끼거나 유머스러운 만화그림을 그리기 쉬운 시기이다. 이성과 동성에 대해서 성적인 묘사를 하기 시작하며, 자신의 주관적 경험에 따라서 색을 사용하므로 색 자체보다 그림을 그리게 된 경험에 초점을 두고 이야기를 해야 충분히 이해할 수 있는 시기이다.

마) 의사실기 | 11세~13세

피아제 이론에 따르면 이 시기 끝에 이르면 인지구조가 거의 성숙하여 성인이 말하는 단어와 문장 구성능력을 가지게 되므로 성인처럼 행동하려 하고 유심히 관찰하게 된다고 하였다. 감정상의 은밀함과 미묘한 갈등을 간직하고 털어 내놓지 못해 불안, 우울을 경험하기도 한다. 이 시기는 합리적인 묘사기이며, 외부세계의 인식적 지능에 비해서 아동의 표현 능력이 따라가지 못하기도 한다. 지극히 사실적인 표현의 경향이 짙으며, 시각형과 촉각형이 분화되는 시기이다. 사물에 대해서 직접적인 관찰묘사에 의존하려 하며, 또한 삼차원적인 공간 표현이 나타나기도 한다. 즉 입체와 원근 표현이 나타나며, 색에 있어서도 사물의 색과 같게 표현하려고 한다.

미술치료의 이론과 실제

바) 결정기 | 13세~14세

외부세계 현상을 눈에 보이는 대로 묘사하는 객관적이고 인식적 표현이 강한 시각형과 전신의 감각에 의해 촉각적 표현을 하는 촉각형과 위의 두 가지 표현의 중간적 성격을 띠는 표현을 하는 중간형으로 나누어지는 시기이다. 또한 색체의 가까운 것은 진하게, 먼 것은 흐릿하게 표현하는 원근표현이 나타나며, 삼차원적 명암 및 공간 표현이 익숙해진다.

사) 사춘기 | 14세~17세

그림에 대한 재능을 강화 받지 못하고 성장한 많은 아동들은 이 시기에 그림에 대한 흥미를 잃기 쉽다고 한다. 자신이 의도한대로 표현하는 것에 어려움을 느끼고 쉽게 포기해버리는 시기이다. 시각형과 촉각형의 구별이 뚜렷하게 나타난다.

2) 아동 미술치료의 형태와 매체

아동 미술치료의 형태는 개인 미술치료와 집단 미술치료로 나눈다. 개인 미술치료는 미술치료 상담사와 치료를 요하는 아동 개인으로 이루어진다. 집단 미술치료인 경우는 3~4명의 소집단과 10~12명 정도의 대집단으로 이루어진다. 장애를 가지고 있는 아동인 경우는 소집단으로 이루어지는 경우가 많다. 아동 미술치료의 매체는 기본적으로 채색, 입체 매체이며, 그러한 매체 안에 다양한 종류들이 있다. 내담자의 상황과 환경적, 개인적인 부분에 대한 충분한 이해 과정을 통하여 미술치료의 재료들을 선택하고, 활용할 수 있는 상담사의 능력이 필요하다.

3) 아동화에 나타나는 표상의 해석

아동화란 아동에 의해서 그려진 그림이다. 이것은 인간이 태어나면서부터 손을 움직여 무엇인가를 나타내려고 하는 행동의 표현으로 신체적 움직임에서부터 발달되어 가는 것으로 아동의 생활 속에서 나오는 미술적 표현이라고 할 수 있다.

아동의 그림 속에는 아동 자신이 주변세계를 어떻게 이해하고, 생각하고 느끼고 있는지가 나타난다. 따라서 아동의 감정과 심리적 갈등이 그림을 통하여 솔직하게 나타난다고 할 수 있다. 아동의 그림은 전체적 발달과 그림을 그릴 당시의 분위기와 환경변화의 상태에 따라 다르게 표현된다. 나타난 표현 속에는 아동들의 가슴 깊숙이 감추어진 내면의 심리적 상황들이 선이나 색채형태가 표현된다.

아동들은 자신들의 세계가 있어서 자기만의 특성대로 구상하여 그림을 그리게 되는데, 자기중심적인 특성으로 인하여 그림에서 그들의 정신세계를 살펴볼 수 있다. 또한 그림을 통하여 드러난 무의식적인 반영은 아동의 욕구, 감성, 즐거움, 성격, 흥미의 표현까지도 포함되어 나타난다. 이것은 언어가 발달되지 않은 아동일수록 생활기록이라고 할 수 있을 정도로 잘 반영된다고 볼 수 있으며, 성장기에 있는 아동은 자신의 행동에 있어서 완전히 분화되지 못한 상태이므로 타인과의 관계에 있어서 현실과 꿈 혹은 놀이와 일을 구분하기 어렵다.

아동의 그림은 신체적, 연령적, 지적 발달과 함께 표현의 발달로 일정한 과정을 거쳐서 발달되어 각 개인 나름대로 다양한 특성을 지닌다(임효진, 2002). 이러한 특성은 많은 교육자나 심리학자들에 의해 아동화를 분석하게 하였고, 아동기 발달 과정에 나타난 아동들의 특성을 보다 정확하게 관찰, 연구하기 위하여 이들의 미술활동에 많은 관심을 기울여 왔다. 아동화를 보는 심리학적 관점은 아는 것을 그린다는 인지발달론적 관점과 본 것을 그린다고 주장하는 지각발달론적 관점이 있으며, 느낀 것을 그린다는 개성표현론적 관점으로 나누어 볼 수 있다.

로웬필드는 아동의 그림들은 2세에서 17세까지 6단계로 나누어 발달한다고 했다. 이 것은 난화기, 전도식기, 도식기, 또래집단기, 의사실기, 결정기로 나뉜다. 아동은 항상 발달하는 존재이며 창의적인 성장을 차근차근 얻어 간다고 주장했다. 이 관점은 주로 어린이의 미술표현을 연령과 관련하여 그 형태특징을 포착하고 기술해서 그림형태가 어떻게 발전되어 가느냐 하는 것에 관심을 두는 것이다(김춘순, 2005). 이 관점의 대표이론은 "발생반복(recapitulation)" 이론으로 아동미술표현의 발달과정이 인류의 발달에서 나타나는 미술적 표현과 비슷한 단계를 거친다고 주장하고 있다(박유영, 2009). 이런 점에서 상징들은 보편적으로 지각되어지고 이미지의 묘사는 인간의식의 보편성에 의해 공통성을 가진다는 것이다(김춘순, 2005). 이러한 이론은 융의 집단무의식 연구에 그 뿌리를 두고 있음을 알 수 있다. 발생반복에 대한 이론적 전제는 개체발생이 계통발생을 반복하고 개별적 발달은 종의 발달을 반복한다는 19세기 생물학의 진화이론에 그 기

미술치료의 이론과 실제

반을 두고 있다(박유영, 2009).

　　로다 켈로그는 1948년~1966년까지 100만 개 이상의 그림을 수집했는데, 이 그림의
대부분은 샌프란시스코의 골든게이트 유치원 협회(Golden Gate Kindergarten Associa-
tion)에서 수집되었으며, 전체 컬렉션은 전 세계 어린이들의 그림을 나타낸다. 켈로그는
그래픽 개발을 설명하는 분류 시스템을 개발했으며, 어린 아이들의 표현 중에서 그녀
는 라인 형성에 초점을 맞추었다. 또한 그녀는 기본적인 표시(또는 낙서)를 시작으로 어
린이들의 그림을 개발하고 예측 가능한 연속적 표현을 알 수 있었다. 이 기본적인 구
조는 보편적이어야 하며 그림이 있기 전에 공식적인 디자인이 나온다는 게 그녀의 이
론이다.

가) 자화상의 위치에 따른 해석

• 종이의 왼쪽

소극적인 성향이 강하고 내향적이다. 호기심이 약하고 만사에 흥미가 약하다. 작은 과제를 주어 성공의 기쁨을 맛보게 하고 점진적으로 밝은성향으로 이끌어준다.

• 종이의 오른쪽

외부 세계에 호기심이 많고 외향적이다. 남성적이며 진취적성향이 강하지만 공격성과 이기심이 있기도 하다.

• 왼쪽 상단

내성적이나 소심하지는 않다. 성향이 조용한 편이라 소심하게 보이기도 한다. 그러나 완전 소심하지는 않은 성격이고 저항하는 욕구와 용기가 있다. 부모와의 갈등에서 벗어나려는 경향이 있다.

• 오른쪽 상단

왼쪽과는 반대로 외향적이지만 소심할 수 있다. 따라서 반항적이고, 도전적이며 이기적 성향이 있다. 억압적인 훈육은 피하고 대화를 많이 해야 한다.

• 왼쪽 하단

소심한 성향과 내향성이 함께 있다. 자존감이 약해서 두려움이 크다. 부모의 그늘 아래 숨어있기를 원하며 의존적이다. 자립심을 키우는 것이 필요하다.

• 오른쪽 하단

외향성과 소심함이 혼재한 성향으로 강한 외부의억압이 심리적으로 위축된 아이에게서 많이 나타난다. 우울감과 패배감이 많은 아동에서서 나타난다.

미술치료의 이론과 실제

• 중앙에 아주 작게

작은 그림은 강박과 작은 자존감과 우울의 표상으로
모든 행동에 소심하다.

• 중앙에 적당한 크기

가장 이상
적인 표현
으로 모든
것이 정상
적 이라고
할 수 있다.

• 중앙에 머리가 큰 사람

8세 미만의 아동들은 정상이다. 10세 이후라면 큰 머리는
퇴행을 의미한다.성인의 경우 자아도취나 피터팬 기질일
수도 있다.

나) 자화상의 내용에 따른 해석

눈, 코, 손등의 크기에 따른 간단한 해석이나 그림에 따라 다른 해석이 있을 수 있다.

큰 눈은 호기심과 경계심의 표상이다.	작은 눈은 부끄러움과 죄의식의 표상이다. 성인의 경우 대인관계 회피 경향성이 있다.	선글라스는 죄의식과 자신을 감추고 싶은 욕구, 혹은 회피하고 싶은 상황의 표상이다.	콧구멍의 상세 표현은 분노의 표현이다. 분노가 많은 아이들은 공격성도 많다. 콧구멍의 생략은 코의 질병과 외모에 대한 신경성이다.	큰 입은 음식에 대한 과도한 욕구와 욕심을 나타낸다.

이가 드러난 그림은 공격적 성향이 있다.	작은 입과 혀의 표현은 유아적 퇴행을 의미한다. 혀는 야뇨증의 표상이다.	굵고 짧은 목은 힘의 욕구와 충동적 성향을 의미한다.	얇고 가는 목은 의존적이다. 실제로 목에 질병을 표현할 때 나타나기도 한다.	큰 귀는 외부 세계에 관심이 많고 사람들의 비판에 민감하다.

특별한 귀의 표현은 질병을 상징하고 작은 귀나 생략된 귀는 타인을 의식하지 않음을 나타낸다.	길고 숱이 많은 머리카락은 이성에 대한 호기심이 많고 애착이나 애정의 욕구가 있다.	큰 손 또는 주먹 쥔 손은 공격성을, 감추거나 안 그리는 손은 죄의식과 부끄러운 감정을 의미한다.	너무 작은 발은 자존감의 위축과 의존적인 감정을 의미하고, 큰 발 또는 벌린 다리는 안정에의 요구를 나타낸다.

다) 태양화의 특징

태양 그림에서 나타나는 아동의 생각들은 환경에 따라 달라질 수 있으며, 태양의 위치와 선의 강조에 따라서 해석이 다를 수 있다. 그러므로 그림의 설명을 듣는 것이 중요하다.

두 개의 태양은 아버지의 부재일 때 나타나며, 욕심이 많고 이기적이다. 재혼 가정아이들에게 나타나기도 한다.	뾰족한 태양의 후광표현은 공격적이고 예민한 성격이다.	꼬불꼬불한 후광의 표현은 자기 자랑을 하고 싶은 아동이다.

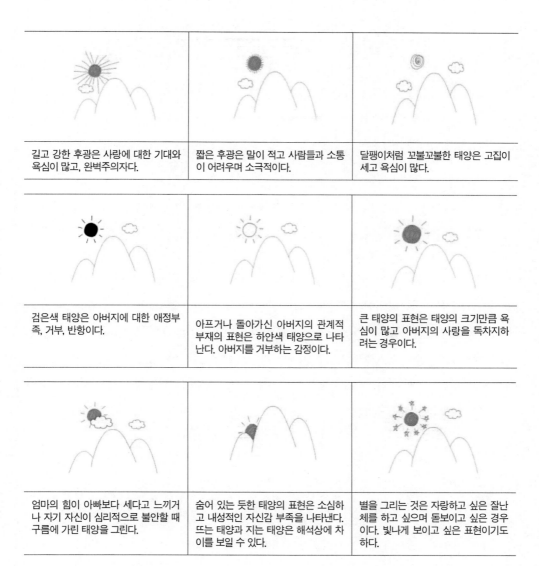

길고 강한 후광은 사랑에 대한 기대와 욕심이 많고, 완벽주의자다.

짧은 후광은 말이 적고 사람들과 소통이 어려우며 소극적이다.

달팽이처럼 꼬불꼬불한 태양은 고집이 세고 욕심이 많다.

검은색 태양은 아버지에 대한 애정부족, 거부, 반항이다.

아프거나 돌아가신 아버지의 관계적 부재의 표현은 하얀색 태양으로 나타난다. 아버지를 거부하는 감정이다.

큰 태양의 표현은 태양의 크기만큼 욕심이 많고 아버지의 사랑을 독차지하려는 경우이다.

엄마의 힘이 아빠보다 세다고 느끼거나 자기 자신이 심리적으로 불안할 때 구름에 가린 태양을 그린다.

숨어 있는 듯한 태양의 표현은 소심하고 내성적인 자신감 부족을 나타낸다. 뜨는 태양과 지는 태양은 해석상에 차이를 보일 수 있다.

별을 그리는 것은 자랑하고 싶은 잘난 체를 하고 싶으며 돋보이고 싶은 경우이다. 빛나게 보이고 싶은 표현이기도 하다.

아빠의 부재나 소통의 부재를 나타낸다. 검정색이나 흰 태양이 잘려져 나타나면 돌아가신 아버지나 아픈 아버지의 표현일 수 있다. 채색되어진 잘린 태양은 자신과 아버지의 소통의 부재를 나타낸다.

3 _____아동 미술치료의 실제 - 감정 건빵 그리기

감정에 대한 이야기 나누기를 하면서 감정단어들을 보여준다. 우리가 느끼는 감정에는 긍정적인 것과 부정적인 것으로 크게 나누어 볼 수 있으며, 긍정적인 것은 기쁘고, 행복한 표정을 짓게 하고, 부정적인 것은 우리를 화나게 하거나 불안하고, 우울하게 하는 표정을 짓게 한다. 자신이 느끼는 감정에 따라 표정이 달라지는 것을 서로 이야기 나누고, 자신이 일주일 동안 지내면서 느꼈던 다양한 감정들을 건빵을 이용하여 표현해본다. 건빵은 사람의 얼굴을 표현하기에 익살스러운 매체로 즐겁게 시작할 수 있다. 건빵을 얼굴로 사용하고 나머지 신체의 표현은 화지에 자연스럽게 이어서 표현한다. 얼굴의 표정을 그리고, 자신이 어떤 상황에서 그런 표정을 지었으며, 그 때 느꼈던 감정이 어떤지를 소개한다. 이런 과정을 통하여 자신이 느끼는 감정에 따라서 얼굴의 표정이 달라지며, 자신이 보지 못하는 얼굴표정을 마주하면서 자신의 모습을 비추어볼 수 있게 된다.

미술치료의 이론과 실제

특수아동 및 특수미술치료의
이해 및 실제

세계적으로 인권에 대한 관심이 높아지면서 장애에 대한 관심 또한 높아졌다. 우리나라도 여기에 발맞추어 그동안 부정적이고 수동적이었던 장애인에 대한 인식과 장애인의 교육에 대한 시각 및 관심의 영역이 확대되어 가고 있다. 그럼에도 불구하고 보통의 학교에서 장애아동이 바람직한 교육과 일반학생들과의 관계협력적인 교육을 받기는 현실적으로 어려운 상황이라고 할 수 있다. 더욱이 특수아동에 대한 교육은 아동의 특성에 맞는 교육방법과 과정 및 매체의 활용을 통해서 교육과 치료교육을 실시해야 하는데, 이러한 일련의 교육과정이 원활하게 이루어지지 않고 있는 실정이다. 따라서 미술 치료적 접근에서도 특수아동에 대한 다양한 기법을 현실적으로 활용하고 적용시키기 위하여 전문적이고 지속적인 연구가 절실히 필요한 상황이다.

미술치료는 심리적인 정서의 안정과 대인관계 기술 및 자기 통제력을 연습하며, 자기 자신의 자아존중감을 증대시킨다. 또 미술활동의 특징인 시지각 협응 능력, 소근육 및 대근육의 사용을 통해 자연스럽게 그리는 능력의 발달을 돕는다. 또한 미술치료는 완성된 작품의 완결성보다는 치료적 목표에 의미를 둔다.

발달학적 미술치료는 상징을 통한 승화, 카타르시스 등의 치료적 효과보다는 프로이트의 심리성적발달이론, 에릭슨의 심리사회적발달이론, 말러의 대상관계이론, 피아제의 인지발달이론, 캘로그와 로웬필드의 이론에 기초한 미술활동을 통하여 발달적 욕구를 충족시키는 것에 의미를 두고 있다. 발달학적 미술치료의 기본 단계는 대상자에 대한 정확한 평가로 인지, 정서, 미술의 발달을 평가한다. 첫째, 정서발달은 가족 및 대인관계의 기술과, 감정의 인지, 표현 등을 관찰한다. 아동이 성장하면서 자신을 둘러싼 환경적 요인에 많은 영향을 받고 있기 때문에 가장 기본적인 관계에서 자신이 느끼는 감정의 인지와 표현능력이 어느 정도로 발달되어 있는지를 살펴본다. 둘째, 인지발달은 상담사와의 소통과 지시, 집중력, 시지각, 상징화 능력 등을 살펴본다. 마지막으로 평가할 내용은 미술발달이다. 미술활동에 관련된 모든 재료와 방법에 대해서 이해도와 숙련도를 살펴본다. 이런 평가의 과정을 통하여 대상 아동의 생물학적 나이와 비교하여 발달적 영역으로 지연이나 미성숙을 보이는 곳이 있는지를 평가한 후 그 증상에 따라 치료 계획을 세운다.

1 _____특수아동의 정의

　특수아동이란 정신적 발달, 감각적 능력, 신경 운동적, 신체적 능력, 사회적 행동, 의사소통의 능력 면에서 정상아동들의 규준과 현저한 차이가 나는 아동을 의미한다. 특수아동의 범주에는 여러 가지 요인으로 인해 심신장애 아동과 특별한 재능의 영재아동을 포함한다. 그러나 영재아동은 특수교육 대상자에서는 제외된다. 특수 교육이란 교육 대상자의 특성에 적합한 관련서비스를 제공하여 이루어지는 질적 교육서비스를 의미한다. 따라서 특수교육학의 목표는 특수아동의 교육적 요구를 충족시키는 데 있으며 이러한 특수교육의 대상자들은 시각장애, 청각장애, 지적장애, 정서·행동장애, 자폐성장애, 의사소통장애, 학습장애, 건강장애, 발달지체, 지체장애와 법령이 정하는 아동들이다.

2 _____특수아동의 교육적 필요

　대부분의 특수아동들은 학업의 영역에 도움을 필요로 한다. 학교 활동의 대부분은 사회적 특성을 지니기 때문에 사회적 기술을 필요로 한다. 초등학교 저학년의 아동들도 이런 사회적 활동을 통하여 어떻게 친구를 사귀며, 그 관계를 유지하는지를 알고 있다. 그렇지만 특수아동들은 여러 가지 측면에서 일반아동들과 다르기 때문에 또래 아동들과 긍정적 관계형성에 어려움이 있다. 특히 사회 기술의 발달이 빈약하여, 이들에게는 특별한 도움이 필요하게 된다. 시각이나 청각 등의 신체 감각적 어려움을 가지고 있거나 지적인 부분의 결핍을 가지고 있는 경우에는 일반아동들과 함께 원활한 학교생활을 하기가 쉽지 않다. 따라서 이들에게는 이들이 가지고 있는 신체적, 지적 능력에 맞는 교육이 이루어질 필요가 있다. 우리나라에서도 이런 부분에 대한 다양한 맞춤형 교육이 이루어지고 있으며 특수아동들을 대상으로 하는 다양한 심리적 지원도 확장되고 있는 추세이다.

　미술치료의 이론과 실제

3 _____특수아동 상담의 필요성과 목적

특수아동 상담은 큰 범위의 상담 속에 포함되기 때문에 일반 상담의 목표인 개인의 문제 해결과 생활의 변화를 추구하는 것과 크게 다르지 않다고 할 수 있다. 특수아동이 지닌 문제를 구체적으로 해결하는 것과 특수아동의 사고방식의 변화를 가져오거나 부적응적인 행동의 변화 및 증상의 해소 등이 목표가 된다.

특수아동 상담의 목적은 크게 두 가지로 설명할 수 있다. 첫째는 특수아동이 지닌 여러 분야의 문제를 다루어줌으로써 특수아동이 지닌 정당한 가치를 발견시키고 문제 해결에 조력해 주는 일이다. 둘째는 현재의 문제 해결뿐만 아니라 상담의 과정을 통하여 장래에 있어서 일어날 수 있는 문제를 자신이 해결할 수 있도록 능력을 최대한으로 발달시키는 것이다.

구체적으로는 사회에서 살아갈 수 있도록 성격의 특이성을 교정하여 원만한 인격형성을 목표로 하며, 자립할 수 있는 기능을 갖추게 하여 사회적으로 자립하고 나아가 사회에 공헌하도록 육성한다. 또한 직업적 기능과 태도를 기르며, 신체적 정신적 기능의 결함을 보충하고 수정하며, 신체발달과 건강증진을 위하여 의료 서비스를 받도록 돕는 것에 그 목표를 두고 있다. 특수아 상담은 일반인들보다 상담의 필요성 이상을 가진다. 특수아동이 겪는 특정한 고통과 증상에서부터 특수한 상황에서의 적응 문제, 스트레스 및 당면한 생활과제를 다루며, 나아가 새로운 기술을 습득하거나 진로 지도 및 인간 성장을 위한 적응상의 모든 것을 상담에서 다룬다. 특수아는 또래의 일반 학생들과 비교해 볼 때, 신체적 지식적 정서적 사회적 및 행동적 영역에서 어려움을 지니고 있는 학생들이기 때문에 그 자체로도 상담을 필요로 한다.

특수아동 상담은 상담의 목적에 따라 치료상담과 예방상담, 발달상담으로 구분할 수 있다. 치료상담은 특수아동이 직면한 문제 상황에 적극 개입해서 특수아가 겪는 여러 가지의 문제를 해결하거나 어려움을 줄여 주고 도움을 주는 상담을 의미한다. 발달상담은 특수아동의 교육적 성장을 도와줄 수 있는 학교 환경을 형성하는 일로서 특수아의 정서적, 인지적, 욕구의 이해를 기반으로 이루어지며, 부모와 연계하여 상담활동을 하는 것을 포함한다(Colangelo,1991). 예방상담은 앞으로 발생 가능한 문제들을 고려하여 내담자에게 이루어지는 상담을 의미한다. 발달상담과 예방상담, 치료상담은 뚜렷하게 구분되기보다는 연속선상으로 보아야 한다.

미술치료의 이론과 실제

4 _____미술치료의 효과

미술활동 그 자체로 감정적 정화, 긴장 이완의 효과를 가진다는 것을 우리는 알고 있다. 아동의 여러 표현이 그림이라는 수단을 통해 밖으로 재현될 때 그들만이 느끼는 기쁨과 흥미는 특수아동에게 있어서도 동일하다. 미술 표현은 특수 아동에게 독립적인 기회를 제공하며 그에 따른 선택과 의사결정을 통해 자신을 생산적, 상징적으로 정의할 수 있다. 또한 개인적인 양식과 선호성을 개발시킬 수 있고 다양한 미술매체의 자극을 통하여 학습적인 효과를 얻을 수 있으며, 심상의 즐거움을 발산하여 정서적 안정을 찾는 것 뿐 만 아니라 함께하는 활동과 과정을 통한 사회적 기술을 함양할 수 있는 기회가 되기도 한다. 또한 색상이나 형태의 자극을 통하여 지적인 부분에 대한 자극과 학습의 효과를 기대할 수도 있다.

5 ____특수아동의 유형별 미술치료 중재 방법

1) 지적장애 아동의 특성 및 미술치료

가) 정의

선천적 및 후천적 요인에 의하여 지능의 발달이 뒤처지는 정신장애이다. 지적장애 여부를 알아내는데 표준 지능검사가 흔히 사용되는데, 지능 지수가 70 미만이며, 적응 능력에 결함이나 손상이 있으며, 18세 이하에 발병한다.

나) 분류 방법(지능 지수에 따른 분류)

분 류	지능 지수
경도(Mild) 지적장애	지능지수 50~55에서 약 70까지
중등도(Moderate) 지적장애	지능지수 35~40에서 50~55까지
고도(Severe) 지적장애	지능지수 20~25에서 35~40까지
최고도(Profound) 지적장애	지능지수 20 또는 25 이하

다) 심리적 특성

첫째, 지적장애를 가지고 있는 아동들에게 가장 일반적으로 나타나는 요소로 인지적 측면에서 지능의 균형적인 발달이 어렵고, 추상화 능력의 미숙함과 일반화된 개념 형성의 어려움을 보인다.

둘째, 인격·행동적 측면에서 자신의 욕구 조절 및 자기 통제, 도덕적·사회적 가치에 대한 의식 수준이 낮다.

셋째, 학습적 측면에서는 주의집중력이 떨어지고, 복잡한 수 개념 및 일반화 개념 능력이 낮으며, 이해력 부족으로 학습에 많은 어려움이 있다.

넷째, 언어적 측면에서 대체로 발달이 늦고, 이해하고 수용하는 언어의 수준이 낮으며, 한계가 있다.

다섯째, 운동적 측면에서 대근육, 소근육 발달이 많이 지체되며, 신체 조절 능력이 부족하고, 특히 눈과 손의 협응이 미숙하다.

여섯째, 정서적·사회적 측면에서 위축과 과장된 웃음 등 상황에 맞지 않는 부적절한 정서적 표현을 하거나, 불안과 공포감, 부적절한 행동과 통제의 어려움이 있다.

라) 미술치료의 목표

지적부분의 미성숙함과 사회적 적응행동에서 일상적인 어려움을 지니고 있는 아동이기 때문에 미술치료의 초점은 인지발달을 향상시키며, 사회적 환경에서 적응행동을 훈련하는 데 두어야 한다. 지적장애아동의 미술치료는 이들이 지닌 주의집중력, 기억력, 상위 인지 등의 인지적 특성과 정서 및 사회적 특성을 기초로 하여 이루어져야 한다.

마) 미술치료적 중재방법

첫째, 천천히 학습하며, 반복적 학습을 통한 성취감을 경험하도록 한다.

둘째, 미술활동 시간을 짧게 구성하고 실패감을 맛보지 않도록 한다.

셋째, 긍정적인 피드백을 준다.

넷째, 미술과제를 쉬운 것부터 어려운 것까지 계열성 있게 구성한다.

다섯째, 작은 단계의 학습과제가 구성되어야 한다.

여섯째, 미술 도구와 재료의 적절한 사용 방법 등 기본적인 기능 배양에 역점을 둔다.

바) 기법과 활동

첫째, 최고도의 지적장애를 가지고 있는 특수아동들은 정상 아동의 0~2세에 해당하는 지적능력을 가지고 있으므로 간단한 운동 능력과 감각기관의 협응력, 자신과 타인의 환경 구분 및 기본적인 인간관계의 이해를 목적으로 접근한다. 감각정보의 통합과 환경에 대한 긍정적 태도 및 신뢰감 형성을 목표로 하는 것이 효과적이다.

둘째, 중등도 수준의 지적장애를 가지고 있는 특수아동들은 정상 아동의 2~6세에 해당하는 지적능력을 가지고 있다. 이들에게는 자신과 사물의 변별, 상징화 능력을 발달시키고, 감각적 협응력을 정교화하며, 자율성의 발달을 목표로 한다.

셋째, 경도의 지적장애를 보이는 특수아동들은 정상 아동의 7~12세에 해당하는 지적능력을 가지고 있다. 이들은 반복적 학습을 통하여 보존개념의 획득이 가능하고, 조망 수용 능력의 발달을 확장할 수 있으며, 유목화⁵⁾ 계열화의 획득이 가능할 수 있고, 자기 통제력과 집단의식의 발달을 목표로 하는 것이 효율적이다.

인지적 자극을 통하여 자신의 신체에 대한 이해를 돕는 얼굴 만들기나, 손모양 본뜨기와 같은 활동과, 주어진 도안을 보고 모방하여 완성하는 도안 따라 그리기, 색종이를 이용하여 다양한 색상에 대한 인지와 찢어서 붙이는 과정을 통하여 내적 스트레스를 발산할 수 있으며, 손과 눈의 협응력을 향상시킬 수 있다. 또한 함께하는 작업이 가장 어려울 수 있는 대상이나 각자에게 주어진 영역을 채워서 하나를 이룰 수 있는 규격화된 퍼즐화를 완성하는 방법도 있다. 지적 수준의 정도와 신체 운동의 정도를 참고하여 프로그램을 진행하여야 효과를 얻을 수 있으며, 내적 심리적 불안의 해소나, 일반 아동들에게서 목표로 삼을 수 있는 치료적 목표를 처음부터 설정하는 것은 무척 어려워서 쉽게 좌절하게 만들 수 있다. 따라서 가장 간단하고 기본적 인지 수준에서 출발하여 반복과정을 통하여 인지할 수 있고, 행동할 수 있도록 돕는 것이 중요하다.

2) 정서 및 행동장애 아동의 특성과 미술치료

가) 정의

정신적, 육체적 혹은 인지적인 면에서 정상이나 학습의 결과가 부정적으로 나타나는 경우, 혹은 생후 30개월 이전에 나타나는 발달장애 증후군일 경우, 그리고 항상 우울하고 불안해서 일상생활이 부적절하여 대인관계에서 인지능력, 언어, 자폐성 경향을 나타내는 경우를 말한다.

---

5)   유목화 : 주제와 관계가 있는 것끼리 모아 상위유목, 하위유목으로 분류하는 것

나) 심리적 특성

첫째, 정서적 감정 조절의 빈약함으로 외부로 표출되는 공격성이 있다.

둘째, 지속적인 거절이나 좌절 및 불안 두려움의 경험으로 인한 정서적 위축의 모습을 가질 수 있다.

셋째, 일반적 환경에 대한 정상 발달이 이루어지지 못한 것에 대한 불안의 감정을 표출할 수 있다.

다) 미술치료의 목표

정서 행동장애의 아동들은 대부분 부적절한 행동에 대한 조절 및 통제에 어려움을 가지고 있기 때문에 미술치료의 목표는 부적절한 행동의 조절과 주의 집중력의 향상, 사회적 규범의 내재화 및 분노조절과 사회적응에 두어야 한다. 행동장애 아동의 미술치료는 매우 이상적인 치료적 접근방법이나 역시 이들이 지닌 주의 집중, 기억, 상위인지 등의 인지적 특성과 정서 및 사회적 특성을 기초로 하여서 이루어져야 한다.

라) 미술치료 중재방법

첫째, 정서 및 행동장애아동의 미술치료적 중재 방법 및 행동장애아동의 미술치료 시 중요한 것은 미술활동에 대한 동기 및 흥미 유발, 칭찬과 격려 및 성취감 획득, 안정되고 편안한 분위기를 조성해 주는 것이다.

둘째, 위축된 아동은 자신감을 경험하는 것이 중요 과제이므로 해결하기 쉬운 간단한 과제부터 실시하는 것이 효과적이다.

셋째, 흰색 종이보다는 미색 등의 색상지의 사용과 큰 종이와 큰 붓을 사용하여 작업을 진행하는 것이 효과적이다.

넷째, 공격적 아동에게는 찰흙과 같은 매체를 통해 공격성을 표출하여 심리적 이완을 유도한다.

다섯째, ADHD로 치료를 받고 있는 아동에게는 주의가 쉽게 산만해질 수 있으므로, 가능한 한 자극이 많이 차단된 작업 환경이 필요하다. 규칙이 중요하고, 활동 범위의 제한이 필요하다.

마) 기법과 활동

정서적으로 위축되고 불안이 높은 아동에게는 처음부터 크고 넓고 무한한 자유를 주는 환경보다는 작고, 모방하고, 쉽게 접근하여 완성할 수 있는 활동부터 시작하는 것이 효과적이다. 또한 매체들이 부드럽고, 쉽게 수정할 수 있는 재료들을 사용하는 것이 효과적이며, 과도하게 완성작품에 에너지를 맞추지 않도록 하는 것도 효과적이다.

반면 활동성이 높고, 공격적인 행동양상을 보이는 아동들에게는 내재된 공격성을 안전한 방법으로 표현할 수 있는 도구들을 활용하는 것이 효과적이다. 정해진 틀 안에서 자유롭게 발산할 수 있으며, 자신의 내적 감정이 정리되기까지 반복적으로 진행하는 것도 효과적이다.

주의집중력이 짧고, 과잉행동을 보이는 아동들에게는 주의 집중력을 향상시킬 수 있는 프로그램을 진행하되, 처음부터 과도한 목표를 설정하는 것은 오히려 좌절하게 하여 포기하게 만들 수도 있다. 따라서 자신이 잘 인지하지 못할 정도의 변화와 연속적 칭찬의 강화를 통하여 자신의 부적응적 행동을 수정할 수 있도록 돕는다. 흥미 위주에서 출발하는 것이 효과적이며, 잘 마무리하였을 때 적극적인 칭찬의 보상이 필요하며, 반복 활동을 통하여 성취감을 높일 수 있도록 도와주는 것이 중요하다.

3) 학습장애 아동의 특성과 미술치료

가) 정의

학습장애는 정상범위의 지능지수를 가지고 있는 아동이 말하기, 듣기, 읽기, 추론, 쓰기, 계산 등의 학습에서 어려움을 겪는 것이다. 읽기장애, 쓰기장애, 산수장애로 분류된다.

나) 학습장애 아동의 특성

첫째, 낮은 자신감과 위축 행동, 무력감으로 인하여 불안 및 감정의 기복이 심한 부정적인 자아개념 형성이 가장 큰 특징이다.

둘째, 사회적 지각의 문제로 인해 원만한 상호작용의 어려움이 있으며, 일상생활에서도 문제행동을 많이 보인다. 특히 주의가 산만하고 과잉행동과 주의력 결핍의 증상으로 주변으로부터 부정적 피드백을 받을 가능성이 높다.

셋째, 신체적으로 청지각의 문제와 시지각의 문제를 가지고 있을 수도 있다.

다) 미술치료 목표

학습장애 아동은 주의집중, 지각, 기억, 언어, 사고의 기초 인지적 정보처리 과정 상에 문제로 인하여 학습 문제를 지닌 아동으로 주의 집중력의 향상, 시각-청각 기억과 정보처리, 시공간 및 청지각 능력의 향상, 언어능력의 향상, 순차적 정보처리 능력의 향상, 손-눈의 협응력, 사고기능 및 문제 해결 능력의 향상, 사회성 발달에 미술치료적 목표를 둔다.

미술치료에는 오감을 동시에 활용한 활동이나 순차적 정보처리 능력 향상을 위한 특정의 단계와 순서가 들어간 활동, 기하도형과 전경-배경 등의 도형 활동, 사물의 인식과 변별 능력촉진 활동, 기초 그림 및 도형 그리기, 선, 도형 및 그림 따라 그리기, 색칠하기, 색종이 접기와 잘라 붙이기, 가위로 오리기, 퍼즐, 토막활동, 인물화 그리기, 핑거페인팅 등이 있다. 상담사의 격려, 개인지도, 손활용의 적극적 지도, 동기 부여 및 성공감을 가지도록 적극적으로 도와주는 것이 필요하다.

라) 미술치료적 중재 방법

첫째, 허용적 분위기를 조성한다.

둘째, 조화롭고 체계적이며 자극이 차단된 작업 환경을 조성한다.

셋째, 긍정적 피드백을 준다.

넷째, 청지각의 문제가 있는 경우, 소음을 차단시키고, 천천히 분명한 발음으로 지시한다.

다섯째, 시각적으로 문제가 있는 경우, 미술작업에 어려움이 있으므로 쉬운 것부터 하나씩 격려하며 보조를 해주는 것이 좋다.

마) 기법과 활동

그림을 통한 다양한 매체의 활용으로 자신의 내면세계를 경험하고 표출하여 유연한 사고와 언어를 통해 사회성의 발달을 촉진하는 기법을 사용한다. 예를 들어 꼴라주, 신체 본뜨기, 찢어 붙이기, 퍼즐 놀이 등이 있다.

4) 조현병과 미술치료

가) 조현병의 의미

조현병이란 인격의 여러 측면 즉, 감정, 행동, 지각, 사고 등에서 이상 증상을 나타내는 정신 질환이다. 조현병의 원인은 수없이 많다. 최근에는 심리적인 영향과 유전, 뇌의 구조와 기능의 이상, 도파민과 같은 신경전달 호르몬의 불균형 등의 생물학적 원인이 뇌의 병적 질환으로 인지된다. 임상에서는 생활환경에서 받는 과도한 스트레스가 발병 원인으로 보고되기도 한다. 특히 일상생활에서 보여지는 청소년들의 감정변화의 모습들이 정상적인 정서의 행동인지 조현병의 전조증상인지가 혼동되어 병이 방치되고 깊어지는 경우가 많다. 따라서 청소년기에 주로 발생률이 높다.

이렇게 발병된 경우 성인에 이르기까지 지속적인 상태가 유지되거나 악화되는 경우로 발전하게 되나, 최근에는 다양한 약물의 개발로 통원치료를 통하여 일상적인 생활이 가능한 경우들이 대부분이다.

나) 조현병 아동의 특성

첫째 망상과 환각이 나타난다.

둘째 와해된 언어가 나타난다. 자신의 언어를 다른 사람에게 논리적으로 잘 전달하지 못하는데, 이처럼 자신만 이해 가능한 자기중심적 사고를 자폐적 사고라고 한다.

셋째 심하게 와해된 행동이나 긴장증적 행동이 나타난다. 전혀 움직임이 없이 굳어 있거나 반대로 극단적인 흥분과 요동을 보이는 근육운동장애를 포함한다.

넷째 정서적인 특징으로 주변 사람들이 환자의 기분을 알아채기가 힘들다는 것이다. 좀처럼 희로애락을 잘 표현하지 않으며, 표현하더라도 현재 상황에 걸맞지 않은 엉뚱한 감정인 경우가 많다. 또한 감정 표현이 단조롭다. 자신의 감정을 언어적, 비언어적으로 표현하는 능력에 손상을 입어 단조롭고 메마른 정서 양상을 보이는 것이다.

다섯째 사회적으로 매우 고립된 모습을 보인다. 방에 혼자 있기를 좋아하는데, 이는 가족이나 사람들이 자신을 이해해 주지 못한다고 여기기 때문이다. 때론 이것은 피해망상으로 가해자들을 피하는 수단으로 혼자 있는 것을 선택하기도 한다.

다) 미술치료의 목표

조현병 환자들에게 그림을 그리게 하기 위해선 특히 신중한 접근이 필요하다. 일반적으로 조현병 환자들의 미술치료는 집단미술치료로 이루어지며, 여기서는 집단 구성원 개개인을 적극 지지해 주고 관심 있게 대하면서 미술작업 중에 상호작용을 유발할 수 있다. 만성적인 정신분열증 환자에게 자기 성찰을 위하여 미술이라는 매개체를 통해 내적 심리상태와 감정을 표출하고 의사소통능력을 촉진한다. 감정의 위기를 완화시키고, 카타르시스 효과를 통하여 감정 교류의 조정적인 역할을 한다.

라) 미술치료의 기법과 활동

치료로는 자화상, 꼴라주, 셀프박스, 손 본뜨기, 집단 모자이크 등이 있다. 치료과정 중에 주의할 점은 자유롭게 자신을 표현하도록 하지만 망상을 촉진하는 것은 위험하며 기능적인 측면을 강조하지 않는다. 자신감이 떨어져 있는 내담자를 위축시키거나 저항을 일으킬 수 있기 때문에 그림에 대한 비판적 분석이나 평가는 금물이다. 흥미를 촉진할 수 있는 벽화나 함께 만들기 등 집단 프로그램이 매우 효과적이다.

16강

청소년
미술치료의 이해

청소년기는 급격한 신체의 변화와 정신적 변화를 경험하며 생리적으로도 급격한 변화가 있는 13세~19세까지의 아동들을 말한다. 더욱이 중학생 시기에 경험하는 사춘기는 급격하게 심리적, 신체적 변화가 일어나며 처음 경험하는 일들과 새로운 세계와 만나게 되면서 관심의 범위가 다양하고 폭넓어지며 중요한 선택의 기회와 경험을 하게 된다.

자기중심적인 청소년들은 자신의 작품이 세상의 중심이라 생각한다. 이러한 청소년들의 작품은 그들의 정체성을 알아보는 좋은 정보가 되며 이러한 정보를 통해서 그들의 불안을 해소하고 발달상의 과업을 해결할 수 있다. 또한 청소년들은 타인의 시선에 무척 민감하며 자신이 소속된 집단의 구성원들에게 인정받고 싶어 하는 욕구가 매우 크다. 이러한 청소년의 심리적 요인을 충족시키기 위하여 집단 구성원들이 돌아가면서 개인의 작품에 대해 긍정적인 피드백을 해 주는 작업은 매우 중요하게 적용하기도 한다. 청소년 집단 프로그램을 통해서 집단구성원들과 긍정적 상호 관계 형성 및 협동심, 자존감의 향상을 기대할 수 있다. 청소년들이 상담을 의뢰하는 경우는 대부분 부모나 선생님, 혹은 기관의 담당자에 의해서이다. 스스로 상담소를 찾는 청소년들이 극히 드물기 때문에 청소년들과의 성공적인 상담을 위해서는 라포 형성이 중요하다. 안정되고 편안한 상담 상황과 분위기 조성에 최선을 다해야 하며, 적극적인 수용과 공감적 태도가 상담사에게 요구되는 가장 중요한 자세이다.

1 _____청소년의 심리 이해와 특성

1) 정신분석 이론

가) 프로이트

프로이트는 정신분석 이론에서 청소년기에 해당하는 발달단계는 생식기 시기로 남근기에서와 같이 이성부모를 향한 성적 욕망이 다시 한 번 나타나는 시기라고 주장했다. 이 시기는 합리화, 퇴행, 금욕주의 등의 방어기제를 사용하여 초자아를 안정시켜 갈등에 대처하는 시기라고 했다.

나) 안나 프로이트

청소년기를 프로이트와 마찬가지로 남근기 시기의 오이디푸스 감정이 부활되는 시기로 보았다. 남근기에 가졌던 동성 부모에 대한 분노는 점점 커지는 반면에 이성 부모에 대한 근친상간적 감정은 없어진 것이 아니라 무의식적인 상태로 내면에 남아 있는 것으로 보았다.

청소년들은 그들의 부모 앞에서는 긴장하고 불안해 하고, 반면 부모와 떨어져 있을 때는 안전감을 느끼게 된다고 하였다. 그렇게 때문에 청소년들이 실제 가출을 하기도 하지만 대다수는 집에서 "하숙생과 같은 태도"로 자기 방문을 굳게 닫는 것으로 자신들의 감정을 부모들에게 표현하고, 친구들과 어울릴 때만 편안함을 느끼게 된다. 때로는 부모를 경멸함으로써 독립한 것 같은 착각에 빠지기도 하며, 자신 내면의 어떤 감정과 충동으로부터 자신을 방어하려는 금욕주의 경향을 보이기도 한다.

청소년기는 이성적으로 불안을 다루지 못해 방어기제를 사용한다. 주로 사용하는 방어기제는 합리화, 억압, 동일시, 전이, 반동형성, 부정, 승화, 투사, 지성화, 금욕주의 등이며 특히 금욕주의와 지성화를 청소년기의 중요한 방어기제로 보았다.

2) 심리사회적 이론

가) 설리반

설리반은 성격의 구조 중 자아의 영역을 인간 발달에서 다른 사람과 어떠한 관계를 유지하는가를 중요하게 인식하였다. 청소년기를 전 청소년기, 초기 청소년기, 후기 청소년기로 구분하였다. 전 청소년기에는 모든 것을 털어놓고 이야기할 수 있는 단짝이 필요한 시기로 "평화와 위안의 시기"라고 하였으며, 초기 청소년기에는 생리적 변화와 성적 만족이라는 새로운 욕구가 나타나며, 이 성적 욕구는 이성과의 애정관계 욕구로 충족될 때 긴장에서 벗어나 안정을 찾게 된다고 하였다. 이런 혼란은 후기 청소년기에 와서 안정을 찾아가게 되는데 이 시기에는 보다 광범위한 넓은 시각을 가지게 되어서 자신의 주변과 지역적인 문제에서 점점 확대되어 사회 정치적 문제로까지 관심을 가지게 된다.

나) 에릭슨

청소년기는 정체감 대 정체감 혼미의 발달단계로 "나는 누구인가?"에 대한 답을 찾기 위해 갈등하고 고뇌하는 시기라고 하였다. 이 시기에는 어느 특정 집단에 소속하여 그 집단 안에서의 책임과 의무를 완수하려는 "소속감"과 지금까지 함께한 가족이라는 집단의 울타리 밖에서 호기심을 가지고 새로운 것을 찾아보려고 하는 "탐색"이라는 두 가지 과제가 있다고 하였다. 이 두 가지 과제를 모두 잘 수행해 내면 성공적인 정체감을 형성하게 된다. 반면에 소속감만 있고 탐색할 용기가 없으면 정체성이 조기에 마감되어 주어진 집단의 환경에 의해서 순응적인 삶을 살아가지만 시간이 흐른 뒤에 점점 갑갑함을 느끼게 되어 일탈을 시도하게 된다고 하였다. 또한 집단에 대한 소속감은 거부하고 오로지 탐색만 하기를 원한다면 어느 집단에라도 소속되어 자신이 해야 할 의무는 거부하고 그저 새로운 것만을 찾아보겠다고 다양한 시도만 하게 된다. 결국 나중에는 결과는 얻지 못하고 계속 시도만 하게 되는 사람이 되고 만다고 하였다. 따라서 두 가지의 과제를 모두 수행하여 건강하게 성장 발달하는 청소년은 긍정적 자아정체감을 형성하지만 지나친 문화적 기대나 요구들은 청소년들에게 사회의 규범과는 전혀 다른 자기상을 가지도록 한다. 또한 사회에 대한 공헌이나 성공의 가능성이 전혀 없다고 판단하는 청소년들은 자기 정의로서 이런 부정적인 말을 받아들여 더욱 그것을 굳게 하여 부정적 부분의 정체감을 강화시킨다.

3) 인지발달이론

정신분석이론이 아동의 무의식적 사고의 중요성을 강조하는 반면에, 인지발달이론은 아동의 의식적인 사고를 강조하였다.

가) 피아제

피아제의 발달단계에서 4단계 형식적 조작기에 해당하는 청소년기는 새로운 상황에 직면했을 때 현재의 경험 및 과거와 미래의 경험을 이용한다. 가상적 상황이나 추상적인 사실들에 대해서 관심을 가지고 이에 대해서 논리적으로 추론을 할 수 있은 추상적 사고가 가능하며, 자신과 타인의 사고과정에 대해서 생각할 수 있으며, 자신과 타인의 사고를 잘 통제하고 자신의 인지적인 과정을 타인에게 쉽게 설명할 수 있다. 또한 가능성이 없어 보이는 문제들에 대해서 논리를 펴는 것이 가능하며, 이런 특성 때문에 자신이 현재 처해져 있는 상황이나 자신이 미래에 처하게 될 상황들을 상상할 수 있는 힘이 있다. 그리고 지금 여기에서는 존재하지 않지만, 만약에 가능한 무엇인가에 대한 예측을 할 수 있으며, 자신이 계획을 세우고 행동의 결과를 예상하면서 나타날 현상에 대한 다양한 대안적인 설명을 제공할 수 있는 연역적인 사고가 가능한 시기이다. 성인과 같은 수준의 사고를 할 수 있는 마지막 발달단계라고 하였다.

나) 비고츠키

아동은 자신을 제외한 다른 대상들과 관계하면서 직접 또는 간접적으로 영향을 받으며 발전하고 성장하는 사회적 존재로 보았다. 즉, 사회학습의 결과로서 좋은 사람들과 건강한 상호작용을 통해 그들의 인지와 문화적 정서가 아동에게 전이된다. 따라서 언어발달이 인지발달을 위한 상호작용에 중요한 변인이라고 보았다. 아동기와 청소년기가 질적인 차이가 없다는 기존의 관점을 비판하고, 지적인 부분의 혁명과 내적인 변화에 주목해야 한다고 주장하였다. 따라서 청소년기를 새로운 사고 양식이 출현하여서 여러 정신기능들이 한 층 더 고차원화 되기 시작하는 시기로 보았다. 먼저 시각적 지각 행위 속에서 구체적인 사고와 추상적인 사고의 결합이 가능한 시기이며, 범주적인 지각이 가능해지는 시기라고 하였다. 또한 기억과 지성의 관계가 뒤바뀌어 사고에 의존한 기억이 형성되며, 사고에 의한 자발적인 주의 형성이 가능하고, 주의 발달과 개념 발달의 상호 관련성을 이해할 수 있으며, 외적 기호 조작이 없이 내적 조작을 통해서 주의를 조절할 수 있는 시기라고 하였다.

4) 학습이론

가) 스키너

조작적 조건형성의 과정에서 자극과 반응이 연결되었고 행동은 그것의 결과에 의해서 결정된다고 하였다. 조작적 조건형성에서는 강화와 벌의 역할이 중요하다고 하였다.

나) 반두라

인지 발달이 행동과 환경만큼이나 발달에 있어 매우 중요한 요인이라고 강조한다. 또래집단의 영향을 많이 받는 시기이기도 한 청소년기에는 모델이 매력적일수록 효과가 크게 나타날 수 있으며, 습득한 행동을 실제 시연해 보는 과정을 통하여 더욱 정확하게 학습할 수 있다고 하였다.

5) 인간주의 이론

가) 매슬로우

자아실현을 이루기 위해서는 생리적 욕구, 안전의 욕구, 소속의 욕구, 존중의 욕구가 자아실현 이전에 충족되어야 한다. 이 욕구들은 위계적으로 이루어지며, 기본 욕구는 안정의 욕구와 생리적 욕구이고, 인간의 욕구 중 가장 기본적인 욕구라고 할 수 있다. 생리적 욕구는 신체의 균형을 이룰 수 있는 영양분 섭취, 갈증의 해소, 휴식 본능이며 안전의 욕구는 불안과 공포로부터 벗어난 안정성을 말하고 심리적 욕구는 존중의 욕구와 소속의 욕구이며, 소속의 욕구는 자아존중과 다른

미술치료의 이론과 실제

사람으로부터의 존재를 의미하며 자아실현의 욕구는 개인 능력의 충족 욕구이므로 청소년기에는 소속의 욕구가 강한 반면, 성인기 초기에는 존중의 욕구에 많은 정신을 쏟는다(김창환, 2007).

나) 로저스

인간은 자기 이해와 자기실현을 위한 잠재력을 지니고 있으며, 자아실현은 일생을 통해서 이루어지는 과정이며, 신뢰하고 존경하는 분위기가 된다면 인간은 긍정적으로 발달하고 성장할 수 있다. 청소년기에 형성되는 자아는 과거 아동기의 삶의 경험과 자신을 둘러싼 주변 타인들의 경험에 의한 영향을 받기 쉽다. 따라서 부모나 주변의 교사, 친구들과 나눈 긍정적인 경험이 청소년의 건강한 성장에 중요한 요인이 된다. 청소년기에 주변 사람들로부터 부정적인 피드백을 많이 받게 되면 부정적이고 왜곡된 자아관을 가지게 된다는 것이다. 따라서 이 시기의 청소년에게 긍정적으로 대하고 지지해 주고, 격려해 주는 과정을 통하여 청소년이 스스로 가치 있다는 긍정적인 자아관을 가지도록 하는 것이 중요하다. 자신에 대해서 긍정적인 자아관을 가져야만 인간의 궁극적인 목적인 자아실현이 가능하기 때문이다. 인간은 주체적이고 능동적으로 삶을 창조할 수 있는 존재이며, 적절한 환경이 주어지면 일생 동안 성장, 발전을 하는 존재이기 때문이다.

2 _____청소년 미술치료의 특징

1) 청소년 발달단계에 따른 표현적 특징

인지적 발달에 비해 표현능력이 떨어지기 때문에 사실적으로 표현하려는 욕구가 충족되지 못하는 경우가 있다. 예술적 표현기로서 개성을 발견하고 자신의 의사에 따라 대상을 탐구하고 변화시켜 표현한다. 시각형과 촉각형, 중간형 등 세 가지 표현유형이 결정되는 시기이며, 3차원적인 공간표현과 입체표현이 나타난다. 육면체 블록을 조각해서 대상을 사실적으로 표현, 형태에 대한 정확한 지각으로 비례와 움직임을 명확히 표현하며 개인적인 감정도 표현한다. 소조와 조각 방법이 모두 가능하며 나무 조각도 가능하다.

2) 청소년 미술치료의 형태와 매체

청소년 미술치료의 형태는 개인 미술치료와 집단 미술치료로 나눈다. 개인 미술치료는 미술치료사와 치료를 요하는 청소년 개인으로 이루어진다. 집단 미술치료인 경우는 3~4명의 소집단과 10~12명 정도의 대집단으로 이루어진다. 장애를 가지고 있는 청소년인 경우는 소집단으로 이루어지는 경우가 많다. 청소년 미술치료의 매체는 기본적으로 채색, 소묘, 입체 매체이며, 그러한 매체 안에 다양한 종류들이 있다. 내담자의 상황과 환경적, 개인적인 부분에 대한 충분한 이해 과정을 통하여 미술치료의 재료들을 선택하고, 활용할 수 있는 상담사의 능력이 필요하다.

3) 청소년 집단의 구성

청소년 집단을 구성하는 것은 쉬운 일이 아니다. 집단구성원들은 상담사의 세심한 고려가 있지 않는 한 좌절을 경험할 것이고 집단에서 얻는 것은 없을 것이다(한숙자, 2004).

가) 지시적과 비지시적인 구성방법

집단 미술치료의 구성은 집단원들에게 주제와 재료를 제공하는 지시적인 방법과 집단원이 자유롭게 주제와 재료를 선택하여 진행하는 비지시적인 방법이 있다(한숙자, 2004). 이 방법들은 집단의 크기, 기간, 성향, 진행단계 등에 따라 다르게 적용된다.

나) 발달단계에 따른 구성

청소년은 보통 발달의 세 단계로 나눌 수 있으며, 초기 청소년, 중기 청소년, 후기 단계의 청소년인데 이러한 구분은 편의에 의해 구분된 것이다(한숙자, 2004). 대략 초등 고학년, 중학교, 고등학교 순으로 맞춰진다. 이렇게 나누는 이유는 십대가 동일한 욕구나 성적·사회적 행동을 하기 때문이고 청소년의 실제 나이는 서로 다를 수 있다(한숙자, 2004).

다) 개방적, 또는 폐쇄적 집단의 구성

집단은 유형별로 상담, 치료, 교육, 성장, 과업, 자조, 지지집단 등으로 분류할 수 있다. 또한 정형화된 프로그램을 사용할지 말지에 따라 구조화, 비(非)구조화, 반(半)구조화 등 3가지로 구분이 가능하다. 이러한 구분에 더해서, 진행과정 중에 새로운 구성원을 포함시킬지 말지를 분류하는 것이 바로 개방집단과 폐쇄집단으로 구분하는 것이다. 개방과 폐쇄라는 단어에서 바로 알 수 있듯이, 개방은 중간에 새로운 멤버를 받을 수 있다는 것이고, 폐쇄는 전혀 받지 않는다는 뜻이다. 먼저 개방집단(Open groups)은 집단 회기를 진행하던 중에 어떤 한 사람이 자신의 집단상담을 종결하여 생겨난 결원을 채울 수 있는 것이다. 이러한 사례는 장기적 치료집단에 적합한 형태로 상담의 목표가 미술활동을 통해서 또래 친구들과 어울리면서 의사소통, 협동기술 등의 사회적 기술을 익히는 것이라면 폐쇄적이기보다 개방적인 집단이 더욱 효과적이라고 할 수 있다. 반면에 폐쇄집단(Closed groups)은 일단 집단 상담이 시작되면 새로운 멤버를 받지 않는 형태이다. 구성원이 고정되어 있기 때문에 집단리더 입장에서는 운영하기가 수월해진다. 새로운 멤버가 들어오면 그 새로운 특징들이 혼합되는 과정이 발생하기 때문인 것이다. 따라서 구체적인 목표를 설정하고 집중적이고 단기적인 집단 상담에는 폐쇄집단의 특징이 더 어울린다 하겠다.

3 ____ 청소년 미술치료의 실제

1) 예방적 차원에서의 청소년 미술치료

자기를 표현하고 싶은 자연스러운 욕구 또는 필요한 경우 예방적 효과를 위해 무의식에서 우러나온 그림을 그리는 것과, 치료적 관심에서 특별히 그림을 그리는 것은 구별될 수 있다. 혼란이 많은 청소년기에는 스트레스 상황에 대처할 수 있는 능력을 증진시키고 문제해결능력이나 생활기술을 가르쳐줄 수 있는 계획된 프로그램들이 효과적일 수 있다.

2) 치료 및 재활적 차원에서의 청소년 미술치료

청소년 내담자들은 자신의 상황에 대해서 어려움을 직접적으로 호소하거나 치료적 현장에 적극적인 태도를 취하지 않는 경우가 대부분이다. 그런 이유에서 직접 치료의 현장에서 만나게 되는 대상자들은 그들의 불편함의 정도가 많이 지속되고 깊어져 있는 상태에 처해져 있기 때문에 약물치료와 다양한 치료기법들을 병행하는 것이 좋다. 재활적 미술치료도 내담자의 질병의 회복이나 장애를 극복하기 위한 프로그램으로 적용하게 된다.

3) 청소년 집단미술치료

가) 집단의 크기

청소년기의 발달단계상 발생할 수 있는 여러 가지 요인들이 주제로 정해질 수 있으며, 가장 효율적인 집단미술 치료적 효과를 위해서는 6~12명 정도가 적당하다.

나) 집단을 구성하는 방법

청소년들이 가지고 있는 심리적인 문제에 따라서 집단미술치료의 진행 방법은 다

미술치료의 이론과 실제

양할 수 있으며, 발달적 차원에서 이루어지는 청소년 집단상담은 반구조화된 집단 미술치료를 진행하는 경우가 많다. 특히 청소년들은 이성에 대한 관심과 자아정체성에 대한 고민을 많이 하는 시기로, 연령이 비슷한 또래로 집단을 구성하는 것이 효과적이다. 서로에 대해서 모방하면서 모델링이 되기도 하고, 서로 비슷한 고민과 심리적 불편감을 가지고 있는 시기에 또래들로부터 지지받는 경험을 통하여 또래 집단에 대한 긍정적인 경험을 할 수 있다.

4) 자존감 향상 프로그램의 사례 - 신체상 꾸미기

자신의 신체를 다른 구성원이 본을 떠서 그려 준다. 자신의 신체에 대해서 자유롭게 손가락을 이용하여 꾸며 주는 방법이다. 핑거페인팅으로 진행하는 것은 내적인 불안과 억압을 이완시켜 주는 촉각적 작업의 과정을 통하여 청소년기의 불안정한 정서를 안정시켜 줄 수 있다. 또한 자신의 신체상을 꾸미면서 자신에 대해서 객관적으로 바라볼 수 있게 되며, 자신의 가치나 존재감에 대해서 재해석해 볼 수 있는 기회가 될 수 있다. 타인들에게 자신을 소개하고, 나의 모습을 객관적으로 바라보고, 함께하는 과정을 통하여 내적인 자존감을 향상시켜 갈 수 있게 된다.

17강

성인 미술치료의
이해

어릴 적 그 꿈을
지금 그려 낸다

1 _____ 성인기 발달의 특징

1) 신체발달

　에릭슨의 심리사회적 발달단계에서 성인전기는 20세에서부터 40세까지이다. 이 시기는 신체발달이 완성되는 시기이며 신체적으로 가장 건강한 시기이다. 20대 중반까지는 흡연, 음주, 약물 흡입 경향이 급격히 증가하는 경향을 보이는데 이것은 청소년기 자아 중심적 사고가 성인전기의 건강지각에 그대로 적용되기 때문이라고 설명할 수 있다. 성인전기 동안의 생활방식은 중년기나 노년기의 건강상태를 결정하는 데 중요한 역할을 하게 되는데 이것은 30세의 신체적 건강이 70세의 생활만족도를 결정하는 가장 중요한 요인으로 볼 수 있기 때문이다. 또한 이 시기는 프로이트 심리성적 발달단계에서 성기기에 해당되는 시기로 이성과의 직접적인 성관계가 확립되는 시기이기도 하다.

　에릭슨의 심리사회적 발달단계에서 성인중기는 40세부터 60세 사이이다. 이 성인중기에 이르면 신체의 감각기능의 쇠퇴가 진행된다. 특히 청각기능은 가장 빨리 감퇴하는 감각기능(40세)에 해당되며, 노안으로 인한 시각감퇴도 대체로 40~49세 사이에 나타난다. 척추 뼈 사이의 디스크 감퇴로 인해 뼈마디가 가까워지면서 키가 줄어드는 현상이 나타나기도 한다. 일반적으로 30세에서 50세 사이에 약 0.3cm의 키가 줄어들고, 60세가 되면 약 2cm 가량의 키가 줄어든다. 또한 피부의 탄력이 줄어들고 주름이 생기며 흰머리가 나타나고 대체적으로 체중이 늘며 배가 나오게 된다. 여성인 경우에 폐경과 같은 성적변화(40대 후반~50대 초반)가 나타나며, 폐경을 전후하여 여러 가지 갱년기 증상이 나타난다. 이 갱년기의 신체적 증상으로 얼굴의 홍조, 식은 땀, 만성적 피로감, 메스꺼움, 심장박동의 증가가 나타나며, 심리적 증상으로는 우울감, 초조감, 불안정감이 나타난다. 성인중기에 남성도 남성호르몬 분비의 감소로 성욕감퇴와 더불어 심리적인 의욕감퇴, 불안, 초조 등의 갱년기를 경험한다. 그러나 실제로 호르몬의 감소는 50대 이후 1년에 1%에 불과하여 남성 갱년기장애는 생리적인 것이라기보다 쇠퇴를 지각하는 심리적 반응에 기인되는 것으로 볼 수 있다.

2) 인지발달

성인전기인 20세부터 40세까지 먼저 Piaget는 청년기와 성인기 사고는 본질적으로 같은 것으로 보고 있다. 다만 성인기의 사고는 실용적인 필요성과 압박감이 더 강하다는 점에서 삶에 대해서 자유스럽고 이상주의적인 형태를 지니는 청년기의 사고와 구별된다고 할 수 있다. 실용적 사고의 필요성 증가는 청년기에 있는 논리적 사고의 감퇴를 뜻하는 것이 아니라, 성인전기 인지적 능력은 논리적 사고 기술과 현실에 대한 실용적 적응기술을 동시에 요구한다고 볼 수 있다. 성인기에 들어오면서 자신을 둘러싸고 관계를 형성하고 있는 타인의 관점과 견해의 다양성을 수용할 수 있게 되면서 그동안의 이분법적 사고는 다면적 사고로 대치되는 변화를 가져오게 된다. 이러한 다면적 사고는 자신의 의견이 타인으로부터 논박을 받거나 다양한 부적합한 경험을 하게 되면서 상대적 사고로 바뀌게 된다. 여기서 말하는 상대적 사고란 대부분의 지식과 의견은 절대적으로 부여된 것이 아니라 시대상황적 맥락에 따라 바뀔 수 있다는 진리의 상대성을 이해하는 능력이다.

성인중기인 35세부터 60세 사이의 지능은 20대 중반에 절정을 이루었다가 30대 이후부터는 서서히 쇠퇴한다. 1919년에 363명의 대학신입생을 대상으로 지능검사를 실시하고 31년 뒤인 1950년에 127명을 다시 지능검사 실시한 연구 결과에 의하면 언어능력은 오히려 의미 있게 증가한 것으로 나타났으며, 환경과의 상호 관계적 사고도 다소 증가하였으나 수리능력은 약간 감소한 것으로 나타났다. 이러한 결과를 근거로 우리가 볼 수 있는 것은 성인중기에 지능의 일률적인 감퇴는 없다고 볼 수 있다. 그러나 세부적으로 나누어 볼 때 유동성 지능인 유전적 요인에 의해 결정되는 지능은 감퇴한다고 볼 수 있으며, 결정성 지능인 후천적 경험, 학습, 문화적 영향에 의해 습득되는 지능의 감퇴 여부는 교육수준과 직업 및 문화적 배경에 따라 차이가 있다는 것을 알 수 있다. 성인중기에는 기억력이 감퇴되며, 50세 이후에 저장된 기억정보를 활성화시키는 데 필요한 시간은 20세에서 50세 사이에 필요한 시간보다 60% 가까이 증가한다. 정보처리속도 이외에 성인중기 기억능력의 감퇴가 나타난다면, 기억과제의 연습량의 감소가 주된 원인일 수 있다. 성인중기는 특정분야에 대한 잘 구조화된 지식체계와 보다 융통성 있고 창의적인 방법의 사용 능력으로 인하여 자신이 종사하고 있는 분야의 지식과 기술에 있어서 보다 큰 전문성을 길러가는 시기이다. 또한 많은 삶의 경험치가 녹아 있어 지혜의 발달이 이루어진다.

3) 성격 및 사회성 발달

성인전기인 20부터 40세까지 자신의 결혼대상으로서 애정을 나눌 수 있는 사람이나 사회생활에서 우정을 나눌 수 있는 사람들과 친밀성을 획득해야 하는 과제를 성취해야 하는 시기이다. Sternberg는 성인초기에 친밀성의 중심 문제로 애정(affectionate love)이 매우 중요하며, 열정(passion)과 친밀감(intimacy)과 헌신(commitment)이 갖추어져야 성숙한 사랑이라 할 수 있다고 하였다. 또한 Levinson에 의하면 성인전기는 꿈을 갖고 평생의 과업을 찾으며, 일생동안 지속할 애정관계를 이루고, 스승을 구하는 시기라고 하였다. 개인은 전 생애동안 지속할 수 있는 자신의 직업을 선택하고 주어진 과업에 충실히 종사하는 일은 성인전기의 성공적인 발달여부를 결정하는 중요한 요인이라고 볼 수 있다.

성인중기인 40세부터 60세경 사이에는 자신의 일상의 반복적인 자극에 대해 주의가 감소되는 현상인 습관화로 인해 변화하는 세계에 대한 유연성과 적응력이 감소되는 경향이 있기도 하다. 과잉습관화란 습관화경향이 과도하게 나타나는 것을 말하며, 이런 경우 모든 변화를 두려워하고, 미래에 직면하기를 피하며, 동일한 방식으로 생활하려는 극단적인 연속성의 집착을 보인다. 즉, 성인중기의 적응을 어렵게 하고, 세대 간의 단절의 벽을 크게 하는 요인이 된다. 중년기 위기라는 용어를 Jacques가 최초로 '예술가 310명의 성인중기와 노년기의 삶의 변화과정을 분석한 연구'에서 사용되었다. 융은 자신의 성격이론에서 성인전기까지 외부세계로 집중되었던 정신에너지를 내면으로 돌려, 억압하고 방치되어 있던 자기 내면의 진정한 자아를 찾기 위한 탐색이 이루어져야 하는 시기라고 하였다. 또한 이런 자아탐색을 위한 내적 성장과정을 개성화(individuation)라 불렀다. Levinson의 이론에서도 사람들은 대체로 50대의 위기를 경험하게 되며, 연구대상의 80%가 심리적 고통을 경험한 것으로 보고하고 있다. 이 시기에는 가정에서도 빈 둥지 현상이 생긴다. 종래에는 자식이 떠나버린 공허감으로 인해 정서적 빈곤과 우울증으로 연결되는 성인중기 문제 현상으로 생각하였으나, 근래에는 독립된 자녀를 떠나보내며 안도와 행복감을 맛보며 부부 만족도가 높아진다고 보고하고 있다. 경제적 여유가 있고 자신의 부모나 친구들과의 접촉이 쉬워지며, 자신감이 있고 활동이 많아지고 안정감이 있고 성격의 융통성이 높아진다고 한다. 이 시기에는 자기 주장을 잘하며, 타인과 잘 어울리는 사람은 안정성이 높고, 자신감이나 정서적 통제력 등이 잘 변화하지 않는 특성을 보이고 있다. 반면 성인중기에는 죽음을 의식하고 심리 적으로 죽음을 준비하는 시기에 시작이라고 할 수 있다.

4) 심리사회적 발달

에릭슨은 이 시기를 청년기와는 달리 성인기는 타인과의 관계를 형성하고, 타인에 게 사랑과 보살핌을 주며, 타인과의 관계 속에서 자신을 보다 심화시켜가는 시기로 보았다.

성인전기에는 친밀감 대 고립감(소외감)이 발달하는 시기이다.

친밀성은 타인의 한계와 단점을 인정하고 수용하며, 인간 상호간의 차이점과 갈등을 극복하는 과정을 통해 획득되는 것이다. 이 시기의 친밀성은 주로 배우자와의 관계를 통해 형성되나, 희생과 양보를 바탕으로 하는 친구관계의 형성과정 속에서도 친밀성은 획득된다. 청소년기의 자아정체성의 확립은 친밀성 형성의 기초가 되는데, 그렇지 못 한 경우 타인에게 자연스러운 관심과 배려를 보일 수 없게 되므로 관계를 단절하고 고 립감에 매몰되게 된다. 에릭슨은 정체성이 형성되지 않은 상태에서의 결혼은 성공하기 어렵다고 주장하고 있다.

성인중기에는 생산성 대 침체감을 발달시키는 시기이다.

생산성은 다음 세대를 돌보고 길러감으로써 자신의 존재가치를 확장하고자 하는 중 년기 성격발달의 특성이다. 부모역할인 생산성과 과업생산성 등은 단순히 자녀를 낳아 기르고 과업을 수행하는 것만으로 획득되는 것이 아니며, 그러한 과정 속에서 자신이 쏟는 열정과 희생이 타인 속에서 결실 맺는 것을 보는 기쁨이 수반되어야 한다. 생산 성 확립에 실패하면 침체감에 빠진다. 부모역할을 제대로 수행하지 못하거나, 자신이 속한 집단의 지도자 역할이나 지역사회에서 전반적인 어른 역할 수행이 원만하지 못 하는 경우에 발생하게 된다.

2 _____성인 미술치료의 의미와 특성

1) 성인 미술치료의 의미

방어체계가 단단한 성인의 경우 미술을 통해 자신을 볼 수 있게 함으로써 자신의 감정 상태를 구체적으로 이해할 수 있고, 미술의 표현 과정을 통하여 자신의 내면을 바라볼 수 있으며, 다양한 심상을 경험하고 창조적인 표현을 언어화할 수 있는 기회를 가진다.

임상현장에서는 신경증과 정신증을 가진 성인들과 성격장애, 불안장애를 포함한 넓은 범위의 문제들을 가진 성인들이 미술치료의 대상자가 되고 있다. 또한 다양한 미술 표현의 활동들은 개인의 삶의 질을 향상시키려는 일반적인 성인들에게도 흥미를 유발하고 있으며, 직접적으로 도움을 줄 수 있다. 이는 미술치료가 성인들이 가지고 있는 기존의 심리적·정신적·신체적 증상들을 경감시키는 치료적 목적과 창조적인 개인의 발달에 초점을 둔 예방적 접근에 대한 가치를 반영하는 것이라고 할 수 있다.

2) 성인 미술치료의 특성

성인들은 대체로 자신의 문제에 대해서 스스로 해결하고 싶은 욕구가 있어 주도적으로 치료의 현장을 내방한다. 언어로 자신을 표현하는 것에 익숙하지만, 자신의 내적 감정을 충분히 지각하고 알아차리는 경우는 흔하지 않다. 이런 상황에서 미술치료 활동은 자신의 내면을 표현하는 상징적인 의사소통의 도구가 된다. 자신이 하는 활동에 흥미를 가지고, 집중하면서 자신의 무의식적인 정신세계를 표출하게 되는데, 그런 과정들을 통하여 자신의 내적 감정들을 마주하게 되는 시간을 가진다. 작품을 통하여 자신의 모습을 설명할 수 있으며, 언어화 하는 과정을 통하여 자신의 감정에 대한 알아차림이 일어난다. 미술치료는 내적 감정을 통합하고 갈등을 해소하는 시간들을 가질 수 있게 만들어 주는 다양한 매체들이 있다. 이러한 미술매체를 활용한 다양한 활동들은 자신의 내적인 감정의 이완과 정서적 안정을 찾을 수 있도록 도와주기도 하지만, 자신에게 있는 공격적이고 불안한 감정들을 쏟아내고 드러내는 과정을 통하여 카타르시스를 경험하게도 한다. 자신이 주도적으로 작품 활동을 할 수 있으며, 과정과 결과에 따른 성취감을 얻을 수 있다. 이런 과정의 반복은 내적으로나 외적인 자존감을 향상시키며, 자신의 잠재력을 개발시키는 기회가 된다. 자신의 작품은 보관이 가능한 특성을 통하여 자신의 초기상황과 치료를 진행해가면서 자신의 변화들을 직접 볼 수 있는 시각적인 효과를 얻을 수 있으며, 보존할 수 있는 영속성을 지닌다.

미술치료의 이론과 실제

3 _____ 섭식장애와 미술치료

1) 섭식장애

신경성 식욕부진증은 비만과 체중 증가에 대한 지나친 두려움이 있어 음식물의 섭취를 지나치게 감소시키거나 거부함으로써 체중이 비정상적으로 적게 되는 것을 의미한다. 이것은 마른 몸매에 대한 비이성적인 강한 욕구만을 주장하는 경우에 해당된다. 이들은 자신의 몸매에 대한 걱정이 지나치게 높으며, 체중증가에 대한 공포를 지니고 있어 다이어트에 대해 과도하게 집착을 보여 계속 굶거나 약을 먹는 등 부적절한 체중 조절 행위들을 하게 된다.

섭식 장애의 특징은 불규칙한 식사습관과 폭식, 음식에 대한 조절감이 상실되었으며, 음식에 대한 과도한 집착을 보이거나 영양결핍 상태에도 불구하고 음식 섭취를 거부하게 되는 특징을 가진다. 정신건강과 신체에 심각하고 중대한 영향을 초래하는 정신질환에 해당된다. 식욕부진증은 90% 이상이 여성에게서 발생하며, 특히 청소년기에 흔하게 나타나며, 성인 초기에도 빈번하게 나타난다. 이들은 우울증, 사회공포증, 강박장애, C군 성격장애를 함께 지니고 있는 경향이 많으며, 치명적인 결과를 초래할 수도 있다.

2) 미술치료의 효과

섭식장애의 미술치료의 목표는 개인의 창의성을 고무시키고, 왜곡되지 않은 자기표현과 자기탐험을 통하여 자신감을 획득하도록 한다. 이런 과제의 수행을 통하여 자신의 감정과 능력에 대한 신뢰감이 발달한다. 자신에 대한 신뢰감은 자신의 감정을 건전한 방식으로 자신의 긍정과 부정적인 에너지를 조절할 수 있도록 도와준다. 또한 긍정적 에너지를 재생산하게 되어 긍정적인 자아가 확대된다.

섭식 장애인의 집단 미술치료는 긍정적인 사회경험을 촉진한다. 자신의 내면에 가지고 있는 왜곡된 정서와 인지적 오류를 함께하는 치료집단인 구성원들을 통하여 보게 되고, 자신의 왜곡된 시선에 대한 자각을 할 수 있는 기회를 얻을 수 있다. 타인들이 생각하는 객관적이고 이성적인 틀을 경험하고 자신에게 적용할 수 있는 모델링의 기회를 얻게 된다. 이런 과정의 연속은 자신의 내적인 자존감을 향상시킬 수 있으며, 사회성의 향상을 가져올 수 있다.

3) 미술치료의 적용

자아인식을 위한 활동으로 자기 이름 소개하기, 자아상과 자신의 현재 증상을 그림으로 표현해보기. 신체상 본뜨기 등이 있다. 자신의 신체상을 통하여 각 신체의 역할을 지각하고 고마움을 느낄 수 있는 시간은 자신의 건강한 신체상을 자각할 수 있도록 해준다. 또한 자신의 현재 감정적인 증상을 그림으로 표현해보는 것을 통하여 자신에 대한 생각과 신념을 점검할 수 있으며, 초점을 자신에게 맞추어 가는 과정에서 자신감을 향상시킬 수 있다.

가족 역동성을 인식할 수 있는 가족 그리기 기법을 활용할 수 있다. 가족에 대한 의미들을 점검하고, 자신에게 가장 힘이 되어 주고 지지가 되어 주는 대상이 있다는 것을 통하여 자신의 존재감과 정서적 안정감을 찾을 수 있다. 기본적인 애착에 대한 욕구를 충족시킬 수 있으며, 관계에 대한 기본적인 틀을 재정리할 수 있는 기회로 삼을 수 있다.

자신의 내적 감정 인식과 표현을 위한 감정 차트 그리기를 할 수 있다. 자신의 감정을 직접 이미지화 하는 과정을 통하여 자신의 감정에 대한 이해를 도울 수 있게 된다. 또한 부정적 감정의 탐색을 통하여 내적인 에너지의 방향을 바꾸어갈 수 있는 계기로 삼을 수 있다.

4 _____우울장애와 미술치료

1) 우울장애

  우울장애는 슬픔, 공허감, 짜증스러운 기분과 그에 수반되는 신체적, 인지적 증상으로 인하여 개인의 기능을 현저하게 저하되는 부적응 증상이다. 부정적인 생활사건이 우울의 발생에 주요한 원인이 되는데, 이것은 새로운 변화에 적응해야 하는 심리적 부담감, 즉 스트레스를 주는 생활 속의 변화라고 할 수 있다. 주요 생활사건에는 커다란 좌절감을 주는 충격적인 사건들이 포함되며, 작은 부정적인 사건들이 누적되어 생겨날 수도 있다. 또한 사회적 지지가 부족하거나 결여되면 개인이 정서적 안정감과 자존감을 서서히 잠식하여 우울장애를 촉발시킬 수 있다. 이것은 삶을 매우 고통스럽게 만드는 정신장애인 동시에 "심리적 고독감"이라고 부를 정도로 매우 흔한 장애이기도 하다. 또한 이것은 개인의 능력과 의욕을 저하시켜 현실적인 적응을 어렵게 만드는 주요한 요인으로 알려져 있으며, 자살이 이르도록 하는 치명적인 심리적 장애이기도 하다. 우울장애는 사람들이 살아가면서 일생동안 20~25%의 사람들이 경험하게 되는 매우 흔한 질병이다. 또한 이것은 여성에게 더 흔하게 나타나며, 한번 경험한 사람이 재발할 가능성이 더 높다. 우울장애는 이렇게 매우 흔하기도 하지만 매우 치명적이기도 하다. 우울장애가 심해져서 자살생각을 하고 실제로 자살을 시도하는 경우가 많으며, 사망률도 높다는 보고가 있다.

2) 미술치료의 효과

  미술치료를 통해서 우울장애 환자들의 내적 세계에 들어가는 것은 의미의 발달이 일어날 수 있는 지지적인 환경의 창조를 가능하게 한다. 미술치료사는 깊은 이해와 감정이입, 해석을 통해서 내담자가 자신에게 가지고 있는 스스로에 대한 인지적 오류를 바로 잡을 수 있는 기회를 제공하며, 타인과 건전한 관계를 형성하고 확고한 자아상을 창조하도록 돕는다.

3) 미술치료의 적용

난화 그리기를 통하여 자신의 현재 마음과 무의식적 욕구들을 찾아본다. 내적 욕구에 대해서 이야기를 나누는 과정을 통하여 자신의 인지적인 오류를 볼 수 있으며, 자신에 대한 이해를 도울 수 있다.

꼴라주를 통하여 자신의 내적 욕구를 표현하는 것으로 주어진 도구를 활용하여 자신이 좋아하는 것이나 자신에게 필요한 것을 찾아서 꾸며보는 시간을 가짐으로 자신의 근원적 욕구를 파악할 수 있다. 좋아하는 것은 내적 즐거움을 올릴 수 있으며, 자신의 삶에 대한 기대감을 가지게 할 수 있다.

소시어 그램을 통하여 자신의 주변의 거리를 탐색해 본다. 이런 과정을 통하여 자신의 지지자를 찾아가고, 자신을 둘러싸고 있는 환경에서 자신의 존재감을 확인할 수 있는 기회가 된다.

점토활동을 통하여 내적인 이완을 경험할 수 있다. 손의 촉각적 자극을 통하여 내면의 안정을 취할 수 있으며, 작은 활동 속에서 성취감을 가져갈 수 있도록 도와준다. 자신이 할 수 있다는 자신감은 자신에 대한 긍정적 에너지를 올리는 역할을 하며, 자신의 삶에 대한 의미를 찾아갈 수 있다.

5 ____성인 집단 미술치료의 실제

집단의 크기는 6~12명 정도가 적당하며, 보통 진행 시간은 90분에서 120분 정도가 적당하다. 중간에 쉬는 시간을 가지고 여유있게 진행할 수 있도록 시간을 조절하는 것이 효율적이다. 집단 구성은 치료기간이 단기적이고 집단원의 자아능력이 미성숙하거나 집단초기에 시작의 어려움이 있을 때는 치료자가 주제와 재료를 제공하는 지시적인 운영 방법이 유용하다. 반면 치료기간이 장기적이고 집단원의 자아능력이 신뢰가 갈 때 집단원들이 주제와 재료를 자유롭게 선택하는 비지시적인 방법이 적합하다. 일반적으로 집단미술치료에서는 지시적 방법과 비지시적 방법을 함께 구성한다.

1) 집단 미술치료의 세 단계 구성

초기단계에서는 신뢰감 형성 및 집단원 상호간의 이해에 역점을 둔다. 집단 구성원들은 서로에 대해서 관심을 가지기보다는 집단 상담사에게 더 많은 관심을 가지고, 관심을 받기를 원하는 시기이며, 구성원들 간에는 아직 자신을 다 개방하지 않는 상황이다. 초기단계에서는 미술치료집단의 특성과 목적에 대한 이해를 구성원들이 할 수 있도록 충분한 설명이 이루어져야 한다. 또한 집단의 구조화가 이루어지며, 집단의 치료적 목표와 개인의 치료적 목표가 설정되어야 한다.

중기단계에서는 자기노출과 자기 자신을 되돌아보고 긍정적으로 수용할 수 있도록 자신감을 부여한다. 이 시기에는 집단 구성원들은 서로에 대한 신뢰관계가 형성되어져 있어 서로에게 수용적이고 지지적인 반응을 보여주는 시기이다. 직접적으로 문제해결을 해나가는 시기로 개인적인 목표와 집단의 목표를 향해서 적극적으로 에너지를 올리는 시기이다. 이 시기에는 집단 상담사에게 에너지가 모이는 것이 아니라 구성원들 각자가 서로에 대해서 긍정적인 에너지를 올리는 모습을 볼 수 있다.

후기단계에서는 초기 집단의 목표와 개인의 목표가 이루어졌는지를 점검하는 단계이다. 혹 해소되지 못한 부분으로 인하여 불편감이 있는 구성원들에게는 그것을 표현할 수 있는 기회를 제공해 주어야 한다. 이 시기에 구성원들은 자신을 수용하고 이해함으로써 자신과 타인에 대한 이해의 폭이 확장되어 스스로의 삶에 대한 긍정적 에너지가 올라와 있는 시기이다.

2) 집단 미술치료의 네 단계 구성

초기단계에서는 집단성원 간의 상호협력적인 자세로 효율적인 집단 분위기를 형성하는 것을 목표로 둔다. 집단 구성원들은 초기에 서로에 대해서 신뢰감이 형성되어 있지 않아서 자기개방이 이루어지기 어렵고, 오히려 집단 상담사에게 관심이 쏠려져 있는 시기이다. 집단 상담사는 초기에 각 구성원이 자신을 소개하고 서로에 대해서 관심을 가질 수 있도록 주도적, 역할적 개입이 필요하다.

탐색단계에서는 자신의 행동에 대해 통찰하고 구성원들 간에 지지와 격려를 체험하는 작업단계로 진입하기 전의 단계이다. 초기 탐색단계에서는 저항이 많이 일어날 수 있다. 집단 상담사에 대해서 가져가는 감정이 어떤가에 따라서 영향을 받을 수도 있으며, 구성원들에 대한 신뢰감이 완전히 형성되기 전의 단계로 자신을 방어하는 모습으로 저항과 갈등이 많이 나타날 수 있다. 집단 상담사는 이 시기의 집단 구성원들의 저항을 건강하게 다루어 갈등을 해결할 수 있어야 한다. 탐색단계가 마무리되어 가는 시기는 집단구성원들의 신뢰감이 형성되어 실제적인 치료의 과정으로 들어갈 수 있게 된다.

실행단계에서는 집단 구성원들이 자신의 생각과 감정을 충분히 노출하고 표현할 수 있으며, 주변의 동료들로부터 적극적인 수용과 지지의 반응을 경험할 수 있다. 이런 경험은 자신감을 향상하고 바람직한 행동방안을 모색하여 일상생활에까지 확대하는 계획을 세울 수 있도록 해준다. 실제적인 상담의 목표가 성취되는 시기로 집단의 응집력이 높은 시기이다. 집단 상담사보다는 집단 구성원들 사이의 수용과 지지가 개개인들에게 큰 영향을 끼칠 수 있는 시기이다.

종결단계에서는 집단과정에서의 경험과 행동 등의 유대관계를 지속하며, 집단의 치료적 목표 달성을 점검한다. 추수활동을 준비하며, 집단원들의 피드백이 개인들에게 더 직접적인 영향을 끼칠 수 있는데, 긍정적이고 건강한 피드백이 나올 수 있도록 집단 상담사의 역할이 중요하다.

미술치료의 이론과 실제

3) 집단 미술치료 실제

가) 이름 디자인하기

자신의 이름이 모두 나타나도록 화지에 크게 적고, 이름을 이루고 있는 한글 자음과 모음에 자신을 나타낼 수 있는 상징물들을 그리거나 이름을 색으로 채색하여 디자인한다. 주로 집단의 초기에 사용되며, 자신을 집단 구성원들에게 처음으로 노출하고 소개하는 시간이기 때문에 매우 중요한 의미를 가진다고 할 수 있다. 자발적으로 참여한 집단 구성원들은 그동안 자신의 이름에 대해서 생각해 보고, 자신의 현재 모습과 삶의 목표나 신념들이 함께 지각되어 생각하는 시간을 가질 수 있다. 집단의 운영자는 집단 구성원들이 처음 만나는 타인들에게 자신을 소개하는 모습을 통하여서 구성원 개개인이 자신에 대해서 가지고 가는 에너지의 크기를 유추해 볼 수 있는 시간이 된다. 또한 집단 구성원들은 이런 활동을 통하여 자신의 삶에 대해서 돌아볼 수 있는 시간을 가질 수 있다.

나) 최근에 가진 나의 감정 도표 그리기

기간을 정해 주고 그 기간 동안 자신이 가졌던 감정을 도표로 표현해 보게 한다. 다양한 감정이 있다는 것에 대해서 먼저 탐색해 보는 시간을 가지는 것도 좋다. 자신의 감정을 표현하면서 지난 시간에 대해서 다시 자각할 수 있는 기회를 얻을 수 있으며, 집단 구성원들의 지지를 통하여 자신의 감정을 위로받을 수도 있다. 이렇게 감정의 환기를 통하여 자율성과 정체감을 탐색하고 적절한 자기표현을 하게 된다. 자기 내적인 감정을 잘 인지하지 못하는 경우에 타인이 올리는 감정들을 보면서 자신의 감정을 지각할 수 있으며, 공감과 지지의 경험은 집단의 소속감을 더 단단하게 만들어 준다.

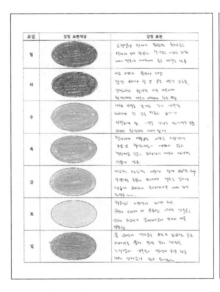

미술치료의 이론과 실제

18강

노인 미술치료의
이해와 실제

세월은 시간을 품고
아름다워진다

1 _____노인의 의미와 이해

　의료적 기술의 발달로 인간의 평균수명이 높아진 현대 사회에서 세계적으로 노인 인구의 양적 증가가 두드러졌다. 이와 더불어 노년기에 대한 사회적, 경제적, 의학적, 복지적 관점 등의 논의와 해결책이 중요한 과제로 부각되고 있다.

　노년기는 신체적·정신적·사회적·경제적 능력이 쇠퇴하는 시기이므로 이로 인하여 당면하게 되는 문제와 관련하여 많은 위기상황이 발생하고 있다. 산업화와 도시화에 따른 경제구조와 거기에 맞춰진 가족구조와 가치관의 변화로 인해 현대 노인의 지위는 상대적으로 낮아지고 있다. 그들은 가정과 사회에서 주도적이었던 자신들의 역할상실을 경험하게 되었으며, 이로 인한 개인적인 침체와 불안으로부터 자신을 지키기 위하여 권위적인 자기주장을 고집스럽게 펼치거나 반대로 지나치게 우울한 모습으로 나타나고 있다. 자존감의 상실로 성격이 변화되어 삶에 대한 무의미한 가치를 가지게 되어 심리적인 부적응을 경험하고 있다. 또한 급변하는 시대적 변화에 잘 적응하기 어려우며, 가족에 대한 인식의 변화로 인하여 자녀들의 부모 부양과 관련하여 노인들이 겪는 문제는 더욱 심각해지고 있다.

　따라서 변화하는 환경에 잘 적응하여 만족스럽고 행복한 노후를 보낼 수 있는 토대를 마련하는 일은 현대의 노인문제를 해결하는 데 매우 중요한 과제로 대두되고 있다.

1) 노년기 구분

　노인을 구분하는 확실한 기준은 없기 때문에 학자마다, 지역과 문화마다 다르다.

　에릭슨은 심리사회적 발달단계에서 8단계에 해당하는 65세 이상의 성인후기라고 하였다. 이 시기의 발달 과업은 통합과 절망의 양극 감정이 대립하는 시기라고 하였다. 비록 살아온 과정들이 힘들고 후회스러운 부분도 많지만 전체적으로 자신의 삶이 가치 있다고 긍정적으로 수용하고 만족할 수 있을 때 자아통합성이 획득된다. 노년기의 자아통합성은 이전 단계까지의 긍정적인 발달의 연속선상에서 이해해야 한다. 노인들은 자신의 삶을 새로운 시각으로 통찰하고, 가치를 재구성하며, 과거의 생애에 새로운 질서를 부여함으로써 절망감에서 벗어나게 된다.

2) 노인의 심리적 특성

노인들의 심리적인 특성에는 우울증 경향, 내향성 및 수동성, 경직성, 친근한 것에 대한 애착심의 증가와 상실감, 소외감, 고독감의 증가 등이 있다. 이런 심리적인 특징을 만들어내는 객관적인 조건으로서 죽음의 임박, 배우자와 사별, 친구와 사별, 신체기능, 생산성의 저하 등을 들 수 있다. 특히 죽음의 공포에 따른 노인의 정신적 문제는 노화에 따른 신체의 기능저하와 삶의 의미상실에 따른 자아통합감의 결여, 가족구조의 변화에 따른 고독감의 증가에서 비롯된다고 할 수 있다.

노인들의 경우 보수적이고 자기방어적인 태도가 특징적으로 단순한 것과 풍부함 그리고 안전한 것을 더 선호하며 특히 방어적인 태도를 갖는데 이것은 노인이 외부환경과 적응하려는 내적인 노력이다. 이러한 외적 내적 갈등과 문제들은 좌절과 심리적 빈곤을 갖게 한다.

내외적 갈등 안에서 노인은 노년기에 접어들면 자연히 지나온 일생을 회고하며 과거의 경험과 기억을 회상하며 현실과 통합하려는 경향이 나타나게 된다. 따라서 이러한 노년기의 심리적 특성을 토대로 노인 스스로 지나온 자신의 일생에 대해 의미를 부여하고, 현실의 생활에 적응하며, 다가올 죽음을 인정하고 기다리는 태도를 갖도록 하여 자아통합을 이루는 과제는 무엇보다 중요하다.

3) 노인의 사회적 특성

○ **로버트 버틀러**(Robert N. Butler, 1927~2010)

버틀러(1993)는 인생회고를 자연스레 발생하는 보편적, 인지적 과정으로 과거의 경험으로 되돌아가 미해결의 갈등을 해결하며 과거의 경험과 갈등을 탐구하고 재통합할 수 있다고 하였다.

미술치료의 이론과 실제

버틀러는 에릭슨(Erikson)의 발달이론을 이용하여 노년기에 생의 회고를 불러일으키는 과정을 설명하고 있는데, 노년기의 발달과업인 자아통합은 자신의 과거를 분석적, 평가적 조명을 통해 상기함으로써 이루어지며, 이 과정이 바로 생의 회고라고 했다. 생의 회고는 인생을 재조직하기 위해 이루어지며, 죽음에 임박하여 과거로 되돌아가는 과정이며, 해결되지 않은 갈등이 심할수록 재통합해야 할 일이 더욱더 많아진다. 인간이 노년기에 접어들면 자연히 죽음과 자신의 붕괴라는 불가피한 현상을 지각하기 때문에 자아에 대한 새로운 사고 및 자신을 거울에 비추어 보거나 과거의 경험을 회상하고 그 의미를 재평가함으로써 성격을 재조직하고 재통합하게 되는 것이다.

① 첫째, 노인은 언제나 전체 인구에서 소수(약자, minority)에 속한다.
② 노인 인구에는 여성이 남성보다 많으며, 미망인이 전체 노인 인구 가운데 높은 비율을 점하고 있다.
③ 모든 사회에서 어떤 사람은 늙은 것으로 규정되고 그 규정에 의해서 차별 대우를 받게 된다.
④ 노인으로 규정된 사람들은 신체활동이 적고 집단의 경제적 생산영역보다 집단의 유지에 더 관련되어 있으며 앉아 있는 역할, 고문역할 혹은 감동적인 역할로 옮겨 앉는 경향이 일반적이다.
⑤ 어떤 사회에서든지 일부 노인들은 정치계, 법조계 그리고 시민의 지도자로서 계속 활동한다.
⑥ 어떤 사회에서든지 습속(mores)은 노인과 그들의 성인 자녀 사이의 상호책임감에 대하여 규정해 놓는다.
⑦ 모든 사회에서 생명은 가치 있는 것으로 여기며, 따라서 노령(老齡)일수록 생명을 연장시키려고 노력한다.

4) 노인의 자아존중감(Self-esteem)

자아존중감은 자기 자신을 존중하고 바람직하게 여기며 가치 있는 존재라고 생각하는 것으로, 자신이 유능하고 중요하며 성공할 수 있고 가치가 있다는 개인적 신념의 범위를 포함한 심리적 반응, 즉, 자아개념의 의식적이고 객관적인 평가차원을 의미한다. 따라서 스스로 자아존중감이 높다고 평가하는 사람은 자신의 모든 생활을 가치 있고 보람 있다고 생각하면서 자신 있게 행동하기 때문에 원만한 사회생활을 영위함과 아울러 진취적이고도 활력 있는 삶을 전개하게 된다. 즉, 자아존중감이 높은 노인은 환경에 대한 통제력도 높으며, 좀 더 긍정적인 자아상을 가지고 있다. 이러한 자아존중감은 각 인생단계에서 삶의 가치를 높이며 구체적으로 실천하고 수용적이고 적극적으로 변화되어 갈 수 있는 것이다. 반면에 자아존중감이 낮다고 스스로 평가하는 사람은 자기 자신을 쓸모없고, 무가치하며, 약하다고 생각하여 쉽게 좌절하고 강한 열등감을 가지게 된다. 즉, 자아부정, 자아불만족 및 자아경멸에 이르게 됨으로써 불안한 심리상태와 소극적인 생활태도를 갖게 된다.

5) 노인의 자아통합감(ego integrity)

에릭슨의 심리사회 발달이론(psychosocial theory)에서는 인생주기를 계속적인 발달과정으로 보고 각 발달단계마다 개인이 해결하도록 사회로부터 요구되어지는 발달과업을 제시했다. 에릭슨은 노년기에 수행해야 할 발달과업 중 하나로 지난날 자신의 갈등과 책임감을 해결하고 자신의 삶에 의미를 부여함으로써 자신이 지내 온 인생을 나름대로 정리해 보는 것이 중요하다고 하였고 이런 과제를 "자아통합감(ego integrity)"으로 표현하였다.

자아통합감이란 한 개인이 노년기로 접어들게 됨에 따라 습득하도록 사회로부터 요구되어지는 기술과 능력에 대한 성공적인 적응의 결과로 자신의 일생을 후회 없이 수용하고 현재생활에 만족하며 과거, 현재, 미래의 조화된 견해를 가지고 궁극적으로는 죽음에 대한 공포가 없는 상태로서 노인의 심리적 안녕(psychological wellbeing)을 반영하는 보다 일반적이고 포괄적인 개념이라고 볼 수 있다.

미술치료의 이론과 실제

2 _____노인 미술치료의 의미 및 목적

1) 노인 미술치료의 의미

노인의 삶에 있어서 긍정적 측면을 개발하는 예술적, 창의적 미술치료는 노년기 삶의 질을 높여주는 데 큰 의미가 있는 활동이다.

노인 미술치료에 있어서 필수적인 것 중에 하나는 인생의 피할 수 없는 주체인 죽음에 대해 능동적으로 직면하고 받아들이는 자세를 배울 수 있게 하는 것이다.

노인 미술치료는 옛것을 기억하고 즐거움을 느끼며 과거의 아름다웠던 시절에 살기원하는 노인심리의 특성을 바탕으로 미술표현 작업과정을 통해 내담자의 내면의 세계를 자신의 경험과 본인의 욕구동기를 표출시킨다. 또한 다양한 재료와 기법을 이용한창의적인 작업으로 뇌 활성을 유도하여 노인의 심리 및 건강문제로 인한 일상생활에서나타나는 문제점을 해결하고 자신의 자존감을 찾아서 행복한 생활과 치매예방 및 치료를 목표로 한다.

2) 노인 미술치료의 목적

페촐트(Petxold, 1985)에 의하면 노인 심리치료의 일반적 목적은 다른 연령의 치료목적과는 달리 노인들에게 그들이 "살아온 삶에 균형을 이룰 수 있도록 돕는 것, 돌이킬 수 없는 상실감을 극복하고 삶을 마감하는 것을 도와주는 것"이다.

또한 노인 미술치료의 목적 설정에는 단기적, 장기적 목적 등을 고려하여야 하는데미술치료의 장애나 병의 극복 및 완화에 대한 관점과 관련하여 전체적 목적을 정리하면 다음과 같다.

첫째, 장애나 병의 극복 및 완화이다. 심리적인 질병인 경우에 미술치료를 통하여 심리적 안정감과 자신에 대한 정확한 이해와 수용을 통한 치료와 증상의 완화에 이를 수 있다.

둘째, 창의적이고 자기실현적 관점이다. 다양한 미술매체를 활용하면서 자신의 정서와 감정을 시각화하여 나타내는 과정은 창의적이고 자기 주도적인 일이다. 그 과정을 통하여 내적 욕구의 충족을 불러올 수 있다.

셋째, 삶을 회고하고 균형 있고 조화로운 삶을 유지한다.

넷째, 집단미술치료를 통해서 참여성, 사회적 관계를 유지한다. 함께 구성된 집단 원들과 협력하여 주제를 완성할 수 있으며, 자신의 가치감을 얻을 수 있는 기회를 가질 수 있다. 또한 집단 구성원들과의 소통하는 방법을 배울 수 있으며, 이것은 긍정적 사회관계 형성을 이끌어 낼 수 있다.

다섯째, 심리적 안정감과 자신감을 얻는다. 자신의 창의적 활동을 통하여 내적인 안정감을 얻을 수 있으며, 작업의 완성을 통하여 성취감을 얻을 수 있다. 이런 경험들은 자신감을 향상시킨다.

여섯째, 시각적, 운동적, 촉각적 자극을 통해 뇌세포 활동을 자극한다. 다양한 색상과 촉각적 자극은 우리의 신체 감각을 깨우며, 뇌세포를 활성화시키는 촉진적 역할을 한다. 시각과 촉각의 협업을 통하여 집중력과 신체운동기능의 유지와 향상을 가져올 수 있게 된다.

일곱째, 신체, 감각기능의 장애와 노인성 질병을 예방, 완화한다. 노년기의 신체활동의 저하와 기능적인 부분의 노화를 받아들이며, 지속적인 반복적 자극을 통하여 기능의 활성화를 도울 수 있다. 또한 감각적 자극은 뇌세포의 운동을 활성화시켜 예방적 차원의 효과를 가져올 수 있다.

여덟째, 자신의 삶을 긍정적으로 수용하고 독립성과 자아실현을 이룬다. 자신에 대한 이해는 타인에 대한 이해로 확장될 수 있는 주춧돌이 될 수 있다. 자신의 감정과 정서를 있는 그대로 수용하고 해소하는 과정을 통하여 자신에 대한 객관적인 자각이 이루어질 수 있다. 이것은 자신에 대한 존재로서의 의미를 견고히 할 수 있는 기회가 된다.

아홉째, 노인의 주체적 체험을 통하여 예술적 잠재력을 개발하고 실현한다. 내재된 자신의 잠재력을 개발할 수 있는 계기가 될 수 있다. 다양한 매체를 통한 미술활동은 그동안 경험하지 못하였던 새로운 자극이 되어 자신에게 있었던 잠재력을 확인할 수 있는 시간이 될 수 있다. 또한 그 재능을 통하여 자신의 삶에 대한 건강한 인식을 가져갈 수 있게 된다.

열 번째, 만남의 기회를 가져 참여성과 사회적 관계를 유지한다. 집단적 미술치료활

미술치료의 이론과 실제

동을 통하여 타인들을 만날 수 있는 기회가 발생한다. 같은 주제를 두고 함께 소통하는 시간을 통하여 서로 수용과 지지의 경험을 할 수 있으며, 이것은 긍정적인 사회성을 발달시켜준다. 소외되고 무기력하게 고립될 수 있는 시기에 노출될 수 있는 노인들에게 미술 치료적 접근은 개인의 창의성과 건강한 자아의식을 회복시켜 줄 뿐만 아니라 집단 활동을 통하여 긍정적인 사회성을 향상시킬 수 있는 치료적 효과가 있다.

3) 노인 미술치료의 효과

미술치료가 노인들에게 긍정적 정신건강의 활력을 주고 고립감과 무기력을 감소시키고 촉진적 상호작용과 의사소통 증진에 효과적이라는 사실은 여러 사례나 연구를 통하여 보고된 바 있다.

가) 노인/치매 환자 대상 미술치료의 효과성 입증 연구자료

크레이머(Kramer, 1984)는 미술치료가 치매노인의 배회활동을 감소시키고 창조성과 주의력 유지에도 효과적임을 입증하였다. 이근매·아오키 도모코(2007)는 구조적 회상을 적용한 미술치료는 생애를 기억하여 자신의 삶에 대한 재인식을 통해 긍정적인 자아를 찾고 현재를 수용하게 되었고, 기력회복, 의욕향상, 말하는 횟수 증가, 표정 및 비언어적 표현 증가, 집중력 증대, 사회적 교류의 촉진, 지지적 공감대 형성으로 문제행동 경감의 효과가 있었다고 보고하였다(정진숙, 2009).

치매노인들은 집단 미술치료 참여로 자신의 감정을 표현하고, 긴장과 스트레스를 해소하며, 정서적 안정감을 느끼며, 집단원들과의 의사소통도 원활해지면서 배려하는 모습을 보였으며, 불평과 불만이 줄어들고, 폭언과 감정기복이 감소되는 것을 확인할 수 있었다(권효정, 2009).

회상을 통한 미술치료프로그램은 인지기능의 하위영역 중에서 지남력, 기억등록(기억회상), 주의집중 및 계산, 언어기능의 향상에 효과가 있으며, 우울의 하위영역 중에서 흥미상실, 불행감, 초조감, 사회적 철수경향, 의욕부진의 감소에 효과가 있고 그림 표현의 항목과 색채의 사용수의 증가 및 적극적인 자세의 변화가 있었다고 하였다(김현민, 2012)

집단 미술치료는 치매노인의 의사소통 능력 향상과 정서적 안정에 긍정적인 변화를 가져왔다고 하였다(양원영, 2011). 치매 노인의 우울이 감소되고 얼굴표정이 밝아지며 자신의 감정표현능력이 향상되고 정리정돈의 모습이 나타났다는 긍정적 변화에 대한 보고를 하였다(노미향, 2006). 치매노인의 자기표현 증가 및 우울 감정이 감소되고 적절한 자기표현에 긍정적인 효과가 있다고 보고하였다(박상희, 2005)

나) 정서 영역의 치료적 효과

다양한 매체를 활용하여 자신의 경험세계를 표현하는 것으로 창의성과 자기 표현력이 증가한다. 미술치료의 환경은 자유롭고, 억압이 없어 표현에 대한 자율성과 자기수용력을 갖는다. 반복적인 활동과 집단에서의 지지의 경험과 공감받는 경험을 통하여 자존감과 타인에 대한 수용력과 이해력을 가질 수 있으며, 자신을 드러내기 시작하면서 자연과 주변 환경에 대해 개방적이 된다. 이런 과정들을 통하여 심리적 긴장감을 완화하고 안정감을 얻으며 즐거운 생활을 할 수 있다. 궁극적으로 자기 통제력과 결정력을 향상시킨다.

다) 인지영역의 치료적 효과

표현된 작품들을 통하여 자기인식과 자기고찰의 기회를 가질 수 있으며, 새로운 미술재료의 사용 및 기법을 익혀, 색에 대한 인지와 색상의 선택과 형태 감각이 증진된다. 또한 다양한 자료들을 응용하여 사용할 수 있는 능력이 확대되며, 새로운 아이디어가 증가되어, 작업에 대한 평가 및 비판 능력이 향상된다. 자아 통찰을 통하여 자신의 내적 갈등이나 문제해결 능력이 생긴다. 또한 주변 환경과 사물에 대한 민감성을 지니게 되며, 지속적인 인지적 자극으로 기억력 저하를 막고 집중력을 증가시키며, 미적 감각을 향상시킨다.

라) 감각 및 운동영역의 치료적 효과

미술재료와 활동을 통하여 오감능력을 강화할 수 있으며, 좌뇌 손상과 우뇌 손상에 따른 문제점을 회복하는 재활적 관점을 향상시킨다.
미술도구나 재료사용에 대한 통제능력을 기르며, 눈과 손, 손과 촉각의 협응을 도우면서 대근육 운동과 소근육 운동의 발달을 돕는다.
또한 작품을 보면서 생각하고, 표현하면서 언어능력을 개선할 수 있으며, 작품 활동 가운데 이완을 통한 규칙적인 호흡의 리듬을 유지하게 된다.

색과 형태에 대한 구별능력을 유지하거나 개선한다.

마) 사회영역의 치료적 효과

집단에서 자신을 표현할 수 있는 능력을 개발할 수 있으며, 일상적인 생활에 적응할 수 있게 한다. 또한 집단 미술치료의 과정을 통하여 일상적 상황에서 타인의 권리와 입장을 수용할 수 있게 된다. 작품을 매개로 하여 함께한 집단 구성원들에게 신뢰감이 형성되면, 개인적 삶의 경험을 함께 나눌 수 있는 기회를 가지게 되며, 협동심과 공동체 의식을 높인다. 보다 적극적인 활동을 통하여 예술 활동의 내용과 형태의 의미를 결정하는 능동적 파트너가 될 수 있으며, 사회적 관계에 있어서 통합성을 함양한다.

4) 노인 미술치료사의 역할과 자질

치료자가 일반적으로 노인보다 연령이 낮은 편이고, 노인 내담자는 조부모 역할로서 치료자를 대하기 때문에 치료의 상황을 어렵게 하는 경우의 감정들을 조심스럽게 다루어야 하기 때문에 신뢰적 관계형성이 중요하다 노인성 질병과 장애에 대한 충분한 지식의 습득과 긴급 상황에 대비하는 준비된 자세를 가져야 할 필요가 있다. 또한 동반자의 역할로서 노인들이 겪는 소외감, 상실감, 불안, 후회 등의 감정들을 표현하고, 자신들의 삶을 회고하고 나아가 자신의 삶이 의미가 있다는 것을 느낄 수 있도록 대화와 감정을 공유하는 동반자가 될 수 있도록 한다.

3 _____노인 미술치료의 실제

　　노인들에게 건강한 노년을 위한 자기 경험 및 자기 성장을 위한 예술적 활동으로의 미술치료와, 신체적, 정신적 질병을 겪고 있는 치매나 노년기 우울증과 신체적 질병인 뇌졸중 등 노인 환자들을 위한 미술치료로 나눌 수 있다. 일반적 노인들을 대상으로 하는 예술적 활동으로써의 미술치료 외에 실제로 정신적 및 육체적으로 고통 받고 있는 노인들에게 필요한 치료적 기법을 치매환자에 실시한 사례이다. 모든 치료적 기법은 동일하게 수행되며, 단지 내담자의 상태에 따라, 프로그램의 회기와 시간이 조정된다는 점이다.

1) 치매환자를 위한 미술치료

가) 치매의 정의

　　치매(dementia)는 원래 자기 정신이 아닌 상태를 의미하나, 정신의학에서는 "의식의 장애가 없이 인지기능의 다발성 장애"를 지닌 증후군으로 본다.

나) 치매환자를 위한 미술치료

　　감각과 근육 및 운동성을 자극할 수 있는 기법과 재료를 사용한다. 여기에는 손가락 놀이, 손으로 하는 놀이, 자연물이나 음식재료를 이용한 작업들이 해당된다.

　　각각의 다른 재료가 들어 있는 헝겊주머니들을 만들어 만져보거나(촉각) 안의 내용을 확인하기와 형태 안에 재구성하기 활동을 진행한다. 촉각의 자극은 상상력을 촉진시키며, 두뇌활동을 활성화시킬 수 있으며, 주어진 매체를 통하여 인지적인 자극과 창의성을 개발할 수 있다. 색의 구별과 형태의 구별을 통하여 주변의 일상에서 볼 수 있는 다양한 사물들과 접목시키는 과정을 통하여서 기억력을 확장시킬 수 있다. 같은 활동을 진행하면서 회기 때마다 조금씩 각기 다른 질감과

　　　　　　　　　　　　　　　　　　　　　미술치료의 이론과 실제

색이 있는 천을 이용하여 변화를 도모하는 것도 효과적이다.

자유로운 핑거페인팅, 음악을 들으면서 그리기, 핑거페인팅, 양손으로 그리기가 있다. 자유로운 주제를 주거나 부드러운 매체를 활용하는 것은 심리적 억압을 해소하는 것에 도움이 된다. 또한 신체 감각을 이용하여 자신의 창의적인 작품을 만들어 내는 과정을 통하여 성취감을 얻을 수 있으며, 즐거움을 올릴 수 있게 된다.

찍기 작업은 소근육을 활성화시키며, 시지각과 감각의 협응력을 향상시킬 수 있다. 찢으면서 나는 소리는 청각적 자극이 될 수 있으며, 우연의 효과를 볼 수 있는 활동이다. 도장 찍기와 같은 반복적인 활동을 통하여서도 집중력을 키울 수 있으며, 넓은 면적을 채워나가는 과정을 통하여 자존감을 향상시킬 수 있다.

점토로 집단만다라 만들기 작업은 심리정서적 안녕을 꾀할 수 있으며, 집중하는 시간을 가지고, 완성된 작품을 통하여 성취감을 얻을 수 있다. 집중하는 시간에 따라서 문양을 선택하는 것이 좋으며, 채색도구도 선택하는 것이 효과적이다. 점토의 작업은 자신의 내재된 잠재력을 활성화시킬 수 있으며, 촉각적 자극이 될 수 있다.

다) 치매노인의 미술치료의 장점

첫째, 미적재료 작업으로 인지발달의 퇴화를 감소시킨다.

둘째, 과거를 회상하며, 기억을 재생시킨다.

셋째, 자신의 사라지는 미래를 작업으로 승화한다.

넷째, 자존감과 만족감, 성취감을 키우며, 자신을 성찰하고 행동을 확실하게 한다.

다섯째, 서로의 관계성회복에 좀 더 나은 시간을 가지며, 사회적으로 유용감과 삶의 보람을 느끼며 살 수 있도록 한다.

여섯째, 정신건강과 우울감, 심리적복지감의 안정감을 느끼며, 관적 삶의 질을 향상시킨다.

2) 미술치료의 기대효과

가) 소근육 운동과 인지적 기능을 향상시킨다.

사용할수록 짧아지는 크레파스의 장점을 통하여 소근육 운동의 효과를 기대할 수 있으며, 주제 제시 후, 구체적인 표현을 할 때 인지기능을 사용하므로 저하될 수 있는 인지기능이 향상되는 효과를 가져올 수 있다.

나) 무관심한 색채와 형체에 관심과 주의력을 향상시킨다.

치매 노인은 물론 일반 노인조차 색채와 형체에 관심을 갖기는 어렵다. 그러나 미술치료를 통해 그림을 그리기 위해서는 회상과 관찰을 통해 그동안 무관심했던 색채와 형체에 관심과 주의력을 갖게 되고 점차 향상되는 효과를 가져올 수 있다.

다) 기억력을 되살리게 되고 자발적인 이야기를 할 수 있게 하여 주제를 형체화시킨다.

주제를 제시 후, 치료자는 물론 유사한 대상과의 대화가 이루어지기에 기억을 하려 애쓴다. 그러한 과정 중에 자신의 지나온 과거와 해결하지 못한 문제점이나 관심분야, 욕구 등이 자발적으로 이야기하게 되며 이러한 상호작용을 거쳐 주제를 형체화시킬 수 있다.

라) 정서적 안정을 되찾는다.

불안과 산만함은 치매노인의 특징이다. 이러한 점이 미술치료 시에는 주제에 관한 나눔과 기억을 하려 노력한다. 그림에 집중함으로 불안에서 안정감을 느끼며 점차 변하게 되는 기대를 할 수 있다.

마) 상실과 의존에서 벗어나 성취감을 느낀다.

노인들이 주로 사용하는 말에는 "할 줄 몰라.", "난 못 해."가 습관적으로 쓰이는 것을 볼 수 있다. 대부분의 타 활동들이 따라 하기 어렵고 따라서 봉사자나 지도자가 거의 도와줌으로써 완성되고 이것은 결국 의존과 상실감을 맛보게 하는 활동이 될 수 있다. 그러나 미술치료에서는 오로지 치매노인의 그림만 도화지에 그려지게 한다. 이렇게 그려진 그림은 선과 점 하나에도 인정과 수용, 칭찬이 있기

미술치료의 이론과 실제

에 노인들은 상실과 의존에서 벗어나 성취감을 느끼게 된다.

바) 그리기를 통해 신뢰와 협동, 친목관계가 향상된다.

미술치료가 진행되는 동안 이루어지는 상호적의사소통과 발표 등을 통해 서로를
깊이 이해하게 되며 이로써 신뢰와 협조적 관계로 친목도모 및 의사표현 향상을
기대할 수 있다.

사) 시지각 능력과 시공간 개념을 높인다.

미술치료가 시작되면 주변의 색과 형체에 관심을 갖고 주의력 있게 바라보게 되
면서 자칫 퇴보하기 쉬운 시지각 능력과 시공간 개념이 향상되고 이것은 일상생
활에도 도움이 될 수 있겠다.

3) 미술치료 프로그램의 적용

감각과 근육 및 운동성을 자극할 수 있는 기법과 재료를 사용한다. 손가락 놀이나
손으로 하는 다양한 활동들이 포함 될 수 있다. 자연물이나 음식재료를 이용한 활동
을 할 수 있다. 곡물과 씨앗을 이용한 미술활동을 진행 할 수 있으며, 특히 음식재료
의 사용은 조금 신중하게 진행해야 한다. 과거 어려웠던 시기를 보내셨던 노인들에게
는 오히려 반감의 재료가 될 수 있기 때문이다.

각각의 다른 재료가 들어 있는 헝겊주머니들을 만들어 만져보는 촉각자극활동이나
흔들어봄으로써 안의 내용을 확인하는 청각자극 활동과 형태 안에 재구성하는 활동
을 해보면서 공간적 인지적 자극을 불러 일으킬 수 있다.

어린 시절이나 젊은 시절을 회상할 수 있는 적절한 음악을 들으면서 떠오르는 이미지
를 그리는 활동이나, 쉽게 접해왔던 동화를 듣고 그리는 활동들도 인지적인 자극이 된다.

19강

집단 상담의 이해

1 _____집단 상담의 개요

집단 상담은 한 사람의 상담자가 여러 명의 참여자를 대상으로 집단을 구성하고 그 참여자들의 상호작용의 역동성을 활용하여 참여자 개개인의 문제를 해결하거나 성장 및 발달을 촉진시켜 나가는 과정을 말한다.

집단 상담자가 여러 명의 내담자를 대상으로 행동양식의 변화를 가져오게 하는 노력이며, 집단의 역동성에 기초하여 구성원들은 자신에 대한 통찰력 및 타인에 대한 태도를 증진시키는 것이 집단상담의 목적이 된다. 또한 허용적이고 수용적 분위기 속에서 집단 구성원은 자신의 감정과 태도 및 자신을 둘러싸고 있는 외부와의 관계를 이해하도록 하여 자신의 잠재된 가능성을 최대로 개발시키도록 도와주는 과정이기도 하다.

미술치료의 이론과 실제

2 _____집단 상담의 목표

1) 자기이해

집단 구성원 개개인은 자신의 신체와 기본적 욕구와 정서적 감정 및 자신의 마음에 관한 모든 것을 사실 그대로 이해하는 것이 목표이다. 이러한 자신에 대한 이해는 함께하는 다른 구성원에 대한 이해를 촉진시킨다. 구성원 개인이 자신을 객관적이고 합리적인 시선으로 정확히 볼 수 있는 힘이 생길 때 다른 사람들에 대해서도 정확한 이해를 가져갈 수 있게 된다.

2) 건전한 자아개념의 발달

자아개념은 자신에 대해서 어떻게 의미를 부여하는지에 대한 것이다. 인간이 자신이 형성하고 관계하고 있는 세상을 어떻게 느끼고 생활 경험을 어떻게 받아들이며, 자신을 둘러싼 주위의 중요 인물들이 자기를 어떻게 지각하고 있다고 느끼느냐에 따라 각자 다르게 형성된다. 건강한 자아개념은 자신의 삶의 경험에서 성취감이 높을수록, 긍정적인 관계형성을 통한 신뢰감이 높을수록 형성될 수 있는 것이다.

3) 학습과정의 촉진

상담은 참여자로 하여금 자기의 능력과 취미를 발전시키며 잠재력을 최대한 활용할 수 있게 하여야 한다. 학습방법의 결함을 보완해 주고 장점은 더욱 발전시켜줄 수 있어야 한다.

4) 자기수용

자신이 느끼고 생각하고 행동하는 자신을 있는 그대로 이해하고 인정하고 받아들이는 것이다. 이러한 자기수용의 경험은 자기만을 수용하는 것만이 아니라, 다른 사람들에 대해서도 있는 그대로 이해하고 수용할 수 있도록 만들어 주는 계기가 된다.

5) 자기개방

있는 그대로의 자신을 이해하고 수용한 것을 타인들에게 나타내 보이는 것이다. 자신을 있는 그대로 완전히 수용하지 못하게 되면 자기개방도 어렵게 된다. 자기개방은 함께하는 타인들의 개방을 촉진시켜 주는 역할을 할 수 있으며, 이러한 과정을 통하여 상호 이해의 폭을 넓힐 수 있다. 이렇게 넓어진 자신과 타인에 대한 이해와 신뢰를 근거로 더 깊은 수준의 자기개방을 하게 하는 연쇄반응으로 이어질 수 있으며, 내면에 깊이 가라앉은 자신을 자각하게 될 수 있다.

6) 대인관계의 발달

참여자들은 집단 상담을 통하여 자신의 생활환경에서 만나게 되는 주위의 동료들과의 인간관계를 이해하고 보다 바람직한 관계형성의 태도를 배울 수 있게 된다. 경험한 것을 실제 적용하는 과정은 무척 중요하며, 경험을 통하여 얻은 것을 자기에게 녹여 내는 것 또한 중요하다. 이것은 자신에게만 머무는 것이 아니라 자연스럽게 인간관계 속으로도 녹아 들어가게 되는데 이것은 긍정적인 요소로 작용된다.

7) 정서적 문제의 해소

상담자의 지도를 요하는 개인적이고 정서적 문제인 수줍음이나 자신감의 결여, 습관적인 걱정이나 동료와의 갈등 등은 상담을 통하여 수정할 수 있다. 또한 집단 구성원들의 수용과 지지의 과정을 통하여 내적 감정의 치유와 신뢰감을 얻어갈 수 있다.

8) 자기주장

자기주장은 상대방에게 피해를 주지 않으면서 자신이 나타내고자 하는 바를 그대로 나타내는 학습된 행동이다. 중요한 것은 자신의 생각을 나타내고 주장하는데 상대방에게 피해를 주지 않아야 하며, 객관적으로도 수용될 수 있는 수준의 욕구와 권리 그리고 자신의 의견이나 생각, 느낌 등을 직접 상대에게 나타내는 것을 말한다. 이것은 건강한 관계 속에서 긍정적으로 강화될 수 있는 것이다.

미술치료의 이론과 실제

3 _____집단 상담이 필요한 경우

첫째, 사람들에 대한 깊은 이해가 필요하며 자신에 대해 객관적 시각을 배우고자 하는 내담자.

둘째, 자신과 다른 성격, 생활배경 등의 사람들에게 배려와 존경심을 배워야 하는 내담자.

셋째, 다른 사람과의 대화를 포함한 사회적 기술의 습득이 필요한 내담자.

넷째, 다른 사람과의 유대감, 소속감, 및 협동심의 향상이 필요한 내담자.

다섯째, 자기의 관심사나 문제에 관해 다른 사람의 반응이나 조언이 필요한 내담자.

여섯째, 동료나 타인들의 이해와 지지가 도움이 되리라고 판단되는 내담자.

일곱째, 자기 문제에 관한 검토나 분석을 기피하거나 유보하기를 원하고 자기노출에 관해 필요이상의 위협을 느끼는 내담자.

4 _____집단 상담의 과정

1) 참여단계

집단 상담의 참여단계는 처음 상담이 시작되는 단계로 집단 구성원과 상담사와 신뢰감을 형성하는 시기이다. 또한 집단의 구조화와 행동적 목표의 설정이 이루어진다. 이 시기는 초기에 예상되는 다양한 불안을 감소시키며 긴장을 풀어주어 신뢰감을 형성하고 안정된 집단 분위기의 조성이 필수적이다. 첫 번째 모임은 인사를 하고 소개하는 과정에서 모든 집단과정에서 필요한 절차이며, 상담자는 집단상담을 위한 사전 준비를 철저히 한 후 첫 번째 모임을 시작하여야 한다.

집단의 성격과 목적에 대한 설명이 충분히 이루어져야 한다. 집단 상담자의 주된 역할에 대해 언급을 해주며, 구성원들이 집단 상담이 진행되는 동안에 지켜야 할 집단의 기본 규칙과 유의사항을 전달한다. 상담자는 내담자들로 하여금 스스로 집단의 규범을 지키고 상호협력적인 자세를 갖추도록 함으로써 효율적인 집단 분위기를 만들 수 있으며, 상담자 자신의 말과 행동은 집단상담의 분위기를 만들고 유지하는데 도움이 되는 것이어야 한다. 집단 상담을 시작하는 방법이나 집단 구성원들이 서로 경험을 나누도록 하는 정해진 규칙은 없으나 집단 상담자의 부단한 자기노력이 요구되는 시간이다. 상담자 자신의 경험과 개인적 특성을 살려 나름대로 자기 것으로 개발해야 한다. 행동적 목표의 설정에서 과정상 지금-여기에 초점을 두고 자기노출과 모험을 시도하며 피드백을 주고받고, 통찰실험, 새로운 행동 적용 등을 목표로 둔다. 또한 집단 상담자는 집단구성원 각자가 개인적 목표설정을 하도록 돕는다.

2) 과도기적 단계

초기 서로에 대한 긴장감과 불안감이 어느 정도 안정되고 집단 상담사와 집단 구성원들 사이에서 신뢰가 느껴질 수 있도록 노력하는 집단 분위기로 작업단계를 준비하는 단계이다. 이 단계에서 다루어져야 하는 내용들은 다음과 같다.

가) 의존성

집단 상담자가 집단을 주도하고 지시 및 충고를 하며 평가해 주기를 기대하는 집단 구성원들의 의존성을 다루어 주어야 한다. 상담자가 집단원의 의존행동을 조장할 수도 있으므로 상담자 자신을 탐색해 보는 작업이 필요하기도 하다. 집단 구성원 간의 상호 작용에도 집단 상담자를 향해 말하면서 집단 상담자의 시인과 수용을 기대하게 되는 특성을 보인다.

나) 저항

집단 상담자가 지도성의 책임을 집단 구성원에게 이양하게 되면 집단은 저항할 수 있다. 저항 반응들은 집단원들이 자기 보호를 위한 노력이라고 생각하여야 한다. 저항은 이것이 타인들에게 수용될 것인지, 아니면 무시나 배척을 당할 것인지에 대해 타진해 보는 노력으로 집단원들이 집단에서 어떻게 처신할 것인가를 탐색하는 과정에서 나타나는 것이다. 저항의 양상은 다양하게 나타나는데, 침묵이나 상호간 어색한 웃음의 교환, 관찰자 자세로 관망하는 모습이나, 말을 많이 하거나 잦은 질문과 충고 집단의 흐름을 방해하기도 한다. 또한 대체로 안전한 문제나 집단 밖의 이야기를 늘어놓거나 개인의 지적인 호기심을 충족하기 위하여 지적인 내용에 집착하는 모습을 보이거나 자기를 개방하는 대신에 배우자나 자녀 혹은 직장 사람들 문제점을 제시하고 해결책에 열중하기도 한다. 또한 자신은 도움 받을 문제가 없는 것처럼 행동하고 말하거나 집단 구성원들 상호간에 너무 조심스럽게 지지적이고 예의 갖춘 행동을 함으로 오히려 더 불편한 상황을 만들기도 하는데, 의사소통의 내용과 스타일은 대체로 피상적이고 제한적이며 틀에 박힌 것들이다.

다) 갈등

저항이 처리되고 집단원들이 집단에 참여하기 시작하면 처음으로 나타나는 "지금-여기"의 상호작용이 집단 상담자나 다른 집단원들을 향한 부정적 감정의 표출로 이어지게 된다. 갈등기에는 지배할 것인가, 지배당할 것인가에 주된 관심을 두게 되며, 집단원들이 집단상담자에게 도전하게 된다. 집단의 목적과 효과에 대해 의문을 제기하면서 냉담하고 무관심하며 자신을 개방하지 않고 너무 권위적이라는 등으로 집단 상담자에게 도전이 나타난다. 또한 타 집단원을 판단하고 비난하는 반응을 보이며, 집단원 상호간에나 집단상담자와의 사이에 힘겨루기를 하면서 경쟁적 갈등적 모습을 보인다. 갈등관계의 집단원들은 상대방을 사실과 다르게 지각하고 상호간에 불신하는 반응이 나타난다.

라) 응집성

응집성이란 집단원들이 경험하는 집단에서의 매력, 소속감, 결속감 그리고 일체감을 뜻하는 것으로 저항과 갈등을 생산적으로 처리하고 나면 집단은 점차 응집성이 발달한다. 부정적 반응과 갈등의 표현이 허용된다면 지금부터는 상호간에 믿고 가까워져도 되겠다는 생각을 하게 된다. 자기노출이 긍정적인 반응을 수반함에 따라 집단 구성원 상호간에 신뢰감이 발달한다. 집단상담자는 응집성을 높이기 위해 스스로 모범을 보이고 응집성을 높이려는 집단 구성원의 반응을 강화한다. 응집성은 집단상담에서 작업단계를 위한 전제조건이기 때문에 그것 자체가 목적이 되어서는 안 된다는 것을 유념해야 한다.

응집성이 집단 발달에 장애가 되는 경우는 다음과 같다.

첫째, 집단 구성원들이 응집성을 저해한다고 생각하는 부정적인 감정의 표현을 자제할 경우이다. 자신의 감정을 솔직하게 노출하고 다루어야 할 문제에 대해서 오히려 억압을 받을 수 있다.

둘째, 유쾌한 대화나 상호작용에 빠져들어 거짓 형태의 응집성이 발달되는 경우이다. 표상적으로 신뢰관계가 형성되고 유연한 모습을 보이나 내적으로는 오히려 더 위축되게 만들 수 있다.

셋째, 갈등 뒤에 얻은 응집성이기 때문에 이를 즐기는 나머지 다음 단계로 나아가기 싫어하는 경우이다. 현재 상황에 대한 만족감을 높이 가지고 있어 더 깊은 단계로 나가는 것을 방해할 수도 있다.

마) 과도기 단계에서 상담자의 역할

(1) 교육자 역할

상담자는 과도기 단계에서 일어나는 저항과 갈등에 대해 교육해야 하는데, 집단

미술치료의 이론과 실제

상담에서 저항과 갈등 현상이 필연적인 것임을 교육할 필요가 있다. 첫 회기 또는 두 번째 회기가 끝나고 집단상담의 과정상 열의가 식는다든지 불안한 마음이 생긴다든지 상담자의 통제에서 벗어나려는 행동이 있을 수 있음을 교육하고 아울러 내담자가 자신의 감정이나 느낌을 표현하는 것이 집단상담의 과정에 어떤 긍정적인 효과를 주는지 교육한다.

(2) 조성자 역할
신뢰로운 분위기의 조성이 중요한 역할이 되며 상담자는 집단 구성원들이 자신의 저항과 불안이나 갈등을 솔직하게 표현할 수 있도록 집단의 분위기를 조성한다.

(3) 촉진자 역할
상황에 대해 확인과 명료화하는 작업을 하는 것을 말하며 특히 저항과 갈등과 관련된 상황을 확인하고 명료화해야 한다. 상담자는 집단원이 자신의 느낌과 생각을 탐색하고 솔직히 표현하도록 격려하고 촉진하는 역할을 하여야 한다. 집단 구성원들에게서 나타나는 대부분의 저항과 갈등은 간접적으로 표현되며 그때의 감정과 생각이 솔직하게 표현되지 못하는 경우가 많다. 상담자는 저항과 갈등이 표현되는 상황을 구체적이고 세세하게 확인할 필요가 있으며 그 당시 느꼈던 내담자의 감정을 명료화해 줄 필요가 있다.

(4) 모범자의 역할
직면기법을 사용할 때 중요하며 과도기 단계부터 직면은 집단 구성원들도 많이 사용하는 기법이 된다. 집단 상담자는 적절하고도 부드러운 직면을 시키는 모델로서의 모습을 보여줘야 하는데 이것은 직면이 보다 강하게 저항과 갈등을 다루는 방법이기 때문이다. 직면은 4가지가 있는데 집단 구성원과 과거, 현재에 한 말의 내용이 다를 때, 집단 구성원의 말과 행동이 불일치할 때, 집단 구성원의 말과 정서적인 반응이 다를 때, 집단 구성원의 말과 지도자의 느낌이 다를 때 이를 직면시키는 것이다.

(5) 참여자의 역할

상담자는 이 단계에서 자신의 저항과 갈등에 대해 느끼는 반응을 개방하고 시험하고 도전하게 된다. 내담자의 인격을 모욕하지 않으면서 자신의 화나 짜증을 표현하거나 갈등을 피하기보다 도전하고 자신의 역전이 반응을 다루는 행동으로 참여자의 역할을 하는 것이다.

(6) 조력자의 역할

상담자는 저항이나 갈등과 관련하여 내담자가 자신의 문제를 독립적이고 자발적으로 다루도록 도와주는 조력자의 역할을 한다. 문제 해결자가 아닌 조력자의 역할이란 내담자 스스로 자신의 문제를 풀어 가도록 문제를 탐색하고 다루어 주는 것이다.

3) 작업단계

가) 행동적인 변화를 촉진하는 단계

집단 구성원들은 집단 상담자에게만 의존하지 않는 분산적 지도성의 패턴을 발달시킨다. 이 단계에는 자기노출과 상호간의 피드백, 맞닥뜨림을 생산적으로 취급할 수 있을 정도의 신뢰관계가 형성된다. 집단 구성원들이 각자의 삶에서 겪고 있는 심각한 문제를 내어놓고 취급할 수 있게 돕는다.

나) 작업단계의 과정

자기노출과 감정의 정화가 이루어진다. 집단 구성원들이 부정적 정서의 토로 등으로 의미 있는 자기노출을 시도한다. 내적으로 억압되었던 감정적 응어리가 충분히 정화될 수 있도록 촉진한다.

비효과적인 행동패턴을 취급한다. 당면문제와 감정의 응어리가 충분히 정화되어 집단원이 심리적 여유를 가지게 되며, 자신에게 시선을 돌려 문제와 관련된 비효과적인 행동패턴을 탐색하고 이해하며 수용하도록 돕는다. 집단상담자는 집단이 그 집단원의 행동패턴에 대해 효과적으로 피드백을 하도록 돕는 역할을 수행한다.

바람직한 대안행동의 취급이 이루어진다. 집단원이 자신의 비효과적 행동패턴을

미술치료의 이론과 실제

깨닫고 인정한 후, 바람직한 대안행동을 탐색하고 선택하여 학습하게 된다.

4) 종결단계

비효과적인 행동패턴을 버리고 새로운 대안행동을 학습해서 목적을 달성하면 종결
단계에 진입하게 된다. 집단 구성원들이 자신의 문제를 해결하게 되면서 자기노출을
점점 줄이게 된다. 이제까지 맺어 온 집단적 유대관계에서 분리되어야 하는 아쉬움을
경험하기도 한다.

집단 구성원들이 학습결과를 잘 정리하여 이를 실천하겠다는 의지와 희망을 가질
수 있도록 도와야 한다. 아쉬움의 감정을 표현하고 상호 간에 공유할 수 있도록 하며,
전체 집단상담의 과정에서 자신에게 특별한 의미가 있었거나 도움이 되었던 경험을 나
누게 한다. 집단 구성원들 각자의 변화를 집단 시작시점과 종결의 현재를 비교하여 살
펴보도록 하며, 집단에서 마무리 짓지 못한 채 남겨진 안건을 확인한다. 집단원 상호
간에 부정적 감정을 가지고 있지 않은지 확인하는 것이 중요하며, 집단원 중 개인적 문
제해결을 마무리하지 못해 아쉬운 사람은 없는지 확인하는 것 또한 중요하다. 미해결
과제를 새롭게 취급하는 것이 아니라, 해결되지 못하여 아쉬움이 남는 초기의 목표를
집단에서 마지막으로 토로할 기회를 제공해 주고 공감해 준다.

종결단계의 피드백은 지금까지 관찰한 집단원의 행동변화를 최종적이고 종합적으로
하고자 하는 특징이 있다. 마무리 단계의 피드백은 부정적인 것보다는 긍정적인 측면
에 초점을 두고 실시한다. 집단의 경험은 하나의 계기가 되며 학습한 것을 소화하기
위해 지속적 노력이 필요함을 언급해 주고, 학습한 행동을 가정과 사회에서 실행할 때
주위의 오해를 사거나 배척될 가능성을 언급해 줄 필요가 있다.

5 _____ 집단 미술치료

1) 집단 미술치료란

집단 미술치료는 미술을 매체로 하여 개인의 문제해결 능력을 증진시키고 대인관계에 있어서나 또 다른 환경과의 만남에 있어서 개인을 돕는 데에 그 목표를 두고 있다. 즉, 집단 구성원들의 개인적인 불안이나 우울의 증상들이 완화되는 과정을 통하여 다른 사람들과 소통하며, 일상적인 상황에서 정직과 신뢰감을 가지고 생활할 수 있도록 돕는 것이다. 개인 자신뿐 아니라 주변의 사람들을 사랑하고 신뢰할 수 있는 방법적인 부분을 배우는 것이라 할 수 있겠다. 집단미술치료는 집단구성원들과 함께 과업을 수행하고, 미술매체를 통하여 공간을 분할하고, 과제에 대해 함께 토론하는 시간을 통하여 다른 참가자의 의견을 들을 수 있다. 이렇게 집단 구성원들과 피드백을 교환하는 과정을 통하여 긍정적인 사회경험을 하게 되고, 타인에 대한 이해의 폭을 넓혀 가는 과정을 통하여 사회적 기능을 향상시킨다. 특히, 치료를 필요로 하는 입장에 놓인 새로운 내담자들이 치료과정에 개입하는 것은 다른 집단 구성원들에게 도움이 될 수 있다.

2) 집단 미술치료의 장점과 단점

가) 장점

첫째, 사회학습과 관련한 내용을 제공함으로써 활동적이고, 유사한 욕구를 지닌 집단 구성원들에게 상호지지를 제공하는 과정을 통하여 구성원 상호간의 문제를 해결할 수 있다.

둘째, 다른 구성원들로부터 피드백을 받는 경험을 통하여 효과를 얻을 수 있으며, 다른 구성원들의 역할적 모델링에 대한 반응을 통하여 새로운 역할을 시도함으로써 지지받고 강화될 수 있다.

셋째, 집단은 집단 구성원들 각자의 잠재된 가치와 능력 발휘의 촉매 역할을 할

미술치료의 이론과 실제

수 있다. 집단 구성원들의 지지와 신뢰를 통하여 자신의 내면에 잠재되어 있는 강점들을 지각하고 표현할 수 있다.

나) 단점

첫째, 비밀 보장의 곤란성을 들 수 있다. 집단으로 진행되는 프로그램에서 구성원 각자 개개인의 자기 노출이 이루어지는데, 그 부분에서 비밀보장의 원칙이 여전히 존재하나, 함께하는 집단 구성원들을 한결같이 통제하거나 조절하기 어려울 수 있다.

둘째, 조직화의 곤란성을 들 수 있다. 집단 구성원 개개인은 자신이 의지할 곳을 무의식중에 찾게 된다. 그럴 때 구성원 내에서 작은 집단이 형성될 가능성이 높으며, 이럴 때 하나의 집단체계로 조직화하는 것에 어려움을 가지게 될 수 있다.

셋째, 치료자가 집단 구성원에 대한 개인적 관심이 떨어질 수 있다. 집단 전체를 보아야 하는 입장에서 구성원 각자의 개인적인 필요를 지속적으로 인지하여 민감하게 대처해 주기가 어려울 수 있다. 다수의 구성원을 완전하게 개별적으로 체크하고 욕구를 충족시켜 준다는 것은 어렵다.

넷째, 특정 집단에 대한 명칭붙임(낙인찍히기)의 위험성이 있다. 집단 구성원의 주제가 무엇이며, 구성원들이 어떤 특성을 가지고 집단이 구성되었느냐에 따라서 일어날 수 있는 현상이다.

3) 집단 미술치료의 목표

가) 개인 목표

미술치료 활동을 통하여 개인의 창의력과 자발성을 함양할 수 있다. 특히 미술치료집단을 이루고 있는 구성원 각자는 집단에 자발적으로 참여하였을 때 치료적 효과성이 높을 수 있다. 다양한 활동을 통하여 함께 하는 구성원들을 보면서 모델링의 경험을 얻을 수 있으며, 지지와 수용의 경험을 통하여 자신의 내재된 창의력과 자발성을 발전시킬 수 있다. 또한 미술활동 과정에서 집단 구성원들의 지지와 수용의 과정을 통하여 타인들과의 신뢰성을 형성할 수 있는 기회를 얻을 수 있다.

집단 속에서 자신의 자아를 인지하고, 집단구성원들의 자극을 통하여 자신의 잠재력을 발견하고 표현하고 성장시킬 수 있다, 또한 집단 구성원들과 약속된 만남의 시간을 통하여 자신과 타인의 감정에 대한 이해를 할 수 있는 기회를 얻으며, 그 과정을 통하여 자신의 감정을 솔직하게 느끼고 표현하고 지지 받는 경험을 통하여 자존감이 높아질 수 있다.

나) 사회적 목표

미술치료 활동을 통하여 집단 구성원들과 소통을 통하여 타인에 대한 인식과 인지의 변화를 가져올 수 있다. 또한 주제에 따라 미술매체를 이용한 활동을 통하여 협동할 수 있으며, 함께 주어진 과제를 해결하는 경험을 통하여 전체적인 시각을 넓혀 갈 수 있다. 또한 자신의 경험에 대한 주관적 입장이 미술치료활동을 함께하는 경험을 통하여 확장되어 보편적인 입장을 가질 수 있으며, 타인에 대해 끼치는 자신의 영향력과 상호 관계성을 깨달을 수 있다. 미술치료집단 구성원들을 통한 사회적 지지와 신뢰를 경험하여 집단의 결속력을 높일 수 있으며, 그 안에 소속된 자신의 고유성과 존재감을 자각할 수 있다. 혼자서 활동을 진행할 때보다 현실을 바라보는 주관적 시선이 집단을 함께 아우를 수 있는 객관적인 시선으로 확장되어 갈 수 있다.

미술치료의 이론과 실제

6 _____집단 미술치료의 과정

1) 신뢰관계 형성

집단 미술치료에서 치료사는 프로그램 초기에 가장 중요하게 다루어야 할 부분이 집단원들과 신뢰관계를 형성하는 것이다. 먼저 심리적 안정을 줄 수 있는 공간의 조성과 집단 미술치료의 치료적 한계와 안전한 울타리, 각 구성원들의 감정의 반응에 대한 수용적 이해와 허용적인 자세, 침묵하고 불안해하는 구성원들에 대한 기다림, 같은 공간에 함께 머물러 담아내는 그릇 역할을 해야 한다.

2) 개인력 평가

각 구성원들에 대한 개인적인 진단과 평가는 프로그램 구성 전에 개인적인 만남을 통하여 이루어지는 것이 효과적이다. 여기에는 부모의 출산 준비에 대한 평가, 기질적 문제 요소 평가, 유아초기 애착관계, 개인력 평가가 이루어지며 구성원 각자가 가지고 있는 강점을 사용한다.

3) 목표 설정

집단미술치료의 목표는 개인이 추구하는 바람직한 결과와 관련, 비자발적인 내담자의 경우 동기화의 적합성, 명료하고 측정 가능한 조건, 성취 가능한 목표, 임상가의 능력과 지식의 적합성, 긍정적인 용어를 사용하여 설정한다. 반면, 상담사 개인의 중요한 가치와 관련된 목표에 구성들을 동의시키는 것은 피해야 한다.

4) 치료계획

여러 문제 중에서 문제결정, 문제정의, 필요한 자원 확인, 목적과 목표 구성, 개입방법을 구체화(치료 팀에서 자신의 역할, 치료방법에 대한 구체적인 대안, 대상자들에게 계획을 설명할 것인지 결정)한다.

5) 구체적인 개입 실행

집단구성원들의 문제에 직접적으로 개입을 하는 시기이며, 위기문제에 대한 직접적인 개입을 하기도 한다. 이 시기에 집단구성원들은 서로에 대한 신뢰가 충분하여 소통할 수 있으며, 타인의 행동에 대한 모델링이 일어날 수도 있다.

6) 기록과 평가

초기 집단 상담을 시작하면서 동의서와 서약서를 일반적으로 받고 시작하게 된다. 치료 종결 시기로 가면서 구성원들에 대한 치료적 효과를 기록하고 평가할 필요가 있다. 따라서 개인의 사생활 보호에 근거하여 기록하고, 정확한 정보만 기록한 후, 그 기록을 소중히 다루는 태도가 필요하며 익명성 보장, 동의서 사용, 치료 목표에 근거한 평가를 한다.

7) 종결 계획과 사후 개입 계획

종결의 목적과 이유 평가, 종결을 위한 준비시기 결정, 종결 준비에 가족체계 포함, 불만족한 결과에 대한 적절한 개입, 사후관리를 결정한다.

8) 필요 시 다른 전문가에게 의뢰

집단 미술치료를 통하여 개인 내적 문제가 해소되지 못한 경우, 미술치료사는 다른 전문가에게 의뢰하여 상담을 진행 할 수 있다. 의뢰 시 개인의 감정 고려, 도움 가능한 한계 설명, 적절한 의뢰 시기와 과정, 책임 회피를 위한 의뢰인지 평가, 개인의 자기 결정을 존중한다. 상담자는 내담자의 의견을 수용하고 존중하는 것이 무엇보다 필요하여 상담자에게도 용기가 필요한 부분이다.

7 _____집단 미술치료의 실제 기법

1) 동화 듣고 꼴라쥬

집단 미술치료는 집단이 구성된 목적과 구성원의 상황에 따라서 목표가 다양하게 설정될 수 있다. 일반적인 발달과정에 있는 집단에서는 서로가 소통하고 협동하는 과정을 통하여 하나의 작품을 완성하는 과정을 통하여 개인적인 자존감과 사회성 향상을 가져올 수 있다.

동화 듣고 꼴라쥬 작업은 초등학교 고학년 이상의 대상들에게 적용할 수 있는 집단미술치료프로그램으로 듣기와 이해하기와 표현하기의 능력이 충분히 형성된 구성원들에게 가능하다. 이야기를 들으면서 이해한 것을 함께 소통하는 과정을 통하여 하나의 주제와 스토리를 재구성할 수 있다. 신체 감각을 활용하여 작품을 완성하는 과정을 통하여 개개인의 역할이 주어지고, 그것을 통하여 소속감을 경험할 수 있게 된다. 또한 작품이 완성되었을 때 작품이 주는 의미와 완성한 성취감은 개개인에게도 긍정적 경험이 되며, 집단 구성원들에게도 긍정적 경험이 된다. 이것을 통하여 또래관계를 배우게 되며, 자기의 생각을 표현하고 전달해보는 경험이 나타나게 된다.

2) 타일 퍼즐화 그리기

아동 집단 구성원들이 잘 알고 있는 전래동화를 쉽게 구성해 놓은 것을 들려주거나 그림책을 읽고 난 후 독후활동으로 집단 미술치료를 할 수 있다. 자신에게 가장 기억에 남는 장면을 각자의 타일에 그림으로 그려서 표현한다. 각자가 그린 것을 돌아가면서 설명하고, 다시 그려진 타일 조각을 맞추어서 이야기를 꾸민다. 원문과 가장 가깝게 만들도록 주제를 줄 수도 있고, 주어진 타일의 그림을 통하여 새로운 이야기로 각색할 수도 있다. 집단 구성원의 특성에 따라 주제가 다르게 주어질 수 있다. 집단 구성원들은 각자의 이야기를 들으면서 경청하게 되고, 표현들을 들으면서 지지받고 공감 받는 경험을 하게 된다. 또한 같은 그림의 표현이 나타날 수도 있으나 모든 그림을 이용하여 스토리를 만들게 되었을 때 자신의 그림이 소속감을 가지는 것처럼 개개인은 집단에 대한 소속감이 높아질 수 있다. 또한 이야기를 구성하면서 서로의 의견을 조율하는 과정을 거치면서 의사소통의 중요성과 타인의 의견에 반응해 주는 구성원들을 모델링 하는 과정을 통하여 자신의 대화방법을 지각할 수 있다. 이런 과정을 통하여 집단 전체의 효용성이 높아지며, 집단의 구성원들은 자신에 대한 이해와 존중을 가져갈 수 있게 된다.

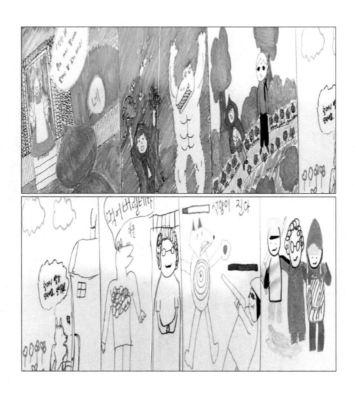

미술치료의 이론과 실제

20강

미술치료의 실제

프로그램명	또래 관계 향상을 위한 미술심리
목표	자존감 향상을 통한 긍정적인 또래 관계 형성을 한다.
대상	초등학교 4학년~6학년 8명~12명

회기	주제	내용	치료적 의미
1	자기 소개하기	이름 디자인	자신에 대한 긍정적 에너지를 경험하며, 타인에게 자신을 소개하는 과정을 통하여 내적 자존감을 높일 수 있다.
2	난화 이야기 만들기	난화 후 스토리텔링	자신의 무의식을 탐색하고, 자각할 수 있으며, 이야기 만들기를 통하여 창의적이고 인지적능력의 향상을 기대할 수 있다.
3	사포 퍼즐화	조각사포 작업 후 집단으로 퍼즐 완성하기	내적인 억압을 해소하며, 집단원들과 동질성과 협동심을 높일 수 있다.
4	피자 만들기	천사점토를 이용하여 피자조각 만들어 완성하기	감각 자극을 통하여 즐거운 심상을 올리며, 집단원들과의 소속감을 높일 수 있다.
5	동화 듣고 꼴라주	동화를 듣고, 집단이 꼴라주로 표현해보기	논리적이고 객관적인 사고와 집단 상호간의 의견조율의 과정을 통하여 소통능력의 향상을 기대할 수 있다.
6	색종이 조형	색종이를 이용한 집단 조형 활동	자신의 정서적인 자각과 집단상호간의 활동을 통하여 소통과 긍정적 관계형성의 기회를 가질 수 있다.
7	자랑스런 나	은박지에 자랑스러웠던 나 그리기	자존감을 높이며, 타인으로부터 공감과 지지를 통한 긍정적 대인관계형성의 기회를 가질 수 있다.
8	칭찬 바구니, 상장 만들기	친구들에게 돌아가면서 칭찬나누기, 상장 만들어 주기	타인에 대한 존중감을 통하여 긍정적 대인관계를 높인다.

미술치료의 이론과 실제

1 _____ 이름 디자인하기

　집단 미술치료를 진행하기 위하여 집단이 구성되었을 때 초기 라포를 형성하기 위한 다양 집단 프로그램들을 진행하게 된다. 미술이라는 매체를 통하여 자신을 소개하면서 오픈하는 시간을 가지며, 나머지 집단원들은 상대의 이야기에 집중하게 되는 시간을 통하여 상호간에 막혀있는 담을 제거할 수 있는 효율적인 기회를 얻을 수 있게 된다.

　사람이 살아오면서 자신의 이름에 대해서 집중하고, 의미를 되새겨보는 기회를 가져보는 것은 평생에 걸쳐서 한 번도 일어나지 않을 수 있는 일이다. 그러나 자신의 이름은 사회에서 불리는 "나"이므로 나에게 아주 특별한 의미를 지니고 있다고 할 수 있다. 그것을 특별하게 만난 사람들과의 공간에서 나의 이름을 누가 지었으며, 살아오면서 타인으로부터 혹은 가족으로부터 불렸을 때 자신이 가졌던 느낌이나 감정들을 되돌아볼 수 있는 기회를 가진다는 것은 참여한 모든 구성원들에게 특별한 경험이 된다. 살아오면서 자신의 이름에 얽혀 있었던 다양한 에피소드들이 자연스럽게 소개될 수 있는 기회가 되며, 이런 지극히 개인적인 경험의 노출은 타인들로 하여금 나를 기억하고 이해하는데 영향을 끼치게 된다. 상담사는 각 개인이 이름에 대해서 소개하면서 올리는 표정과 말투와 행동을 통하여 발표자의 감정을 충분히 해석할 수 있는 능력이 있을 때 집단 미술치료의 효과를 얻을 수 있게 된다. 자신의 이름을 디자인한 작품을 소개하는 당사자는 자신이 표현한 것과 발표하는 시간 속에서 자신에 대해서 가지고 가는 또 다른 감정들을 경험하게 될 것이며, 함께 한 집단구성원들은 타인에 대해서 집중할 수 있는 기회를 얻게 되며, 자신이 가지지 못하고 있는 부분이나 생각하지 못했던 부분들에 대해서 모델링할 수 있는 긍정적인 기회를 얻게 될 수 있다. 이런 과정들을 통하여 초기에 서로에 대해서 경계하고, 불안한 상황에 대한 기운이 조금씩 집중하는 시간으로 바뀌어질 수 있는 기회가 된다. 상담사는 집단 구성원들에게 자신의 이름에 대해서 디자인할 때 얼마나 잘 그리고 표현했느냐를 보는 미술활동 시간이 아님을 제시할 필요가 있으며, 그 시간에 자신에게 집중하고, 최선을 다하는 모습이 더 중요하다는 것을 알려 줄 필요가 있다. 집단구성원들은 다양하게 모였을 것이며, 성향 또한 매우 다양하다는 것을 기억하고, 나타난 결과에 대해서 긍정적인 피드백을 주고받을 수 있도록 이끌고 나가는 것은 상담사의 역할이기도 하다.

1) 준비물

A4용지나 도화지, 색연필이나 크레파스, 싸인펜 등 채색도구, 꾸미기 재료

2) 활동순서

상담사가 집단원을 둥글게 마주 보고 앉도록 자리를 구성한 후 집단원들에게 동일한 화지와 채색도구들을 나누어 준다. 도구가 다르게 주어졌을 때, 유아동들은 심리적 불편감을 직접적으로 노출하기도 한다. 미리 이런 상황을 예방하는 것이 좋겠다. 상담사는 구성원들이 모두 작업을 할 준비가 되어있는지를 확인한 후 주제를 정확하게 제시해 준다.

"지금부터 자신의 이름을 모두 이용하여 멋지게 디자인을 해 볼 거예요. 누가 잘 하는지를 보기 위해서 진행하는 것이 아닙니다. 자신의 이름에 대해서 집중해 보시고, 자신을 가장 잘 나타낼 수 있는 것들을 이름 속에 나타내 보세요."

집단미술치료 프로그램을 진행하는 시간이 정해져 있기 때문에 디자인 하는 것에서 지나치게 시간을 많이 쏟게 되면 발표하고 피드백하는 시간에 영향을 받게 된다. 따라서 상담사는 시간을 잘 조절하여 시작하면서 개인 작업을 마무리하는 시간을 언급해 주는 것도 방법이다. 혹은 전체적으로 진행하는 속도를 살피고 나서 진행가운데 마무리할 수 있는 시간을 물어보고 정리해 주는 것도 가능하다. 모두 마무리가 잘 되었다면, 자리에 앉은 순서대로 임의로 발표시키기보다는 먼저 하고 싶은 구성원이 있는지를 물어보고 자연스럽게 시작하는 것도 구성원들에게 억압을 덜 가하는 방법이다. 자유롭게 발표를 하되, 발표자에게는 다른 구성원들이 잘 들을 수 있는 목소리와 자신의 작품을 당당하게 보여줄 수 있도록 권하는 것이 좋으며, 함께 듣는 구성원들은 발표자에게 집중할 수 있도록 미리 언급해 주는 것도 좋은 방법이다. 특히 아동청소년들에게는 이런 구체적인 제시가 프로그램을 운영하는 데 도움이 된다. 한 사람씩 발표가 끝날 때마다 박수로 긍정적 피드백을 해줄 수 있도록 하며, 초기에 서로에 대해서 탐색하는 시기이기 때문에 돌발적인 상황이나 부정적 피드백이 즉흥적으로 올라오지는 않는

다. 질문을 자유롭게 할 수 있도록 개방하여도 초기에는 쉽지 않은 경우들이 대부분으로 상담사가 적절하게 질문을 하거나 유도할 수도 있다. 구성원이 과도하게 드러내고 싶어 하지 않는 부분에 대해서는 초기에 집착하여 질문하지 않도록 분위기를 만들어 가는 것이 중요하며, 타인들의 반응에 대해서 긴장하고 있는 상황이므로, 상담사는 전체적인 분위기를 잘 이끌어 갈 수 있는 전문적인 능력이 필요하다. 발표하기를 꺼리거나 지나치게 위축되어 있는 경우에는 그냥 순서를 뒤로 미루어 줄 수는 있으나 완전히 소외시키는 것은 옳지 않으며, 발표 할 수 있도록 다양한 방법들을 제시해 줄 수도 있다.

3) 마무리

모든 구성원들이 돌아가면서 비슷한 발표시간을 가질 수 있도록 시간을 조절하는 것이 상담사의 몫이기도 하다. 발표하는 것에 억압이 있는 구성원들은 시간이 많이 필요할 수 있기 때문에 미리 예측할 수 있도록 순서를 정해주는 것도 좋겠다. 모두 끝나고 나서는 집단 구성원들이 자연스럽게 수업에 대해서 피드백을 나눌 수 있도록 장을 열어주는 것이 필요하다. 특히 집단 미술치료는 프로그램을 마치면서 피드백을 나누는 것이 무척 중요하다. 프로그램마다 자신이 가지고 가는 효과들이 다르며, 타인들에 대해서 생각하고 함께하는 것에 대한 의미를 다르게 부여할 수 있기 때문이다. 특별히 잘 형성된 집단인 경우에는 긍정적 피드백이 올라오기 쉬우나 소외되거나 불안감이 높은 상태로 마무리하게 되는 경우에 다음 프로그램을 진행하는 시간까지 그 불편감을 지속적으로 가질 수 있기 때문에 상담사는 구성원들을 잘 살필 필요가 있겠다.

4) 주의사항

참여하는 집단 구성원들에 따라서 사용하는 준비물은 다양하게 적용할 수 있겠다. 기본적으로 정상발달을 하고 있는 학령기 아동에서부터 성인에 이르기까지는 자신이 직접 자신의 이름을 쓰면서 디자인을 하는 것이 가능하다. 또한 채색에서도 크게 억압이 없기 때문에 자연스럽게 접근하는 것이 가능하나 특수대상이거나 도움이 필요한 상황에 있는 노인 집단미술치료일 경우나 유아 미술치료에 적용할 경우에는 미리 참석자들의 이름을 준비해가서 꾸미기로 대처하는 것이 효과적이다. 또한 채색으로 마무리될 수도 있고, 다양한 꾸미기 도구들을 활용하여 자신의 이름을 꾸며보게 하는 것도 가능하다. 정상발달을 하고 있는 집단 구성원들은 자신의 소개나 이름을 꾸미는 정도가 위에서 설명한 효과들을 충분히 가져올 수 있지만, 특수대상이거나 유아, 노인들에게서는 자신을 소개하고, 타인들을 보고 모델링을 하면서 배우거나 하는 부분에서의 효과를 얻기 어려울 수 있다. 그런 경우에는 자신의 이름에 대해서 긍정적 피드백과 꾸미기 과정을 통한 심리적 즐거움을 함께 경험하는 것으로 치료적 의미를 가지고 갈 수 있겠다.

5) 활동작품

미술치료의 이론과 실제

2 _____ 난화 이야기기법

난화는 인간의 발달과정 가운데 4세 이전에 무의식적으로 의미 없이 끼적이는 행위를 통하여 나타난다. 로웬펠트는 난화의 표현양식이 발달단계에 따라 다르게 변화한다고 하였다. 초기에는 무질서하게 점과 짧은 선의 모습이 나타나다가 조금 더 길게 선이 나타나며, 조금 더 발달되면 선에서 원이나 도형의 모습이 조금씩 나타나기 시작한다. 이 마지막 단계의 난화인 경우에 유아는 자신의 그림에 이름을 붙여서 "무엇이다."라고 말하기 시작한다. 이 시기가 지나면서 점점 그림은 형태를 나타내기 시작하며, 긍정적으로 애착이 형성된 아동은 두족인이 나타나게 된다. 이 시기가 적어도 5세를 지나면서 아동에 따라 차이를 보이면서 나타나게 되는데, 그 이전 시기의 그림은 대부분 어떤 의미의 형태를 나타내기보다는 자신이 명명하여 그렇게 불러서 그렇게 되는 것이지 이미지를 보고서는 실제 형태를 유추하기 어렵다. 이렇듯 난화는 아동의 발달과 더불어 나타나는 그림의 형태이다. 이렇게 그려진 난화에서 각자는 자신의 경험에서 만들어진 도식의 형태를 찾아서 명명하고, 그 명명된 사물들을 이용하여 이야기를 만들어 가는 과정은 구성원들의 상상력을 높이며, 창의력을 유발시킬 수 있으며, 논리력을 볼 수 있다. 낙서는 우리에게 즐거움을 줄 수 있으며, 그 안에서 눈에 띄는 사물들을 찾아서 표현을 하고, 그 사물들을 모아서 하나의 스토리를 만들어 나가는 과정은 정상적인 발달과정에서 성장한 초등집단 이상에서 가능한 활동이 될 수 있겠다. 이야기 속에는 주인공이 있으며, 그 주인공을 둘러싼 사건이 반드시 포함되어야 하고, 마지막 결말이 있어야 한다는 조건이 발생하게 되는 이런 과정을 통하여 이야기를 만드는 사람의 경험과 내적인 심리상태를 이해할 수 있으며, 결말을 어떻게 도출해 낼 수 있는가는 현재의 상황을 나타낸 것이라고 볼 수 있겠다. 상상한다는 것은 내재된 무의식을 끌어 올릴 수 있는 기회를 준다는 것이며, 직접적으로 경험했던 것을 여기로 가지고 와서 투사할 수 있는 장점이 되기도 한다. 팀을 이루어서 함께 진행하는 집단미술치료에서는 구성원들이 서로의 생각을 조절하고, 맞추어 가는 과정을 통하여 하나의 이야기를 완성하였을 때 함께 한 구성원들과의 신뢰감이 형성되고, 함께 한 이야기 안에 자신의 역할이 있었다는 것으로 자존감을 높여 갈 수 있게 된다. 누구도 소외되는 사람 없이 함께 작업하는 과정이 있으며, 그것을 함께 나누는 과정은 자신의 역할에 대한 책임감을 느낄 수도 있고, 더불어 하는 것에 대한 즐거움을 더 경험할 수도 있다. 반면 주도적인 역할을 하는 사람에 의해서 방해받을 수 있는 요인도 발생할 수 있겠지만, 조절하는 방법을 배워나갈 수 있는 장점이 있다. 또한 자신의 감정을 표현할 수 있는 기회를 얻었을 때 말해보는 경험을 통하여 성취감을 가져갈 수 있으며, 함께 발표하는 시간에 동질성과 소속감을 충분히 경험할 수 있는 시간이 될 수 있다.

1) 준비물

도화지나 전지, 색연필이나 크레파스, 싸인펜 등 채색도구, 박스테이프

2) 활동순서

상담사가 집단원을 두 명씩 짝을 이루어서 앉을 수 있도록 자리를 구성한 후 집단원들에게 동일한 화지와 채색도구들을 나누어 준다.

낙서에 대한 경험을 이야기 나누는 시간을 잠시 가지고, 무엇인가 형태를 분명하게 만들어야 한다는 억압에서 벗어나서 자연스럽게 선을 이용한 낙서를 해볼 수 있도록 한다. 상담사가 먼저 시범을 보여주는 것도 좋다.

"지금부터 여기 앞에 놓여있는 화지에 각자 자유롭게 낙서를 해볼 거예요. 화지 전체의 영역을 모두 활용해서 낙서를 할 테인데, 각자 원하는 색상을 하나씩 선택해서 준비하세요. 순서대로 돌아가면서 자연스럽게 낙서를 할 거예요. 한 번씩 모두 돌아가면서 했다면 자연스럽게 자유롭게 낙서를 진행하시면 됩니다. 화지가 찢어지지 않도록만 주의하면 될 것 같아요."

낙서가 진행되는 것을 상담사는 관찰하고, 어느 정도 화지가 채워졌다면 멈추도록 한다. 낙서를 하고 난 소감을 자유롭게 들어보는 것도 좋다.

두 번째 활동으로 낙서한 화지에서 자신에게 보이는 상징들을 찾아내는 과정을 진행한다. "지금부터는 화지에서 자신에게 보여지는 상징물들을 자연스럽게 찾아볼 거예요. 쉽게 숨은 그림을 찾고 있는 것 이라고 생각해도 좋을 것 같아요. 처음에는 돌아가

면서 하나씩 찾아보고, 모두 한 번씩 경험했다면 자유롭게 한꺼번에 찾기를 진행하면 됩니다." 상담사는 전체적으로 진행되는 것을 가까이서 관찰하면서 조율을 해준다. 열심히 찾기를 마무리하면 자신들이 찾은 것들을 집단원들에게 소개하는 시간을 가질 수 있도록 한다. 눈에 띄는 상징들이 있으면 상담사는 질문을 통하여 경험을 이야기할 수 있는 기회를 주는 것도 좋다.

세 번째 활동으로 이야기 만들기를 한다. 자신들이 찾은 상징물들을 모두 이용하여 하나의 이야기를 만드는 것이다. "지금부터는 여러분들이 찾은 모든 것들을 이용하여 이야기를 만들거예요. 이야기는 주인공이 있고, 사건이 반드시 일어나게 되고, 마무리가 있게 되겠죠. 이것을 기준으로 이야기 만들기를 하시면 됩니다. 주인공을 누구로 할지, 어떤 사건이 발생하게 될지, 어떻게 마무리가 될지 기대됩니다. 자 모두 함께 이야기 만들기를 진행해 보세요." 상담사는 서로 이야기 만들기를 진행하면서 조율해 나가는 모습을 살펴본다.

네 번째 활동으로 이야기 발표를 한다. 두 사람이 모두 함께 나와서 한 명은 자신들이 낙서한 화지를 잡고, 한 명은 이야기를 발표한다. 이야기 속에 포함된 이미지들을 하나씩 집어 주면서 이야기를 전달한다. 집단원 모두가 참여한다.

3) 마무리

두 사람이 짝을 이루어서 진행한 활동이기 때문에 서로에 대해서 조금 더 친밀감을 가져갈 수 있는 시간이 되었다. 발표하는 당사자가 아니더라도 함께 활동한 것을 소개하는 시간은 내적 자신감을 키울 수 있는 계기가 될 수 있다. 발표자와 집단원들은 함께 함께 집중하며, 피드백을 자연스럽게 할 수 있도록 유도한다. 이야기의 결말을 어떻게 만들었느냐에 따라서 두 사람의 현재의 상황에 대한 이해를 도울 수 있다. 이야기의 결말을 오픈하여서 이야기를 듣는 사람들이 결말을 만들어 나갈 수 있도록 하는 것도 좋은 방법이 될 수 있다. 발표 후 상담사는 두 사람의 이야기에 대한 피드백을 해주되, 긍정적인 결말로 유도할 수 있다.

4) 주의사항

집단 전체가 우울한 정서를 가지고 있는 경우, 이야기 만들기에서 창의적인 활동이 잘 이루어지기 어려울 수 있으며, 이야기의 결말이 부정적으로 끝나는 상황이 나타날 수 있다. 집단의 특성을 보고 이야기의 결말을 긍정적으로 나타날 수 있도록 이야기를 구성해보자고 미리 이야기 해주고 시작하는 것도 방법이 될 수 있다. 집단에서 그래도 긍정적으로 반응을 보이고 있는 구성원들을 시작으로 이야기 발표를 할 수 있는 상황을 만드는 것도 전체적으로 불안을 덜 느끼도록 도와주는 방법이다. 많이 위축되고 불안이 높은 구성원들이 처음 시작을 하게 되었을 때 긴장감과 불안감이 더 높아져서 프로그램의 효과성을 저해할 수 있기 때문이다. 상담사는 이런 전체적인 집단 구성원의 에너지를 수시로 체크할 수 있어야 하겠다.

5) 활동 작품

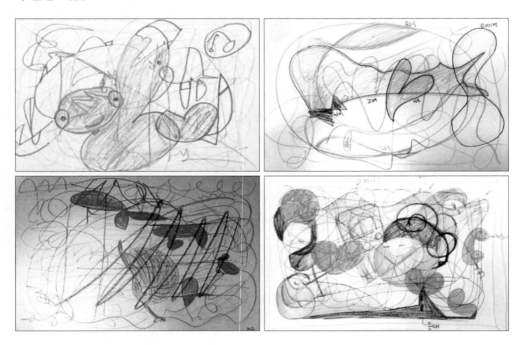

3 _____사포 퍼즐화

사포는 일반적인 그리기 도구인 화지에 비해서 표면이 거칠고 냄새가 있어 내담자들에게 새로운 경험이 될 수 있다. 거친 표면을 긁으면서 채색되는 과정을 통하여 내적 불안이나 강박적 스트레스가 해소되는 경험을 할 수 있는 기회가 된다. 미술치료에서 사용하는 사포는 주로 A4사이즈 정도의 크기를 사용하는 경우가 많으며, 사포의 결은 호수에 따라서 다양하게 있다. 주로 220호나 320호 정도를 사용하게 되는데, 더 호수가 작을수록 결이 굵고, 호수가 클수록 결이 부드럽다. 어떤 대상에게 어떤 목적으로 사용할지를 결정한 후 사포를 선택하는 것이 좋으며, 결이 지나치게 굵은 경우에는 채색에서 섬세함이 떨어지나 긁어내는 강도는 더 크게 나타날 수 있으며, 결이 부드러운 것은 사포에서 긁히는 느낌을 충분히 경험하기는 어려울 수도 있다. 아동 집단에서는 사포의 전형적인 긁기의 경험과 나타난 결과물의 완성도를 위하여서 일반적으로 많이 사용되는 호수를 사용하는 것이 효과적이다. 사포 퍼즐화는 개인적 경험을 충분히 할 수 있으며, 하나로 모아졌을 때는 집단적 경험을 충분히 할 수 있는 장점을 가지고 있는 프로그램이다. 상담사가 미리 준비해야하는 번거로움이 있지만 집단으로 진행되었을 때 참여자들의 만족도는 대부분 매우 높게 평가되었다. 아동 고학년 집단에서는 각자가 그림에 대해서 가지고 있는 재능이 영향을 끼치기도 하지만, 새로운 매체를 경험하고, 생각보다 우연의 즐거움과 효과를 훨씬 더 느낄 수 있는 시간이 될 수 있다. 내적인 불안감을 해소하고, 활동의 즐거움을 경험하며, 함께 집단으로 모여서 과제를 수행하여 성공하는 경험을 통하여 응집력이 형성되며, 개인적 자존감을 향상시킬 수 있게 된다. 집단원들은 서로에 대해서 집중하게 되고, 의견을 조율하면서 문제를 해결해 나가는 경험을 통하여 소통의 중요성과 타인에 대한 이해를 배울 수 있게 된다.

1) 준비물

사포, 크레파스, 색연필 등 채색도구; 우드락, 박스테이프, 띠골판지, 양면테이프, 가위

2) 활동순서

전체 집단원을 두 그룹으로 분류하여서 자리에 앉도록 한다.

첫 번째, 각 개인별로 도안이 그려진 사포를 나누어 주고, 사포에 대한 경험에 대한 이야기를 나누어본다. 자신이 받은 사포의 결을 촉각으로 경험해 보고, 후각을 통한 경험을 한다. 자신들의 느낌을 이야기할 수 있는 시간을 가진다.

두 번째, 주어진 사포에 활동을 시작하기 위하여 주의사항을 전달한다. "여러분이 받은 사포에 선이 그려져 있을 거예요. 지금부터 그 선을 이용하여 자유롭게 상상하여서 사포에 그림을 그릴 거예요. 주의할 것은 주어진 선에 덧칠을 하여서 선을 없애지 않고 작업을 진행해야 합니다. 선을 가로지르거나 선으로부터 출발하여서 그려지는 그림은 상관없습니다. 될 수 있으면 사포의 면을 모두 활용할 수 있으면 좋을 것 같습니다." 이렇게 상담사는 제시를 하고 활동을 진행할 수 있도록 한다. 중간에 먼저 받은 친구들은 선을 이어서 맞추어보는 활동을 하기도 하는데, 가능하면 자신의 도안에 집중할 수 있도록 유도한다.

세 번째, 개인적인 활동이 모두 마무리되었을 때 집단원들에게 소개하는 시간을 가진다. 상담사는 적절한 질문과 피드백을 해준다. 집단원들도 자연스럽게 질문할 수 있도록 유도하는 것이 좋다.

네 번째, 모두 발표가 끝나면 모둠별로 주어진 도안을 하나로 모아서 하나의 원 그림을 완성하는 시간을 가진다. 서로의 의견조율이 필요하며, 그림을 전체로 볼 수 있는 조망능력이 필요한 시간이다. 자신의 작품이 하나하나 구성되어 하나의 완전체를 이루어 가는 과정을 함께 참여하는 것은 집단 안에서 긍정적인 역동으로 자리 잡을 수 있다. 마무리까지 구성원들이 모두 할 수 있도록 상담사는 지켜보는 역할을 한다. 완성된 작품은 앞에 모두가 볼 수 있는 위치에 붙여서 고정시킨다.

3) 마무리

작품에 대해서와 지금까지의 활동에 대해서 간단하게 소감을 나누는 시간을 가진다. 집단원이 함께 한 작업이기도 하지만, 개인의 작업이 충분히 이루어진 활동이기도 하다. 따라서 이 프로그램에서는 개인적으로 자신의 느낌과 활동에 대한 소감을 발표하는 것을 충분히 시간을 배려해줄 수 있도록 계획하는 것이 효과적이다. 상담사는 부정적 표현이나 전체적으로 억압이 있는 모습으로 노출된 개인작품에 대해서 함께 어우러졌을 때 일반적인 시선으로 볼 수 있도록 일반화시켜 주는 것이 필요하다. 내적으로 위축되고, 억압된 집단원들의 그림은 부정적 표현과 색상이 두드러지게 나타나거나 그림 전체에 결핍적 요인들이 나타날 수 있기 때문이다.

4) 주의사항

사포 퍼즐화는 개인의 작품에서 끝나는 것이 아니라 집단원이 하나로 모아서 하나의 커다란 원 작품을 만들어 내는 작업이기 때문에 미술에 재능이 영향을 끼칠 수도 있다. 하지만 내적으로 많이 위축되고 우울감이 높은 구성원들은 자신의 감정을 쏟아내는 작업에 더 집중하거나 오히려 주변의 상황을 보면서 집중하지 못하게 될 수 있다. 상담사는 이 부분에 대해서 잘 체크할 필요가 있다. 또한 집단 구성원 가운데서 독점하려고 하는 역동을 보이거나, 타인에 대해서 비난하는 표현들이 나타나는 경우에 상담사의 개입이 반드시 필요하다. 사포의 특성상 주어진 사포의 모든 면을 다 색상이나 그림으로 채워 넣으면 풍성하고, 색상도 잘 나타나기 때문에 초기에 사포작업을 시작할 때 안내를 해주면 훨씬 효과적일 수 있다. 재능의 차이를 보이겠지만, 최선을 다해서 채웠을 때 나타나는 효과를 충분히 가져갈 수 있기 때문이다.

5) 활동 작품

4 _____ 피자 만들기

아동들에게 점토활동은 무척이나 신나는 시간이 될 수 있다. 특히 천사점토는 특성상 무척 부드럽고 말랑말랑한 촉감을 줄 수 있는 재료이다. 하얀색에 자신이 원하는 다양한 색상을 만들어서 사용할 수 있다는 것도 창의성을 자극시켜 줄 수 있는 장점이다. 천사점토가 가지고 있는 긍정적인 특성을 살려서 만지고, 주무르는 과정은 자연스럽게 내적인 이완을 가져다줄 수 있다. 특히 아동청소년들에게 부드러운 촉각적 자극은 유아기 시절 양육자에서 느껴온 부드럽고 따뜻한 감정을 그대로 느낄 수 있는 것으로 정서적 안정감과 편안함을 유발시킬 수 있다. 신체적 성장이 빠른 아동기시절에 일반적인 불안의 요인이 많으며, 가정이라는 울타리에서 자신의 또래집단으로 나아가는 경험이 정착되는 아동 고학년 시기에 이런 부드러운 촉각적 자극은 내면적 안정감을 가져다줄 수 있는 좋은 매체가 될 수 있다. 이런 촉각적 자극에 머물지 않고 다양한 색상을 창조해 나가는 과정과 다양한 조형물을 만들어 가는 과정은 아동의 창의성과 집중력을 향상시키기에 효과적이다. 또한 개인적인 평안감과 이완에서 머무는 것이 아니라 집단 구성원들이 함께 진행하여서 하나를 완성하는 과정은 집단의 상호관계에 긍정적인 자극이 된다. 피자는 아동들이 선호하는 익숙한 음식이다. 좋았던 경험을 불러일으키기에 적절한 주제가 될 수 있으며, 여러 조각이 모여서 하나가 된다는 의미는 한 사람의 개인이 모여서 하나의 집단을 이루어 부족한 부분을 채워서 하나가 된다는 상징적인 의미를 설명하기에 적절하다.

1) 준비물

천사점토, 물감, 싸인펜, 피자판, 목공풀

2) 활동순서

집단 구성원을 두 그룹으로 나누어서 진행한다. 먼저 피자에 대한 이야기를 나누는 시간을 가진다. 각자가 하고 싶은 이야기를 할 수 있도록 골고루 기회를 주는 것이 좋다. 천사점토를 나누어 주고 탐색하는 시간을 가진다. 촉감의 느낌을 이야기하고, 냄새를 맡아 보고, 날려 보는 과정들을 통하여 충분히 탐색한 후에 각자가 자유롭게 만들고 싶은 것은 만들어보는 시간을 가진다. 자신이 만든 작품을 소개하는 시간을 충분히 주고, 어떤 의미가 있는지에 대해서 상담사가 간단하게 질문을 하고 함께 호응해 주는 시간을 가진다.

미리 준비한 피자판을 집단 구성원들에게 나누어 주고, 피자를 만들도록 한다. 색상을 만들어 낼 수 있는 방법을 상담사가 설명해 주고, 집단 구성원들이 자유롭게 자신의 원하는 색상을 만들어서 사용할 수 있도록 한다. 피자에 기본적으로 있는 것들을 자유롭게 이야기하도록 하면, 자신의 경험에 따라서 다양한 이야기들이 나올 수 있다. 피자에 올리는 다양한 장식은 천사점토가 굳으면 떨어지기 쉽기 때문에 목공풀을 이용하여 잘 붙일 수 있도록 한다. 자신이 좋아하는 피자를 만들어서 소개하고, 그 경험에 대한 긍정적인 감정을 끌어올릴 수 있도록 하는 것이 필요하다.

모두 만들어진 조각피자에 대해서 발표가 마무리되면 각 집단별로 피자조각을 모아서 한 판을 완성한다. 자신들이 피자의 모양을 구성할 수 있도록 하고, 추가적으로 보완하고 싶은 부분에 대해서도 집단원들이 함께 결정해서 진행하도록 한다.

3) 마무리하기

피자를 만들면서 들었던 감정과, 천사점토의 작업을 하면서 자신이 느꼈던 감정을 나눌 수 있는 시간을 준다. 완성된 피자에 자신의 조각이 함께 구성되어 있다는 것을 보고 어떤 느낌이 드는지를 나누는 것도 필요하다.

상담사는 자신의 조각이 가장 먹음직스럽게 만들어졌겠지만, 함께 모여서 각 부분을 채우지 않으면 완전한 한 판이 될 수 없다는 것에 대해서 자신들의 역할이 모두 소중하고, 필요하지 않은 조각이 없다는 것에 대해서 정리해 주는 것이 필요하다.

4) 주의사항

서로의 작품에 대해서 비난하거나 부정적 표현을 하지 않도록 한다. 장난으로 만들어서 다른 친구들의 원망을 사는 경우들이 남학생들 사이에서 종종 일어날 수 있다. 초기에 피자 만들기를 할 때 상담사가 어떻게 제시를 하느냐가 중요하다. 작업이 진행되는 중간에도 지속적으로 관찰하고, 개입하는 과정이 필요하다. 주어진 상황에 최선을 다하는 것이 중요하고, 나타난 결과에 대해서는 모두의 진심을 먼저 이해하는 것이 중요하다는 것을 인지시켜 줄 필요가 있다. 싸인펜은 색상이 흐리고 부드럽게 나오며, 물감은 색상이 진하게 나온다. 상담사는 먼저 자신이 경험해 보고 프로그램을 진행해 보는 것이 필요하다. 물감은 손에 묻어나는 것이 많아서 아동들이 불편해 할 수도 있으며, 싸인펜은 색상이 선명하지 않아서 불편감을 가지는 아동들도 있다. 적절하게 조절할 수 있도록 정보를 제공하는 것도 유연하게 운영할 수 있는 방법이 될 수 있다.

5) 활동 작품

미술치료의 이론과 실제

5 _____ 동화 듣고 꼴라주

"꼴라쥬(Collage)"는 "붙인다"라는 뜻을 갖는 근대 미술의 특수 기법 중 하나이다. 잡지나, 낡은 서책의 삽화, 사진, 무늬가 있는 천 등을 모아 붙여서 화면을 구성하는 기법 또는 그러한 기법에 의해 제작되는 회화를 가리킨다. 상담자가 주제를 주면 내담자가 표현해 보고 싶은 것을 잡지나 사진, 그림들로 오려 붙인다. 자신을 표현하는 하는 것에 자유로움을 가질 수 있기 때문에 그림을 그리는 것에 억압을 갖는 내담자에게는 좋은 기법이라고 할 수 있다.

꼴라쥬 기법은 최근에 가장 많이 사용되는 미술치료 기법으로 거부의 감소, 분노의 노출, 희망에 대한 상징 등 다양하게 활용할 수 있다.

꼴라주 작업은 그림을 그리는 것에 대해서 억압이 있거나 그림에 대해서 불편감이 있는 대상들에게 쉽게 적용될 수 있는 프로그램이다. 특히 다양한 그림을 찾고 오리고 붙이는 작업의 과정은 어린 시절을 회상할 수 있는 기회가 되며, 내적인 즐거움을 가져다줄 수 있다. 초등학생들에게는 학습의 과정 가운데서 쉽게 접하는 부분이기에 더 친밀감을 가지고 진행할 수 있는 프로그램이다.

동화를 듣고 그 내용을 꼴라주로 표현해 보는 활동을 통하여 듣기와 이해하기와 표현하는 창의력과 전체적인 현실조망능력을 함께 볼 수 있으며, 향상시킬 수 있다. 동화는 유아기부터 아주 친근하게 접해온 매체로 아동의 정서적인 부분의 발달을 위하여서 중요하게 다루어졌다. 동화의 이야기를 들으면서 성장한 아동들은 자신의 감정과 타인의 감정에 대해서 이해하는 능력이 많이 발달되어 있다. 특히 유아의 어휘력에도 영향을 끼치며 이것은 또래집단 형성에도 영향을 끼친다.

그동안 쉽게 접해 왔던 다양한 동화들 가운데서 몇 개를 선택하여 무작위로 들려주고, 집단원들이 함께 의논하여서 자신들이 재구성할 동화를 선택하고, 잡지책을 이용하여 함께 구성하는 과정을 경험하게 된다. 이것은 듣기 능력과 이야기를 객관적으로 재구성할 수 있는 인지력이 함께 향상될 수 있는 시간이 될 수 있다. 이런 과정들을 집단원이 함께 겪으면서 하나의 완성된 작품을 만들어 내었을 때 성취감을 높일 수 있으며, 혼자서 문제를 해결하기보다 집단이 함께하였을 때 훨씬 더 훌륭하게 작품을 완성할 수 있으며, 함께 의논하는 과정을 통하여 협동심을 배울 수 있다.

1) 준비물

잡지책, 가위, 풀, 전지, 매직이나 펜

2) 활동순서

집단을 두 그룹으로 나누어서 자리를 앉도록 한다. 조용하게 들을 수 있는 시간이 되어야 하기 때문에 눈을 감고 심호흡으로 분위기를 안정시켜도 효과적이다. 집단 구성원들이 차분하게 집중할 준비가 되었을 때 시작한다.

"지금부터 동화를 들려줄 것입니다. 몇 개의 동화가 진행될 예정이니 집중해서 잘 들으시면 되겠습니다." 동화듣기가 끝나면 어떤 동화들이 소개되었는지 점검한다. 각 모둠원 들별로 자신들이 들은 동화들 가운데 전지에 꼴라주로 이야기 구성을 할 주제를 정한다. 잡지책을 다루면서 다른 길로 나가지 않도록 해주는 것이 필요하다. 프로그램과 관계없는 그림들을 보고서 집중하지 못하게 되면 함께 하는 구성원들에게 피해를 주는 시간이 될 수도 있기 때문이다. 각자의 역할들을 구분해서 진행하는 것도 집단 구성원들이 선택해서 할 수 있도록 상담사는 지켜봐 주는 역할을 한다. 각 모둠에서 이야기의 구성이 완성되었다면 함께 나와서 발표할 수 있는 시간을 가진다. 발표자와 나머지 구성원 모두가 나와서 자신들의 작품을 발표할 수 있도록 하며, 경청하는 집단에서는 질문을 자유롭게 할 수 있다. 상담사는 이야기의 구성이 잘 이루어졌는지 어떤 구성원이 전체적인 조율을 하고 있는지, 서로 소통하는 데 어려움이 발생하지는 않는지에 대해서 지속적으로 관찰하는 것이 필요하다. 발표하였을 때는 긍정적인 피드백을 할 수 있도록 하는 것도 좋다.

3) 마무리

두 그룹이 모두 자신들의 작품에 대한 발표가 끝나면 자리에 정리를 해서 앉도록 한다. 각자 프로그램을 진행하면서 자신들이 맡았던 역할이 있다면 소개할 수 있도록 하고, 자신들의 작품이 완성되었을 때나 의견을 조율하면서 가졌던 마음에 대해서 자연스럽게 이야기를 나눌 수 있도록 장을 마련해 준다. 동화가 가지는 친밀감과 그것을 표현하면서 이런저런 경험들이 있었을 것을 이야기할 수 있도록 기회를 주는 것이 필요하다. 상담사는 이야기를 마무리하면서 동화가 주는 교훈에 대해서도 한번 정리해 주는 것이 효과적이다.

4) 주의사항

동화는 일반적으로 쉽게 접했던 친숙한 주제를 들려주는 것이 효과적이다. 서로 다른 이야기를 인지하고 있는 경우에 집단이 다시 조절하는 과정을 거치면서 혼란스러울 수 있기 때문이다. 또한 집단구성원들이 서로의 의견을 조율할 수 있는 시간을 충분히 주는 것이 중요하며, 전체 주제를 정확하게 인지시켜 주는 것이 효과적이다. 한 장면만을 표현하는 것으로 혼돈을 가지는 경우도 있는데, 반드시 전체적인 스토리가 표현되어 무슨 이야기를 전하는 것인지를 인지할 수 있는 활동이 되도록 한다.

6 _____색종이 조형

길포드에 의하면 색채가 일종의 언어로 인간들의 감정표현을 대신한다고 하였다. 색채의 선호와 감정을 연구하여 본질적인 의미를 알기 위해 연구하였으며 색채선호의 개인차와 공통성은 생리학적 요인과 관련 있다고도 하였다. 이렇게 색상을 이용하여 자신의 심리적인 상태를 알아보는 것에 대한 다양한 연구들이 진행되고 있다. 미술치료에서는 색이 가지고 있는 원래의 상징 의미들을 담아서 그대로 해석하는 것이라고 볼 수 있겠다. 우리가 가장 쉽게 접근할 수 있는 색상은 그것을 정형화시켜 놓은 색종이라고 볼 수 있다. 이것은 어린아이부터 노인에 이르기까지 누구나 한번은 경험해 보았으며, 실제적으로 아주 일상에서 쉽게 볼 수 있는 도구이다. 물감처럼 다양한 색상을 혼합하여 만들 수 없는 단점이 있지만, 우리의 도식 가운데 원색에 대한 개념을 잘 설명해 주고 있는 도구로는 아주 적절하다고 할 수 있겠다. 색종이를 이용하여 어린 시절부터 다양한 활동들을 해 왔던 초등학교 고학년들에게 색종이는 무척 친근한 매체이다. 매체가 친근하고, 함께한 집단 구성원들도 여러 번 만나서 친숙해져 있기 때문에 간단한 게임을 진행하더라도 많이 불편하거나 어색하지 않는 시기이다. 따라서 색종이 활동을 통하여 집단원들과의 긍정적인 관계형성과 자신의 감정을 이해하고 표현하는 것에 대한 효과를 얻을 수 있다.

1) 준비물
색종이 같은 색 묶음을 집단원수만큼, 전지, 풀, 가위

2) 활동내용
색종이 모으기 게임을 통하여 자신의 현재 감정을 알아보는 시간을 가질 수 있다. 똑같은 양의 색종이를 각 구성원들에게 나누어 주고, 자신의 현재 감정을 나타낼 수 있는 색상을 눈으로 고르도록 한다. 그리고 그 색상을 모으는 활동을 진행하게 된다.

미술치료의 이론과 실제

각자 흩어져서 자유롭게 움직이면서 상대를 일대일로 만나서 가위바위보 게임을 통해서 이긴 사람이 자신이 원하는 색종이를 먼저 진 사람에게서 가져오고 자신에게 있는 다른 색종이를 하나 채워주는 게임이다. 이긴 사람은 색종이를 보고 색상을 찾아올 수 있지만, 진 사람은 뒤돌아서 있어야 하기 때문에 어떤 색상을 가지고 갔는지를 알 수 없다. 물론 만나는 사람이 많아지면서 같은 색상이 모이게 되면 다른 사람들도 알 수 있게 된다. 한 번씩 모두 만남이 끝난 뒤에 자신의 자리에 앉아서 자신의 색종이를 모두 펼쳐 놓는다. 그리고 돌아가면서 현재 자신의 감정을 나타내는 색상을 소개하고 몇 개를 모았는지 발표하는 시간을 가진다. 이 시간을 통하여서 서로의 감정에 대해서 조금씩 이해하고, 색상이 그런 감정을 표현할 수 있다는 것에 대한 경험을 하게 된다.

두 그룹으로 나눈 후 각자의 색종이를 이용하여 하나의 작품을 만들어 보는 시간을 가진다. 가위를 이용하여 다양한 문양을 만들 수 있고, 손으로 찢어서 표현할 수 있으며, 방법은 다양하게 할 수 있도록 제한을 두지 않는다. 각자 주제를 정하고 거기에 맞는 활동들을 통하여 결과물을 만들어낼 수 있다.

3) 마무리

두 그룹의 작품을 함께 설명하는 시간을 가진다. 서로의 작품들을 보면서 긍정적인 피드백을 나눌 수 있도록 상담사가 미리 보여주는 것도 좋다. 또한 프로그램을 진행하면서 자신의 소감을 나누는 시간을 가지면서 자신의 현재 감정과 즐거운 활동을 하면서 감정의 변화들이 일어났는지를 나누는 것도 효과적이다.

4) 주의사항

색종이 모으기 게임을 하면서 지나치게 경쟁적으로 되지 않도록 조절하는 것도 필요하다. 가위바위보 게임에서 계속 져서 불편한 친구들도 있을 것이다. 상담사가 이 부분에 대해서 피드백을 올려주는 것이 필요하다. 게임을 하면서의 느낌을 나누는 시간에 상담사의 개입이 필요한 부분이라고 볼 수 있겠다.

5) 활동 작품

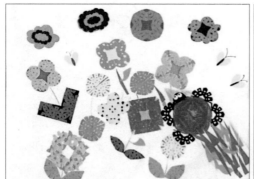

7 _____자랑스런 나

집단상담 수업이 마무리되는 시기에 자신을 돌아보고 자신에 대해서 긍정적인 모습을 다른 구성원들에게 소개하는 시간을 통하여 긍정적 피드백을 경험하면서 수용받고 지지받는 시간을 가질 수 있다. 이런 과정을 통하여 타인들과의 신뢰로운 관계형성을 하게 되고, 확장된 사회에서도 이 경험을 가지고 자신감을 가지고 관계를 형성해 나갈 수 있게 된다. 초등학생들과 사춘기를 보내는 청소년기에는 또래관계로부터 지지와 수용을 받는 경험이 무척 중요하다. 지금까지 프로그램을 진행하면서 서로에 대해서 긍정적인 피드백이 나올 수 있었으며, 관계에서도 자신들의 이야기를 나누고, 의견을 조율할 수 있는 다양한 활동들을 통한 경험이 저장되어 있는 상태로 볼 수 있다. 아동의 성장기 특성상 어떻게 또래관계를 형성하고 지내느냐에 따라서 자존감에 영향을 많이 받기 때문이다. 자신에 대산 신뢰감을 나타내는 자존감은 유아기 부모와의 애착관계에서도 영향을 받지만 발달단계에 따라 주어진 과업을 어떻게 수행했느냐에 따라서도 영향을 받게 된다. 사회성이 발달하게 되고, 자신보다는 관계에 더 관심을 가지고 에너지를 쏟는 시기가 아동기인 만큼 또래관계에서 자신이 어떻게 의미를 두고 관계를 형성하고 있느냐에 따라서 자신의 주도성과 타인과의 협력과 배려를 통한 관계가 이루어진다. 이시기를 건강하게 보내는 아동들은 타인에 대한 신뢰감이 자연스럽게 형성되어 건강하고 적극적인 사회성을 가지게 되고, 또래관계에서 부적응을 경험하는 아동들은 위축된 자존감을 가지게 되기 쉽다. 따라서 아동기는 예방적 차원에서도 집단 상담프로그램을 진행하는 경우도 많이 볼 수 있다.

1) 준비물

두꺼운 8절 도화지, 은박지, 양면테이프, 매직이나 네임펜, 띠골판지

2) 활동내용

먼저 조용하게 자신을 돌아볼 수 있는 시간을 가지는 것이 좋다. 아동집단에서 시작할 때 주의를 집중할 수 있도록 유도하는 것으로 눈을 감고 호흡을 맞추어 가는 방법을 사용할 수 있다. 앞에서도 해보았기 때문에 조금은 더 쉽게 집중하는 모습을 볼 수 있다. "자 눈을 감고 호흡을 깊이 한번 들이마시고, 다시 천천히 내쉽니다. 이렇게 우리가 10번의 호흡을 함께 맞추어 보도록 하겠습니다. 깊이 들이마시고, 잠깐 멈추었다가 천천히 내쉽니다." 상담사는 이 시간에 잔잔한 음악을 틀어주어도 좋은데, 가사가 없는 것으로 선택하고, 자연에서 나는 소리나 명상음악이 있으면 사용하는 것도 좋다. "호흡이 끝났으니 자유롭게 편안하게 호흡하면서 자신에게 집중해서 생각하는 시간을 가집니다. 지금까지 지내오면서 자신이 가장 자랑스럽게 느껴졌던 순간을 떠올려 보세요. 그것을 지금 앞에 있는 은박지 도화지에 그림으로 표현할 것입니다. 여러 개가 떠오르는 친구들도 있을 것이고, 무엇이 자랑스러웠었는지 잘 모르겠다고 하는 친구들도 있을 거예요. 다른 사람들로부터 칭찬을 받았거나 부러움을 산 경험이 될 수도 있고, 자신 스스로가 뿌듯하게 느껴졌던 경험이 될 수도 있습니다. 반드시 무엇인가 뛰어나야 한다거나 다른 사람들로부터 칭찬을 받아야 나에게 자랑스러운 것은 아닙니다. 각자가 떠오르는 것을 여기에 그려주세요." 상담사는 주제 제시를 마치고 아동들이 활동하는 것을 하나씩 관찰하는 것이 필요하다. 계속 고민만 하고 그림으로 옮기지 못하는 아동도 있고, 여러 개를 한 장에 나타내고 싶어 하는 아동도 있다. 여러 개를 그리고 싶어 하는 아동은 자유롭게 할 수 있도록 그냥 두면 되지만, 계속 고민하고 무엇을 그려야 할지 모르겠다고 하는 아동은 상담사가 개입해줄 필요가 있다. 지금까지 지내오면서 무엇이 가장 기억에 남는지를 질문해 본다거나, 가장 최근에 일어났던 일들 중에라도 긍정적이었던 경험이 있는지를 차분히 이야기해 볼 수 있도록 유도하는 것도 좋다. 주어진 화지가 은박지이기 때문에 아동들은 새로운 경험을 하게 되는 시간이 된다. 또한 그리는 도구가 부드럽게 진행되는 것들이기 때문에 즐거운 마음으로 그림을 그려낼 수 있게 된다. 그림으로 자세하게 표현하기 어려워하는 친구들에게는 상징적인 표현을 하는 것도 괜찮다고 해주면 된다. 그때의 기분을 다른 상징물로 나타내도 가능하고, 색상으로 표현해도 가능하다. 그림에 대해서 재능이 부족한 아동들은 갈등하기 쉬운 상황이 되기 때문이다. 각자의 그림이 마무리되면 발표하는 시간을 가진다. 긍정적으로 수용해 주고 반응해 주는 시간이다.

3) 마무리

은박지에 그림을 그린 경험에 대해서 이야기를 나눈다. 각자가 발표하는 것을 듣고서 서로에 대해서 피드백을 자연스럽게 할 수 있도록 해준다. 자신이 자랑스럽게 느껴지는 것은 그 크기만큼의 노력을 했기 때문에 가능한 것이다. 상담사는 전체적으로 마무리하는 시간에 자랑스럽다는 의미와 경험에 대해서 소개하고 그에 따라 올라올 수 있는 것들을 설명해준다.

4) 주의사항

전체적으로 자랑스러운 나를 표현할 때 자랑할 만한 것들 즉 객관적으로 봐도 칭찬받을 만한 것들을 소개한다. 그러나 혹 자신의 아주 개인적인 경험을 이야기하는 경우도 있다. 이럴 때 친구들이 잘 지지해 주지 않을 수도 있는데, 상담사는 그 경험의 중요성과 의미를 되돌려 주는 시간을 통하여 함께하는 집단원들이 공감하고 지지해 줄 수 있는 상황으로 만들어주는 것이 필요하다. 예를 들어 부모님의 심부름을 했다던가, 부모님을 도와준 경험을 이야기하는 경우 다른 친구들에게는 아주 일상일 수도 있고, 별로 자랑스럽지 않은 것으로 보여질 수도 있으나 소개한 친구에게는 그것은 특별한 경험과 의미를 지니는 것이기에 자랑스러운 자신으로 소개할 수 있는 것이다. 이런 상황에 간극을 조절해 주는 역할을 상담사가 해야 하는 것이다.

5) 활동 작품

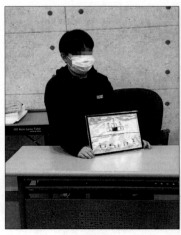 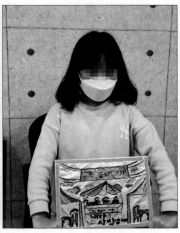

8 _____상장 만들기, 칭찬바구니

집단상담을 마무리하는 프로그램으로 집단 구성원들에 대해서 긍정적인 피드백을 나누는 시간을 가진다. 상장 만들기는 다양한 측면에서 사용될 수 있는데, 이렇게 마무리하는 프로그램에서는 함께 한 집단원들에게 그동안 시간을 보내면서 칭찬해 주고 싶은 부분을 주제로 하여 상장을 만들어 주는 것이다. 이런 과정을 통하여 서로에 대해서 진심을 담아서 칭찬해 주는 것은 또래 관계에서 무척 의미 있는 시간이 될 수 있겠다. 내용은 자신이 잘 구상해서 상을 받을 친구를 생각하면서 써 주는 것이 필요하다. 이런 기회는 상대에 대해서 자신이 어떻게 에너지를 올리고 있으며, 타인을 바라보는 시선을 어떻게 가지고 가는지를 볼 수 있는 시간이 될 수 있다. 또한 자신이 타인으로부터 상을 받았을 때의 기분과 상을 줄 때의 기분을 함께 느껴 볼 수 있으며, 자신이 받고 싶은 부분의 크기만큼 타인도 원하는 것이 있다는 것을 경험할 수 있다. 이렇게 상장을 나누어 주는 시간을 자신과 함께 있는 집단원 가운데 한 명이나 두 명 정도로 지정해서 준비할 수 있도록 해 주며, 겹치지 않고, 빠지지도 않게 할 수 있는 것이 중요하다. 상담사는 이것을 충분히 고려하여서 진행하는 것이 필요하다. 또한 나머지 집단원들에게 칭찬바구니를 만들어서 나눌 수 있는 시간을 가지는 것도 필요하다. 자신이 특별하게 챙겨 주고 싶은 친구나 깊이 교제를 나누지는 못하였지만 친근감이 있는 친구들에게 마음을 전하는 시간을 주는 것이다.

1) 준비물

상장종이, 꾸미기 재료, 싸인펜이나 네임펜, 색상지, 가위

2) 활동내용

전체적으로 분위기를 위해 심호흡을 하는 시간을 가진다. "모두 눈을 감고 자신의 호흡에 집중해 봅니다. 숨을 깊이 들이마시고, 내쉬고 모두 10번 반복해 보겠습니다.

미술치료의 이론과 실제

스스로 자신의 호흡에 집중하면서 안정감을 가져봅니다. 호흡이 끝났으면 지금부터는 이제까지 우리가 함께 진행했던 수업에 대해서 하나씩 떠올려 보겠습니다. 첫날 우리는 각자의 이름을 디자인해서 소개하는 시간을 가졌지요. 두 번째 날은 난화를 통해 이야기를 만들어서 발표했었구요, 세 번째 시간에는 사포 퍼즐화를 했었죠. 네 번째 날은 피자 만들기를 했었고, 다섯 번째 날에는 동화를 듣고 꼴라쥬 작업을 진행했었구요. 여섯 번째는 색종이를 이용한 활동을 했었고, 바로 전 주에는 은박 도화지에 자랑스러운 나를 그렸습니다. 오늘이 우리 집단의 마지막 날이네요. 오늘은 옆에 앉은 사람에게 상장을 만들어서 전달하는 시간을 가질 거예요. 내 옆에 앉아 있는 친구들에게 상장을 만들어서 전달할 겁니다." 각자 옆에 앉은 친구들을 보고 그 친구에게 어울리는 상장을 만들어서 전달하는 시간을 가진다. 상장에 들어갈 내용에는 자신들이 집단 수업을 진행하면서 친구에게 느꼈던 긍정적인 감정을 표현하는 것이 중요하다고 제시해 준다. 다양한 꾸미기 도구들로 상장을 꾸며 주고, 자신이 받아서 기쁘고 행복할 수 있는 상장을 만드는 것이 중요하다고 제시한다. 상장 만들기가 진행되는 동안 상담사는 각 구성원별로 칭찬 바구니를 만들어서 준비해둔다. 벽에 붙일 수 있으면 붙여주는 것이 좋고, 그렇지 않으면 나란히 책상 위에 준비해 둔다. 그리고 칭찬바구니에 들어갈 열매를 만들어서 여유 있게 준비해둔다. 상장 만들기가 마무리되면 칭찬 열매들을 각 구성원들에게 나누어 주고, 각자가 모둠원들에게 하나 이상의 열매를 붙여 줄 수 있도록 준비를 시킨다. 이럴 때 구성원들마다 받는 칭찬열매는 다를 수 있겠다. 집단 구성원들과의 관계에서 어떻게 생활했는지에 따라서 달라질 수 있는 부분인데, 상담사는 전체적으로 골고루 열매가 붙을 수 있도록 제안을 해 주어도 좋겠다. 상장 만들기가 모두 끝났다면, 직접 상장을 전달해주는 시간을 가진다. 두 사람씩 나와서 상장을 전달하는 시간을 가지고 인증샷을 찍어 주는 것도 좋겠다. 시간을 보고 2장을 모두 전달할 수 있을지를 판단하여 진행하는 것도 필요하다. 마무리하는 시간이기 때문에 전체 피드백을 듣는 시간을 미리 예측하여 준비하여야 하기 때문이다. 상장 수여식이 끝나면, 자신들이 준비한 칭찬열매를 그 대상 바구니에 붙여 주는 활동으로 마무리한다.

3) 마무리

상장을 만들면서의 기분과 상장을 받았을 때의 기분을 이야기 나누는 시간을 가진다. 모두 끝나면 프로그램을 마무리하면서 자신이 경험하고 느꼈던 것들을 이야기하는 시간을 가지고 상담사는 각 개인별로 피드백을 해 줄 수 있도록 한다.

4) 주의사항

상장 만들기에 너무 오랜 시간을 지체하면 나중에 피드백을 하는 시간이 짧아져서 마무리가 허둥지둥될 수도 있다는 것을 유념하여 시간계획을 상담사는 세우는 것이 중요하다. 각자가 자신의 이야기를 하는 데 시간의 제약이 너무 크면 프로그램을 마무리하면서도 불편한 감정을 가질 수 있기 때문이다.

전체적으로 자존감 향상과 사회성 향상에 있어서 어떤 효과를 가져왔는지에 대해서 나눌 수 있는 시간이 필요하고, 상담사는 간단한 설문지를 통하여 체크해 볼 수도 있겠다. 이것은 상담사가 따로 준비해야 하는 부분이다.

매 회기마다 프로그램을 진행하고 일지를 작성하는 것이 중요하며, 각 구성원마다 회기 시간에 특별한 점들이 노출되었다면 기록해 주는 것도 필요하다. 전체를 볼 수 있어야 하지만, 각 구성원들에 대해서도 놓치지 않도록 주의를 기울이는 것이 필요하겠다.

5) 활동 작품

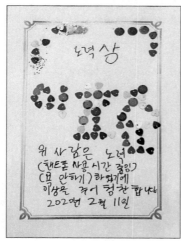
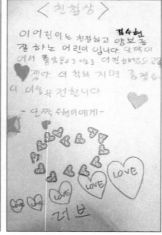

미술치료의 이론과 실제

참고문헌

- 가족 미술치료/ 권기덕 외 공저/ 도서출판 특수교육출판사/ 1997
- 그림놀이를 통한 어린이 심리치료/ 도널드 위니캇 저/ 한국심리치료연구소/ 1998
- 그림에 의한 아동의 심리진단/ 김재은 저/ 교육과학사/ 1998
- 꼴라쥬의 이해 및 분석-융 분석심리와 꼴라쥬기법의 분석이해 Ⅰ,Ⅱ,Ⅲ. 임상미술심리-꼴라쥬 전문가자격과정/ 아오키 도모코·이근매/ 대전 미술치료연구소/ 2007
- 놀이치료/ O. Conner 저(송영혜, 이승희 역)/ 시그마프레스/ 2000
- 대상관계 이론과 실제-자기와 타자/ N. Gregory Hamilton(역: 김진숙, 김창대, 이지연/ 학지사/ 2007
- 대학생의 자기성장과 대인관계 향상을 위한 집단미술치료 프로그램/ 황현정/ 2009
- 동그라미 중심 가족화에 의한 심리진단과 치료/ 김동연, 정현희 저/ 대구대 출판부/ 1997
- 동적 집 나무 사람 그림검사/ 로버트 번스 저/ 하나의학사/ 1998
- 딥스/ V.M. 액슬린 저(주정일, 이원영 역)/ 샘터/ 1985
- 마음을 나누는 미술치료/ 최외선, 이근매, 김갑숙, 최선남, 이미옥 공저/ 학지사/ 2006
- 만다라를 통한 미술치료/ 수잔 핀처 저(김진숙 역)/ 학지사/ 1988
- 만다라와 대상관계이론을 중심으로 한 아동의 불안감소를 위한 미술치 료사례 연구/ 이경휘/ 영남대학교 환경보건대학원/ 2007
- 만다라와 미술치료/ 정여주 저/ 학지사/ 2014
- 만다라와 미술치료/ 정여주 저/ 학지사/ 2014
- 멜라니 클라인_정신분석의 거장/ Julia Segal(역: 김정욱)/ 학지사/ 2009
- 미술심리치료 총론/ 쥬디 류빈 저(김진숙 외 역)/ KEAPA Press/ 2001
- 미술재료 및 용구백과/ 텐 홀트, 스탠 스미스 공저/ 예경/ 1995

- 미술재료와 표현/ 심상철 저/ 미진사/ 2000
- 미술재료의 신체적 위험/ MICHAEL MCCANN 저(김명희 역)/ 예전사/ 1998
- 미술치료 연구 제1권 제1호(통권1호)~제9권 제3호(통권17)/ 한국미술치료학회 학회지/ 동아문화사/ 1994~
- 미술치료/ 캐시 A. 말키오디 저/ 조형교육/ 2000
- 미술치료가 치매노인의 우울에 미치는 효과 연구/ 노미향 저/ 목원대학교 대학원 석사학위논문/ 2009
- 미술치료는 마술치료/ 주리애 저/ 학지사/ 2000
- 미술치료의 이론과 실제/ 한국미술치료학회/ 동아문화사/ 1994
- 분석심리학의 탐구 제1부 - 그림자/ 이부영 저/ 한길사/ 1999
- 분석심리학의 탐구 제2부 - 아니마와 아니무스/ 이부영 저/ 한길사/ 2001
- 칼 로저스의 사람-중심 상담/ 칼 로저스 저(역: 오제은)/ 학지사/ 2007
- 살아 있는 심혼/ 에딘져 저(김진숙 역)/ 집문당/ 1996
- 색채 심리학/ 주리에 저/ 학지사/ 2017
- 색채의 영향/ Faber Birren 저(김진한 역)/ 시공사/ 1996
- 성인 미술치료/ 김동연, 최외선 공저/ 동아문화사/ 1994
- 성인화의 분석/ Robert C. 저(장연집,김중술 역)/ 학지사/ 1995
- 시지각·발상 중심 유아미술교육 프로그램 개발 및 효과/ 박유영 저/ 전남대학교 대학원/ 2009
- 심리검사의 이해/ 최정윤 저/ 시그마프레스/ 2010
- 아동미술심리이해/ Cathy A. Malchiodi 저(김동연, 이재연, 홍은주 역)/ 학지사/ 2001
- 아동미술의 심리연구/ 정대식 저/ 미진사/ 1995
- 아동미술치료의 이론과실제/ 김정숙 저/ 교문사/ 2009
- 아동의 발달 단계에 따른 특징과 상징적 의미의 심리분석: 5, 6, 7세를 중심으로/ 임효진/ 경기대학교 교육대학원/ 2002
- 아동이 그린 가족화 분석/ Robert C. 저(장연집 역)/ 교문사/ 1994
- 아동화 연구/ J. Goodnow 저(김정 역)/ 교육과학사/ 1989
- 알고쓰는 미술재료/ 전영탁 저/ 미술문화/ 1996
- 열린 아동미술 교육/ 양경희 저/ 학지사/ 1997

- 예술심리치료의 이론과 실제/ 김진숙 저/ KEAPA Press/ 1996
- 융심리학과 정서/ 박종수 저/ 학지사/ 2013
- 융의 분석심리학에 기초한 미술치료/ 잉그리트 리델 저(정여주 역)/ 학지사/ 2000
- 융의 분석심리학적 관점에서 본 요셉과 요나의 개성화 과정(Joseph a nd Jonah's Indi-viduation Process from the Perspective of Jung's Analytical Psych ology)/ 백운영 저/ 대구교육대학교 교육대학원/ 2019 국내석사
- 인간을 위한 미술교육/ 로웬필드 저(서울교육대학교 미술교육연구회 역)/ 미진사/ 1993
- 인본주의 교육사상/ 김창환 저/ 학지사/ 2007
- OEM 섬유산업의 BOM 정형화와 품질시스템 적용에 대한 연구/ 김기범 저/ 서경대학교 산업대학원/ 2009
- 장애아동 미술치료/ 이근매, 조용태 공저/ 학지사/ 2014
- 정서장애아교육/ 강위영, 윤점룡 역/ 대구대학교 출판부/ 1996
- 정신분석적 심리치료/ Nancy McWilliams(역: 권석만, 이한주, 이순희)/ 학지사/ 2007
- 중년기여성 우울증에 대한 미술치료 연구 분석/ 박인순 저/ 영동대학교 산업정보대학원/ 2014
- 집단꼴라쥬 미술치료가 요양시설 치매노인의 문제행동에 미치는 효과/ 정진숙 저/ 평택대학교 사회복지대학원 석사학위논문/ 2008
- 집단미술치료 참여 치매노인의 인지기능 일상생활수행능력 및 정서적 적응에 미치는 영향/ 권효정 저/ 명지대학교 대학원 석사학위논문/ 2009
- 집단미술치료가 전문계 고등학생의 자아존중감에 미치는 영향/ 임내하 저/ 대진대학교 교육대학원/ 2009
- 집단미술치료가 치매노인의 의사소통과 정서에 미치는 효과/ 양원영 저/ 서울불교대학원 대학교/ 2011
- 집단정신치료의 이론과 실제/ Irvin D. Yalom 저(최해림, 장성숙 역)/ 하나의학사/ 1993
- 청소년 상담 이론과 실제/ 정순례, 양미진, 조정연 공저/ 학지사/ 2015
- 치유로서의 미술: 미술치료전/ 성곡미술관/ 성곡미술문화재단/ 1998
- 특수아동의 이해와 교육/ 박순길, 박현옥, 조정연 저/ 학지사/ 2014
- 표현중심 미술활동이 유아의 자아개념에 미치는 효과 저자/ 김춘순 저/ 경운대학

교 산업정보대학원/ 2005

- 피아제의 인지발달이론/ Herbert P. Ginsburg,Sylvia Opper(역: 김정민)/ 학지사/ 2006

- 한국화 매체를 이용한 집단미술치료가 치매노인의 우울과 자기표현에 미치는 효과/ 박상희 저/ 대구대학교 재활과학대학원 이학석사학위 논문/ 2005

- 회상을 통한 집단 미술치료가 치매노인의 인지기능과 우울에 미치는 효과/ 김현민 저/ 서울 불교대학원대학교 석사학위논문의 일부/ 2012

- HTP검사 해석체계 구축 및 타당성 제고/ 백원대 저/ 삼육대학교 대학원 박사학위 논문/ 2019

- HTP와 KHTP 심리진단법/ 김동연, 공마리아, 최외선 편저/ 동아문화사/ 2002

- Cane, F. (1983).The artist in each of us. Craftsbury Common, VT: Art Therapy Publications.

- Kwiatkowska, H. Y. (1978).

- Family therapy and evaluation through art. Springfield, IL: Charles C. Thomas.

- Kramer, E. (1998).

- Childhood and art therapy. Chicago: Magnolia Street Publishers.

- Malchiodi, C. (1990).

- Breaking the silence: Art therapy with children from violent homes.

- New York: Brunner and Mazel.

- Malchiodi, C. (1998).

- Understanding Children's Drawings. New York: Guilford.

- Naumburg, M. (1987).

- Dynamically oriented art therapy: Its principles and practice.

- Chicago: Magnolia Street Publishers.

- Robbins, A. (1987).

- The artist as therapist. New York: Human Science Press.

- Robbins, A., & Sibley, L. (1976).

- Creative art therapy. New York: Brunner and Mazel.

- Rubin, J. A. (1978).

미술치료의 이론과 실제

- Child art therapy. New York: Van Nostrand Reinhold.
- Rubin, J. A. (Eds.). (1987).
- Approaches to art therapy. New York: Brunner and Mazel.
- Wadeson, Harriet. (1980).
- Art Psychotherapy. New York: John Wiley & Sons, Inc.,
- Rubin, Judith Aron. (1984).
- The Art of Art Therapy. New York: Brunner/Mazel, Inc.,
- Waller, Diane. (1993).
- Group Interactive Art Therapy. London: Routledge.
- Naumberg, Magaret. (1966).
- Dynamically Oriented Art Therapy: Its Principles and Practices.
- Chicago: Magnolia Street Publishers.
- Cane, Florence
- The Artist In Each Of Us. Pantheon Books.
- Allen, Pat B. (1995).
- Art is a Way of Knowing: A Guide to Self-Knowledge and Spiritual Fulfillment through Creativity. Boston: Shambhala.
- Junge, Maxine B. & Asawa, Paige P.
- A History of the Art Therapy in the United States.
- The American Art Therapy Association, Inc.
- Lowenfeld, Voktor & Brittain, W. Lambert. (1987).
- Creative and Mental Growth (Eighth Edition).
- New York: Macmillan Publishing Company.
- Lowenfeld, Viktor. (1982).
- The Lowenfeld Lectures: Viktor Lowenfeld on Art Education and Therapy.
- University Park: The Pennsylvania State University Press.
- Kellogg, Rhoda. (1969).